Vera Bamler, Jillian Werner, Cornelia Wustma
Lehrbuch Kindheitsforschung

Studium Elementarpädagogik

Herausgegeben von
Vera Bamler und Cornelia Wustmann

Vera Bamler, Jillian Werner, Cornelia Wustmann

Lehrbuch Kindheitsforschung

Grundlagen, Zugänge und Methoden

Juventa Verlag Weinheim und München 2010

Die Autorinnen

Vera Bamler, Dr., Dipl.-Päd., ist wissenschaftliche Mitarbeiterin an der Fakultät Erziehungswissenschaften der Technischen Universität Dresden.
Ihre Arbeits- und Forschungsschwerpunkte sind Professionalisierung frühpädagogischer Fachkräfte, Elementarpädagogik, Psychosoziale Beratung und Sexualität der Lebensalter. E-Mail: Vera.Bamler@tu-dresden.de

Jillian Werner, Dipl.-Päd., ist wissenschaftliche Mitarbeiterin an der Fakultät Erziehungswissenschaften der Technischen Universität Dresden.
Ihre Arbeits- und Forschungsschwerpunkte sind Psychosoziale Beratung, Geschlechtsspezifische Aspekte von Gesundheit, Qualitative Methoden der Kindheitsforschung. E-Mail: Jillian.Werner@tu-dresden.de

Cornelia Wustmann, Dr., ist Professorin für Sozialdidaktik an der Leuphana Universität Lüneburg.
Ihre Arbeits- und Forschungsschwerpunkte sind Professionalisierung elementarpädagogischer Fachkräfte, Elementarpädagogik, Geschichte und Didaktik der Sozialpädagogik. E-Mail: wustmann@leuphana.de

Bibliografische Information der Deutschen Nationalbibliothek

Die Deutsche Nationalbibliothek verzeichnet diese Publikation in der Deutschen Nationalbibliografie; detaillierte bibliografische Daten sind im Internet über http://dnb.d-nb.de abrufbar.

© 2010 Juventa Verlag Weinheim und München
Umschlaggestaltung: Atelier Warminski, 63654 Büdingen
Umschlagabbildung: Jiří Čujan, Dresden
Printed in Germany

ISBN 978-3-7799-2326-8

Inhalt

Einführung

Der Paradigmenwechsel auf dem Gebiet der Kindheitsforschung in den 1980er, 1990er Jahren im deutschsprachigen Raum führte zu einem erweiterten Blick auf Kindsein und Kindheiten. Das Konstrukt eines selbsttätigen und aktiven Kindes von Geburt an ist Bestandteil der modernen sozialwissenschaftlichen Kindheitsforschung, die sich dadurch auszeichnet, dass sie sich nicht nur als ein Forschungsbereich versteht, der **über** Kinder, sondern **mit** Kindern forscht. So formuliert Friederike Heinzel (2000, S. 17), dass

> „Forschung über Kinder und Kindheit (...) häufig auch Forschung mit Kindern [ist]. Viele Fragen, die in der Kinder- und Kindheitsforschung gestellt werden, können nur beantwortet werden, wenn man Kindern zusieht und zuhört, mit ihnen spricht und mit ihnen handelt."

Kindheitsforschung erfährt eine sehr hohe Aufmerksamkeit, da auf diesem Gebiet wichtige Daten und Erkenntnisse hinsichtlich des Aufwachsens und der Lebensbedingungen von Mädchen und Jungen in unserer Gesellschaft gewonnen werden. So ermuntert Hans Oswald (2000, S. 9) dazu, sich Gelegenheiten realer Kontakte und Erfahrungen mit Kindern nicht entgehen zu lassen, sondern diese aktiv herzustellen und zu gestalten, um von und durch Mädchen und Jungen wichtige Informationen über ihr Leben und Aufwachsen zu erhalten:

> „Ich rate geradezu allen Kinderforscherinnen und -forschern, sich dieser Erfahrung selbst auszusetzen und sich die Daten nicht nur von anderen sammeln zu lassen. Aber die eigentliche, die weiterführende und generalisierbare Erkenntnis entsteht erst mit der systematischen Analyse der Daten."

Vor allem die derzeit intensiv geführten nationalen und internationalen Diskussionen zum Thema der frühkindlichen Bildung, Erziehung und Betreuung und die damit verbundene Professionalisierung des Arbeitsfeldes Elementarpädagogik führten zu einer enormen Wahrnehmung und Sensibilität hinsichtlich wissenschaftlicher Ergebnisse zum Thema Kindheit. Das impliziert allerdings, dass wissenschaftliche Forschung nicht ausschließlich im „Elfenbeinturm Universität" stattfinden kann und darf, sondern dass es vielmehr Aufgabe wissenschaftlicher Forschung sein muss,

- dem elementarpädagogischen Arbeitsfeld durch theoretische Diskurse und empirische Forschung wesentliche Impulse für deren Weiterentwicklung zu geben und
- sich durch die Auseinandersetzung mit der Praxis wesentliche Impulse für die theoretisch-empirische Arbeit einzuholen.

Wissenschaft hat dabei die Aufgabe, das elementarpädagogische Praxisfeld durch geführte theoretische Diskurse und empirische Forschung zu unterstützen und damit wesentliche Impulse für dessen Weiterentwicklung zu geben sowie ein wechselseitig angelegtes Theorie-Praxis-Verhältnis zu befördern.

Das Lehrbuch gibt Einblicke in ausgewählte Bereiche der sozialwissenschaftlichen Kindheitsforschung und versucht, die unterschiedlichen Entwicklungsstränge und methodologischen Diskurse zusammenzufassen und pointiert zu skizzieren. Die Anfänge der Kindheitsforschung und wesentliche historische Entwicklungsstränge, unterschiedliche Entwicklungstendenzen und aktuelle Perspektiven der Kindheitsforschung werden aufgezeigt. Ziel ist es, Leserinnen und Leser für das Feld der Forschung mit Mädchen und Jungen im Kindesalter und dessen Methodologie zu interessieren und die Relevanz der Kindheitsforschung für gegenwärtige und zukünftige Diskurse zur Entwicklung und Bildung in der frühen Kindheit zu verdeutlichen. Anliegen des Buches ist es außerdem, Studentinnen und Studenten sowie weiteren Interessierten Mut zu machen, empirisch zu arbeiten bzw. sich dem Thema Kindheit methodologisch zu nähern.

Dieser Band ist als **Einführung** in das Forschungsfeld konzipiert, das einen ersten Einblick in die Genese der Forschung gibt, einen Überblick zu geeigneten Datenerhebungs- und Auswertungsmethoden sowie ausgewählten Ergebnissen der elementarpädagogischen Forschung bietet, dabei die Mehrdimensionalität und -disziplinarität berücksichtigt und die in diesem Forschungsbereich agierenden verschiedenen Forschungsdisziplinen in den Blick nimmt. Es eignet sich damit für eine couragierte Annäherung an die Forschung, die beispielsweise im Rahmen einer Einführungsveranstaltung innerhalb eines oder zweier Semester realisiert werden kann. Eine Übertragung, dass jeweils ein Kapitel Gegenstand einer Seminarveranstaltung ist, ist dabei nicht vorgesehen, vielmehr bedürfen einige Abschnitte ob ihrer Fülle an Material mehrerer Sitzungen. Ebenso braucht es für zukünftig Forschende im Feld der Elementarpädagogik nicht nur eine Aneignung dieses Wissens, sondern durch zahlreiche Übungen und Reflexionen auch den Erwerb von Handlungskompetenz. Dazu können Forschungs- und Projektgruppen beitragen, die für sie interessante Themen finden und adäquate Forschungsfragestellungen entwickeln, ein entsprechendes Forschungsdesign erarbeiten und eigenständige erste Forschungen durchführen.

Das vorliegende Lehrbuch gliedert sich in sieben Themenkomplexe. Beginnend mit einer einführenden theoretischen Begriffsklärung werden im **ersten Kapitel** die Grundlagen bezüglich Kindheit, Forschung und Kindheitsforschung gelegt. Die Notwendigkeit der Methodentriangulation vor dem Hintergrund einer dem Untersuchungsgegenstand angemessenen Betrachtung wird ebenfalls aufgezeigt.

Das **zweite Kapitel** beschäftigt sich mit der Entwicklung sozialwissenschaftlicher Kindheitsforschung und ihrer Methodologie. Deutlich wird, dass Kindheitsforschung von gesellschaftlichen Modernisierungsprozessen beeinflusst wird, die sich in jeweils spezifischen, zeittypischen Zugängen und Trends widerspiegeln und Auswirkungen einerseits auf unterschiedliche Sichtweisen zu „Kind" und „Kindheit" und andererseits auf methodologische Diskurse zu diesem Untersuchungsgegenstand haben. In diesem Zusammenhang werden sozialgeschichtliche Aspekte der Entwicklung von Kindheit, methodologische Ursprünge und die sich etablierende Institutionalisierung der Kindheitsforschung aufgezeigt.

Etablierte Forschungsdiskurse stehen im **dritten Teil** im Mittelpunkt. Die so genannte „neue Kindheitsforschung" fokussiert sehr stark auf das Bild des selbsttätigen, aktiven und kompetenten Kindes. Deren Vertreterinnen und Vertretern ist es wichtig, die Perspektive der Kinder einzufangen, Mädchen und Jungen nicht ausschließlich als Forschungsobjekte, sondern als eigenaktive Subjekte zu betrachten, die sich autonom ihre Umwelt aneignen. Vor diesem Hintergrund werden ausgewählte sozialwissenschaftliche Ansätze, Theorien und Konzepte (u. a. entwicklungspsychologische, sozialisationstheoretische, sozialökologische, geschlechtertheoretische und sozialstrukturelle Perspektiven) über Kindheit und kindliche Entwicklung vorgestellt, die eine interdisziplinär agierende Kindheitsforschung sowohl theoretisch als auch methodologisch beeinflusst hat und Forschung mit Kindern auf „Augenhöhe" ermöglicht.

Die moderne Kindheitsforschung versteht sich als ein Bereich, der sich mit kindlichen Sichtweisen auseinandersetzt, subjektive Konstruktionen der Kinder über die soziale Welt, in der sie leben, erfasst und kindliches Erleben, Verhalten und Handeln im Kontext ihrer sozialen Erfahrungen erforscht. Vor diesem Hintergrund werden im **vierten Kapitel** Fragen erörtert, wie der kindliche Blick auf die Welt in den Forschungsprozess integriert werden kann, welche Möglichkeiten sich für Forscherinnen und Forscher bieten, diesen Ansatz im Forschungsprozess umzusetzen. Ein wesentlicher Ansatzpunkt ist dabei die reflexive Auseinandersetzung mit der eigenen Haltung als Forscherin bzw. Forscher:

- Über welche Einstellungen, Vorstellungen und Leitbilder von Kindheit, Kindsein, Familie, Mädchen und Jungen, Frauen und Männern etc. verfügt ein Mensch, der forscht?

- Wie beeinflussen individuelle Sichtweisen den Forschungsprozess und wie können diese kritisch-reflexiv aufgefangen werden, damit sie einen offen und „neutral" angelegten Forschungsprozess nicht ideologisch unterwandern bzw. einengen?

- Welche Rolle spielt die intergenerationale Beziehung in Interaktionen zwischen der Forscherin bzw. dem Forscher und einem Mädchen oder Jungen im Kindesalter?

- Welche Kohorteneffekte treten dabei auf?

- Welche Rolle spielen Genderaspekte, sozialer Status, ethnische Zugehörigkeit, physische und psychische Merkmale etc. in Forschungsbeziehungen und wie können diese den Untersuchungsprozess beeinflussen?

Das sind wichtige Fragen, denen sich jede Forscherin und jeder Forscher stellen muss, um sowohl einen objektiven Blick auf den Untersuchungsgegenstand zu wahren bzw. zu entwickeln als auch um die eigene forscherische Haltung und Vorgehensweise immer wieder in Frage zu stellen, zu prüfen und reflexiv zu analysieren.

Abschnitt fünf gibt Einblicke in unterschiedliche Datenerhebungsmethoden innerhalb der Kindheitsforschung, wobei auch hier eine selektive Auswahl vorgenommen wurde, die sich auf etablierte und häufig verwendete Methoden beschränkt. Obwohl in diesem Lehrbuch vorwiegend qualitative Forschungsansätze präferiert werden, geht es nicht darum, sich von quantitativen Zugängen zu distanzieren. Beide Forschungsansätze sollten im Rahmen der Sozialforschung nicht als konkurrent, sondern als sich ergänzend betrachtet werden. Um die Vorteile beider Methoden zu nutzen, ist die Kombination beider Vorgehensweisen oft sinnvoll. Der oftmals postulierte „Methodenstreit" in den Sozialwissenschaften ist nicht Gegenstand des vorliegenden Buches. Vielmehr stehen qualitative Methoden deshalb im Zentrum, weil diese innerhalb der letzten Jahre enorm an Bedeutung gewonnen haben und vor allem im Bereich der Kindheitsforschung als geeignete Zugänge gelten, um die Perspektiven von Kindern abbilden zu können. Es werden u.a. psychologische Testverfahren, Beobachtungs- und nicht-reaktive Verfahren, der Einsatz von Vignetten, Netzwerkanalysen sowie Gruppendiskussionen aufgezeigt.

Das **sechste Kapitel** stellt in erster Linie Methoden vor, die zur Auswertung qualitativer und quantitativer Daten eingesetzt werden können. Die Leserin und der Leser erhalten u.a. Einblicke in die Methode der qualitativen Inhaltsanalyse, des themenzentriert-komparativen Auswertungsverfahrens und der grounded theory, die sich aufgrund ihrer theoretisch-methodischen Komplexität nicht nur für die Auswertung erhobenen Datenmaterials eignet, sondern den gesamten Forschungsprozess umfassen kann. Allerdings wird im vorliegenden Band die grounded theory nur als Möglichkeit rezipiert, um empirisches Datenmaterial tiefgreifend analytisch zu bearbeiten.

Im **siebten Abschnitt** werden relevante Forschungsschwerpunkte in und für die Elementarpädagogik vorgestellt, die einen differenzierten Blick auf Kindheiten ermöglichen. Kindheitsforschung wird permanent beeinflusst von gesellschaftlichen Wandlungsprozessen. Diese sind u.a. durch Individualisierung, Pluralisierung und Entstrukturierung gekennzeichnet, was zu einer Ausdifferenzierung von Lebensbereichen und Lebenslagen und wachsender Heterogenität von Lebenswelten, Lebensstilen, Lebensauffassungen usw. führt, die theoretische und methodologische Forschungsdiskurse beeinflussen. Kindheit wird heute als eine eigenständige Lebensphase betrachtet, die sich durch Individualität und Vielfalt von Lebens- und Alltagswelten auszeichnet.

Die einzelnen Kapitel sind jeweils am Ende mit Übungs- und Reflexionsfragen und Hinweisen zu weiterführender Literatur für das Selbststudium versehen, um die Leserin und den Leser zu einer vertiefenden Auseinandersetzung mit dem Thema Kindheitsforschung einzuladen und Anregungen für eigene empirische Forschungsarbeiten zu geben. In den einzelnen Kapiteln werden unterschiedliche Studien, sowohl aus der Anfangszeit als auch aktuelle Untersuchungen, aus dem Bereich der Kindheitsforschung vorgestellt, um Forschungsfragen, Forschungsdesigns und Forschungsergebnisse transparent zu machen und vor allem, um zur eigenen Forschungstätigkeit auf diesem Gebiet anzuregen.

Last but not least geht ein herzliches Dankeschön an Anne Scheithauer für das abschließende Redigieren des Manuskripts. Wir danken dem Bildhauer Jiří Čujan für die ideenreiche, künstlerische Gestaltung der Umschlagabbildung. Sein Zugang zum Thema Kindheit und Kindsein greift die in diesem Buch geschilderten relevanten Diskurse der Kindheitsforschung graphisch auf.

Wir wünschen eine aufschlussreiche und gewinnbringende Lektüre, kritisch-reflexive Diskussionen und ein anregendes Weiterlesen!

Vera Bamler und Cornelia Wustmann

1. Kindheit als Ausgangspunkt für Forschung

■ Die Begriffe „Kindsein" und „Kindheit" gelten als soziale Konstrukte, die von unterschiedlichen Faktoren beeinflusst werden und sich dadurch permanent verändern und weiterentwickeln. In jeder Epoche existieren spezifische Zuschreibungen und Erwartungen an Kinder, die sich in jeweiligen Kindheitskonstrukten äußern. Dieser Aspekt ist für die sozialwissenschaftliche Kindheitsforschung maßgeblich und forschungsleitend. Einstellungen, Haltungen, Verhalten, Erziehungs- und Bildungsvorstellungen gegenüber Mädchen und Jungen im Kindesalter sind immer in jeweilige historische, gesellschaftliche und soziokulturelle Kontexte eingebunden, mit jeweils spezifischen Leitbildern. Das bedeutet auch, dass sich alle elementarpädagogischen Diskurse und Auseinandersetzungen im Bereich der Kindheitsforschung, deren Konzepte, Ansätze und Methoden immer aus dieser Verwobenheit speisen. Denn durch einen erweiterten Blick auf Kindsein und Kindheiten entwickeln und spezifizieren sich auch unterschiedliche Forschungsthemen, Forschungsfragestellungen und Forschungstrends im Bereich der Kindheitsforschung. Kinder werden in der neuen Kindheitsforschung als Akteure und Subjekte in ihrer je eigenen Lebenswelt betrachtet und entsprechend in die Forschung einbezogen.

1.1 Kindheit als sich wandelndes Konstrukt

Kindheit gilt heute als eigenständige Lebensphase. Es wird davon ausgegangen, dass Kinder geschützt aufwachsen, dass Kindheit als ein Moratorium konstruiert ist. Kindheit wird als eigenständige Lebensphase konstituiert, die aber ebenso von Entgrenzung, Individualisierung und Pluralisierung gekennzeichnet ist. Das heißt, von **einer** Kindheit zu sprechen, ist wohl kaum möglich. Stattdessen ist davon auszugehen, dass Kindheit zu einem sowohl individuell als auch soziokulturell definierten Konstrukt geworden ist, das sich ebenso wie gesellschaftliche und kulturelle Bezüge weiterentwickelt.

Die Sicht auf Mädchen und Jungen unterliegt Wandlungstendenzen, denn sie ist immer in die jeweiligen historischen, gesellschaftlichen und kulturellen Kontexte und Leitbilder eingebunden und entwickelt sich vor dem Hintergrund dieser Kontexte. Kindheitsbilder sind dabei immer auch als Konstruktionen zu verstehen, die Theorien und Leitbilder von Erwachsenen widerspiegeln (Scholz 1994). Kindheit wird dabei oft in ihrer kulturellen Repräsentation, weniger als soziale Tatsache erforscht (Kelle 2009). Das zeigt sich als erschwerendes Moment für einen historischen Nachvollzug der Sicht auf Mädchen und Jungen.

Wenn man sich mit Kindheit auseinandersetzt, wird deutlich, dass diese eine Sozialgeschichte des Aufwachsens und der Erziehung von Mädchen und Jungen ist. In diesem Sinne muss die „Pädagogisierung des Kinderlebens" im Kontext ihrer gesellschaftlichen, sozialstrukturellen und sozioökonomischen Einbettung betrachtet und analysiert werden (Honig 2002), denn Kinder sind Mitglieder der Gesellschaft – sowohl vormoderner als auch moderner Gesellschaften.

Die Eingrenzung der Kindheitsphase kann nicht genau bestimmt werden. In der Regel werden anhand des numerischen bzw. biologischen Lebensalters körperliche, psychische und soziale Reifeprozesse markiert, die bestimmen, welche Phase im Lebenslauf als Kindheit eingeordnet wird. Diese Sichtweise impliziert jedoch, dass durch die Benennung der Geburt als wesentlichem Anfangspunkt die vorgeburtliche Persönlichkeitsentwicklung nicht berücksichtigt wird.

Selbst wenn Kinder in den ersten Lebensphasen in erheblichem Maße von erwachsenen Personen abhängig sind, so sind sie bereits aktive Subjekte, die als Interaktionspartner Einfluss auf ihre soziale und materielle Umwelt nehmen. Aus biologischer Perspektive endet das Kindesalter mit dem Beginn der Geschlechtsreife. Sie stellt den biologischen Übergang zum Jugendalter dar. Das Eintrittsalter ist individuell stark verschieden und hat sich in den letzten Jahrzehnten, aufgrund der Akzeleration, deutlich nach vorn verschoben. Psychologische Ansätze gehen von fließenden Übergängen zwischen Kindes- und Jugendalter aus. Mögliche Kriterien liegen in der Selbstwahrnehmung, dem Selbstbewusstsein, den Bewältigungskompetenzen, sowie der Selbst- und Fremdwahrnehmung. Der subjektiven Perspektive wird dabei ein großes Gewicht zugesprochen. In der Soziologie wird der Übergang in die Jugendphase mit einem Statusübergang verbunden, d.h. die Handlungsspielräume erweitern sich und die Rollen werden vielfältiger. Zentral ist, dass der Übergang in die Lebensphase Jugend mit spezifischen Anforderungen und erweiterten Möglichkeiten verknüpft ist.

Die Definition des Begriffes Kindheit erfolgt im wissenschaftlichen Kontext in der Regel aus der Perspektive von Erwachsenen, nicht aus dem Blickwinkel der Kinder selbst. Mit diesem Begriff werden sowohl Idealbilder als auch normative Vorstellungen transportiert. Von einigen Kindheitsforscherinnen und Kindheitsforschern werden diese entsprechend ‚verzerrten' Bilder von Kindheit kritisiert, da sie Auswirkungen auf die Kinder selbst, ihren Alltag, sie betreffende politische Entscheidungen haben (Kränzl-Nagl/

Wintersberger 1998). Deshalb ist es zentral, Kinder in den sie betreffenden Angelegenheiten selbst zu Wort kommen zu lassen und ihre Sichtweisen in Forschungsprozesse adäquat einzubeziehen.

1.2 Wozu braucht man Forschung?

Der Begriff Forschung leitet sich vom lateinischen Wort „poscere" ab und bedeutet fragen, erfragen, suchen, sich um etwas bemühen und findet vor allem in wissenschaftlichen Zusammenhängen Anwendung. Vorrangiges Ziel ist es, Wissen zu schaffen bzw. zu überprüfen.

Im sozialwissenschaftlichen Kontext bezieht sich der Nutzen von Forschung darauf

- in theoretischer Hinsicht: allgemeine Theorien zu entwickeln und zu überprüfen und

- in anwendungsbezogener Hinsicht: über bewährte Theorien einen Beitrag zur Lösung bestimmter Probleme zu erreichen.

Empirische Sozialforschung zielt vor allem darauf, Techniken und Methoden zur exakten Durchführung wissenschaftlicher Untersuchung menschlichen Verhaltens und gesellschaftlicher bzw. sozialer Phänomene zu entwickeln und anzuwenden. Nach Atteslander (2006, S. 3) besteht der Sinn empirischer Sozialforschung in dem systematischen Erfassen und Deuten „sozialer Tatbestände". Unter „systematisch" ist dabei die Anwendung methodischer Verfahren zur Datenerhebung und -auswertung zu verstehen. „Soziale Tatbestände" umfassen nach dieser Definition menschliches Verhalten, Einstellungen, Sichtweisen etc. Zur Beantwortung von Forschungsfragen werden erhobene Daten ausgewertet und interpretiert.

Mit Blick auf ein wechselseitig angelegtes Theorie-Praxis-Verhältnis wird deutlich, dass Kindheitsforschung auf zwei sich ebenbürtigen Ebenen verlaufen muss – auf der der Grundlagenforschung und auf der der angewandten Forschung. Beide Zugänge sind wichtig, um einerseits professionelles und systematisches Wissen zu erhalten und andererseits kompetentes pädagogisches Handeln entwickeln zu können. Grundlagenforschung richtet ihren Blick u.a. auf die Heterogenität von Lebenslagen und Lebensbedingungen, unter denen Kinder aufwachsen, sich entwickeln, bilden und lernen. Soziale Räume, in denen Kinder leben, ihre Interaktions- und Kommunikationsprozesse, der Austausch mit Bezugspersonen, die für das Aufwachsen von Kindern wesentlich sind, bilden für die Entwicklung von Forschungsfragen, Hypothesen, Forschungsdesigns etc. wesentliche Anknüpfungspunkte. Angewandte Forschung beschäftigt sich z.B. mit Konzepten für Kindertageseinrichtungen, mit der curricularen Entwicklung innerhalb der frühpädagogischen Ausbildung, entwickelt Unterstützungsmöglichkeiten für Eltern und Familien oder Fort- und Weiterbildungen für pädagogische Fachkräfte.

1.3 Wie wird eine Forschungsfrage entwickelt?

Wesentlicher Ausgangspunkt für eine Untersuchung ist die Formulierung einer **konkreten Forschungsfrage**. Zu Beginn des Forschungsprozesses existiert das Interesse an einem bestimmten Thema oder Themenfeld. Davon ausgehend steht die Entwicklung einer Fragestellung, die die Richtung des Untersuchungsdesigns markiert. Sie hat entscheidenden Einfluss auf den Ablauf des Forschungsprozesses, die gewählten Methoden usw. Die forschungsleitende Frage ermöglicht es Forschenden, Informationen zu strukturieren, unbedeutende Angaben auszuschließen und auf diese Weise die Datenmenge zu reduzieren. Erst eine spezifische Forschungsfrage macht ein zielgerichtetes Forschen zu einem bestimmten Thema möglich. Wichtig ist es, die Forschungsfrage begrenzt und exakt zu formulieren, d.h. den Untersuchungsprozess auf diese Weise zum Teil bereits vorzustrukturieren. Eine konkrete Frage erleichtert die gesamte Vorgehensweise innerhalb des Forschungsvorhabens.

Von wesentlicher Bedeutung ist es, sich zu Beginn Klarheit darüber zu verschaffen, womit sich die Untersuchung konkret beschäftigen soll und welche Aspekte zu einem bestimmten Thema relevant sind. Nachdem das eigene Interesse geklärt und der Forschungsbereich eingegrenzt wurde, wird die konkrete Fragestellung formuliert. Eingang in die Entwicklung der Frage finden u. a. wissenschaftliche Erkenntnisse, Alltagstheorien und eigene Vorerfahrungen. Wichtig ist dabei, das vorhandene Vorwissen und die eigenen Vorannahmen zu reflektieren, damit sie dem Forschungsprozess nicht von Anfang an eine bestimmte Richtung geben. Erste Erfahrungen im Forschungsfeld (z. B. Probeinterviews) können wichtige Schritte auf dem Weg zur konkreten Formulierung der Fragestellung sein. Schritt für Schritt kann auf diese Weise die Forschungsfrage immer weiter konkretisiert werden. Von wesentlicher Bedeutung ist es bereits zu Beginn des Vorhabens, wissenschaftliche Literatur zu bearbeiten. Theoretische Grundlagen können bei der Fragestellungsentwicklung eine große Hilfe sein. Dieser Schritt hilft zudem dabei, den Forschungsgegenstand festzulegen und gleichzeitig einzugrenzen. Im Laufe des Forschungsprozesses kann die Fragestellung dennoch abgewandelt werden. Diese Veränderungen sind nicht als Fehlerkorrekturen zu verstehen, sondern als Ergebnis der immer tiefer gehenden Annäherung an den Untersuchungsgegenstand und somit als Erkenntnisgewinn.

Nach König und Bentler (2003) darf eine Forschungsfrage bzw. dürfen Forschungsfragen nicht zu allgemein und zu weit gefasst werden, denn dann kann einerseits ein Thema nicht eingegrenzt werden. Andererseits wird nicht klar, welches Ziel die Untersuchung hat. Deshalb können Leitfragen die Entwicklung einer Forschungsfragestellung unterstützen: Was genau will man herausfinden? Welches ist das dahinterstehende Interesse? Forschungsfragestellungen können sowohl als Frage als auch als Zielstellung benannt werden. Allerdings beinhalten Fragestellungen keine Aussagen über Zusammenhänge zwischen Variablen.

Strauss und Corbin (1996) weisen darauf hin, dass durch die Fragestellung das Phänomen bestimmt wird, was letztendlich untersucht werden soll. Um ein Phänomen tiefgründig und gewissenhaft zu untersuchen, benötigen Forschungsfragen vor allem zu Beginn der Untersuchung Flexibilität, um dann im Forschungsverlauf immer mehr eingegrenzt werden zu können – vor allem um sich als Forschende nicht selbst zu stark sowohl theoretisch als auch empirisch zu begrenzen.

1.4   Wie verläuft ein Forschungsprozess?

Ein Forschungsprozess beginnt in der Regel mit dem Wahrnehmen eines Problems. Dieses Problem ist in der Regel das auslösende Element, um empirisch zu forschen. Dabei kann Forschung sowohl selbst initiiert als auch durch einen Auftraggeber aktiviert werden. Selbstinitiierte Forschung ist überwiegend Resultat theoretischer und/oder praktischer Auseinandersetzung mit einem bestimmten Thema oder Problem, welches Fragen aufweist, die mittels Forschung beantwortet werden. Der Untersuchungsgegenstand wird dementsprechend anhand der theoretischen Ausrichtung selbstständig bestimmt und eingegrenzt. Auftragsforschung bedeutet stattdessen, dass Einzelpersonen, Forschungsgruppen oder Institutionen z.B. von Ministerien, Trägern und Trägerverbänden oder anderen Einrichtungen den Auftrag erhalten, ein bestimmtes Thema zu untersuchen, welches z.B. politisch, gesellschaftlich oder sozial brisant bzw. von besonderer Bedeutung ist. Die Ergebnisse solcher Auftragsforschung dienen in der Regel der Qualitätssicherung und Qualitätsentwicklung von Institutionen oder Organisationen.

Der idealtypische Ablauf eines Forschungsprozesses (in Anlehnung an Schnell et al. 2008, S. 8) gestaltet sich folgendermaßen:

Idealtypischer Ablauf eines Forschungsprozesses

1. Wahl des Forschungsgegenstands
2. Festlegung des theoretischen Zugangs und Begriffsrahmens bzw. Theoriebildung
3. Entwicklung einer präzisen Forschungsfragestellung, ggf. Hypothesenbildung, Operationalisierung
4. Übersicht über den Forschungsstand (theoretisch und empirisch)

5. Forschungsdesign: Auswahl/Festlegung von Untersuchungsgruppe(n), Untersuchungsmethode(n), Erhebungszeiträume(n), Auswertungsmethode(n)
6. Datenerhebung
7. Datenaufbereitung
8. Datenauswertung und -analyse
9. Forschungsbericht

Zu Beginn erfolgt die Bestimmung des Untersuchungsgegenstandes. Um empirisch zu forschen, ist es wichtig, ihn so exakt wie möglich zu definieren und einzugrenzen. Darauf basierend muss der Untersuchungsgegenstand beschrieben und z. B. mit theoretischen bzw. vorhandenen empirischen Grundlagen erklärt werden. Zudem ist es die Aufgabe der Forschenden, ein exaktes Forschungsdesign zu entwickeln, das Auskunft über die Untersuchungspersonen bzw. andere Datenquellen und den Umfang der Erhebung gibt. Sind diese Punkte bearbeitet, werden die entsprechenden Erhebungsmethoden gewählt bzw. entwickelt, um den Untersuchungsgegenstand so gut wie möglich anhand des beschriebenen Forschungsziels zu erfassen. Mit Hilfe dieser Methoden werden notwendige Daten erhoben und anschließend mit bestimmten, konkret dafür geeigneten Verfahren ausgewertet und entsprechend des Forschungsziels interpretiert.

Nach der Kurzdarstellung eines Forschungsprozesses wird dieser nunmehr ausführlich beschrieben. Das zu untersuchende Phänomen und dessen Relevanz muss umfassend anhand vorliegender theoretischer und empirischer Fachliteratur beschrieben werden. Erst dann ist es möglich, den Untersuchungsgegenstand einzugrenzen und zu spezifizieren.

Mit folgenden Fragen kann das Forschungsthema bzw. -problem eingegrenzt und identifiziert werden, um den Untersuchungsgegenstand, das Anliegen, die Situation und das Forschungsdesign genau beschreiben zu können:

Der Forschungsprozess

- **Worin liegt das Forschungsinteresse?**
  Definition des Forschungsziels und der Forschungsfragen
- **Warum soll dieses Thema erforscht werden?**
  Begründung des Forschungsinteresses und Klärung theoretischer und empirischer Grundlagen
- **Was soll erfasst werden? Wo? Wann?**
  Darstellung des Untersuchungsgegenstands
- **Womit bzw. wie soll etwas erfasst werden?**
  Entwicklung des Forschungsdesigns (Untersuchungsumfang, Erhebungs- und Auswertungsmethoden)

Die Entwicklung der Fragestellung und des Forschungsdesigns erfolgt in der Regel im Kontext der Theoriebildung bzw. des jeweiligen theoretischen Zugangs zum Thema und zum Feld. Theoriebildung meint in diesem Fall das eingehende und umfangreiche kritische Studium von Literatur und die Analyse vorliegender Untersuchungen zum Thema. Entweder existieren bereits theoretische Ansätze und Zugänge, auf die man zurückgreifen kann oder eine neue Theorie muss entwickelt werden. Existieren zum Gegenstandsbereich keine Theorien, können auch Theorien verwandter Gegenstandsbereiche bzw. weiterer sozialwissenschaftlicher Disziplinen genutzt oder/und auf den jeweiligen Forschungsgegenstand übertragen werden (Lamberti 2001, Strauss/Corbin 1996).

Wichtig ist in diesem Kontext, dass Theorien Konstrukte sind, also generalistische Modelle und Aussagen, die keine Einzelfälle abbilden, sondern allgemeingültige Zusammenhänge oder Kausalitäten formulieren. Ein bestimmter theoretischer Zugang bildet immer eine spezifische Sichtweise auf ein Thema, einen Gegenstand oder ein Problem ab. Zum Beispiel fokussieren sozialkonstruktionistische Theorien auf die soziale Konstruktion von Wirklichkeit (also auch auf die soziale Konstruktion von Geschlecht, Sprache, Bildung etc.), wohingegen systemische Theorien soziale Netzwerke, Beziehungen zwischen Personen und interpersonelle Beziehungsqualitäten in den Blick nehmen. Da gewählte theoretische Zugänge meist nicht widerspruchslos oder kritikfrei bleiben bzw. auch empirische Befunde mit diesen nicht zwangsläufig kompatibel sein müssen, sind theoretische Offenheit und Vielfalt (**nicht** Beliebigkeit) wichtig.

Die Entwicklung von Hypothesen haben forschungsleitende Funktionen und konkretisieren die Fragestellungen einer Untersuchung. Nach Lamberti (2001, S. 20) ist eine Hypothese

> „eine gut begründete Vermutung zu einer bestimmten Phänomenologie in einem definierten Gültigkeitsbereich."

Laut Häder (2006, S. 39) beinhalten Hypothesen

> „Aussagen über Zusammenhänge zwischen mindestens zwei Merkmalen, wobei es sich bei diesen Aussagen um Vorstellungen beziehungsweise Erklärungsversuche handelt, welche noch keine empirische Bestätigung erfahren haben müssen."

Hypothesen integrieren theoriegeleitete Annahmen, Vermutungen, Zusammenhänge oder antizipierte Ursachen für ein Problem und fokussieren auf die Lösung des Problems bzw. beinhalten Lösungsansätze. Die Begriffe einer Hypothese müssen operationalisierbar sein. Das Ziel von Operationalisierung ist, die in den Fragestellungen und Hypothesen aufgeführten bzw. beschriebenen Aspekte in messbare Einheiten zu fassen, die beobachtbar und somit erfassbar sind. Dies erfordert, dass die in den Fragestellungen und Hypothesen aufgeführten zentralen, aber unspezifischen Begriffe als erfassbare Indikatoren definiert und präzisiert werden müssen (ebd.).

■ Operationalisierung – Beispiel

Eine Untersuchung versucht zu erfassen, wie sich kindliche Sexualität äußert. Der Begriff „kindliche Sexualität" wird operationalisiert. Dazu werden messbare, beobachtbare Indikatoren identifiziert und definiert, die den Begriff „kindliche Sexualität" genau bestimmen bzw. aufzeigen, was kindliche Sexualität ausmacht. Die Operationalisierung erfolgt im Kontext der Theoriebildung.

Wie zeigt sich „kindliche Sexualität"?
- körperliche, sinnliche und genitale Selbsterkundungen,
- „Doktorspiele",
- sexuelle Neugier und Fragen,
- Erregungszustände (schnelle Atmung, Hautrötungen) etc. ■

Der Begriff „Untersuchungsdesign" fokussiert auf die genaue Beschreibung und Begründung des Untersuchungsplans. Die detaillierte Darstellung des Untersuchungsdesigns zeigt und begründet, wieso welcher methodische Zugang zum Feld (den Untersuchungspersonen) gewählt wurde, z.B. ob es sich um eine qualitative oder quantitative Untersuchung handelt, wieso welche Erhebungs- und Auswertungsinstrumente eingesetzt werden, ob und wie ein Pretest stattfindet und zu welchen Ergebnissen dieser geführt hat, wie die Stichprobe definiert ist (Umfang, Merkmale etc.) und rekrutiert wird.

Einen Forschungsprozess zeichnen aber nicht nur die genaue Planung, Beschreibung und Begründung des Designs aus, sondern auch ein hohes Maß an Reflexionsfähigkeit, das den gesamten Forschungsprozess begleitet und unterstützt. Strauss und Corbin (1996) betonen die theoretische Sensibilität als wichtige Prämisse im Forschungsprozess. Mit theoretischer Sensibilität beschreiben sie die persönliche Fähigkeit der Forscherin bzw. des Forschers **zu verstehen**:

- für Feinheiten und Differenzierungen in der Bedeutung von Theorien, Ansätzen und Daten offen und sich dessen bewusst zu sein und

- über die Fähigkeit zu verfügen, empirischen und theoretischen Daten Bedeutung geben zu können.

Inwieweit jemand theoretisch sensibilisiert ist, hängt auch vom vorausgehenden Literaturstudium und von den erworbenen Erfahrungen im Phänomenbereich ab. Theoretische Sensibilität entwickelt sich im gesamten Forschungsverlauf.

Strauss und Corbin (ebd.) schlagen vor, während des gesamten Untersuchungsprozesses eine skeptische Haltung zu entwickeln bzw. diese beizubehalten, um sich selbst und den Untersuchungsverlauf immer wieder kritisch in Frage zu stellen, zu überprüfen und zu reflektieren, vor allem, damit theoretische Sensibilität aufrechterhalten werden kann. Dazu ist es nötig, sowohl alle theoretischen Erklärungen, Kategorien, Hypothesen, Fragen als auch das Datenmaterial als provisorisch bzw. vorläufig anzusehen. Erste Analysen und Interpretationen der Daten dürfen nicht als selbstverständlich gelten, sondern müssen immer wieder in Frage gestellt, aus verschiedenen Perspektiven betrachtet werden. Auch können Hypothesen, die sich als irrelevant erweisen, revidiert werden. Ebenso betonen Strauss und Corbin, sich im Forschungsverlauf immer wieder selbstreflexiven Befragungen auszusetzen:

> **„Gehen Sie in regelmäßigen Abständen immer wieder einen Schritt zurück und fragen:** Was geschieht hier? Trifft das, was ich zu sehen glaube, die Wirklichkeit der Daten?" (ebd., S. 28 – Herv. i. Orig.)

Analog dazu verweist Kromrey (2006) auf das „Prinzip der Offenheit" und meint damit, keine Hypothesenbildung im Vorhinein vorzunehmen, da Forschung in der Regel nicht darauf ausgelegt ist, Hypothesen zu prüfen, sondern diese zu generieren. Er schlägt deshalb vor, vorab formulierte Meinungen, Hypothesen oder Auswahlkriterien ständig kritisch zu kontrollieren bzw. durch einen offenen Zugang zu ersetzen. Auch verweist er darauf, für die Datenauswertung Kriterien zu entwickeln und Techniken einzusetzen, die unbewusst wirkende subjektive Anteile der Forscherin bzw. des Forschers gering halten, damit es möglich wird, das Datenmaterial einer tiefer gehenden Analyse zu unterziehen.

1.5 Methodentriangulation

Ebenso wie in anderen Bereichen qualitativer sozialwissenschaftlicher Forschung werden auch in der Kindheitsforschung zunehmend verschiedene Methoden miteinander kombiniert, um einen Sachverhalt angemessen zu untersuchen. Der Einsatz mehrerer Methoden ermöglicht es, einen Gegenstandsbereich aus verschiedenen Perspektiven zu erschließen, Ergebnisse abzusichern und die einzelnen Methoden gegenseitig zu überprüfen.

Dieser Mehrmethodenansatz wird unter dem Begriff Triangulation gefasst. Triangulation bezieht sich auf die Kombination verschiedener Methoden (Methodentriangulation), Daten (Datentriangulation) und Perspektiven (Theorientriangulation) (Denzin 1978). Oftmals ermöglichen erst Untersuchungen aus verschiedenen Blickwinkeln, einen Gegenstandsbereich differenziert und vielschichtig zu erfassen. Der Einsatz mehrerer Methoden bietet zudem die Möglichkeit, die Schwächen einzelner Methoden und durch sie verursachte Verzerrungen auszugleichen. Webb et al. (1966) weisen zwar darauf hin, dass jede Methode den Untersuchungsgegenstand auf ihre je spezifische Art und Weise konstituiert. Trotz dieser Kritik überwiegen die Vorteile einer reflektierten multimethodischen Vorgehensweise.

Nach Lamnek (2005) bedeutet Methodentriangulation die Kombination unterschiedlicher, komplementärer Erhebungs- und Auswertungsverfahren, um subjektive Wahrnehmungsverzerrungen zu reduzieren und eventuelle Unzulänglichkeiten gewählter Erhebungsinstrumente und Auswertungstechniken durch den Einsatz anderer auszugleichen. Im Folgenden werden Möglichkeiten der Triangulation genauer dargestellt.

Möglichkeiten der Triangulation

Datentriangulation: Daten unterschiedlicher Quellen, die zu/von unterschiedlichen Zeiten, Orten und Personen erhoben werden, werden miteinander kombiniert.

Forschertriangulation: Verschiedene Erhebungs- und Auswertungspersonen werden eingesetzt, um deren subjektiven Einflüsse auf die Untersuchungsergebnisse prüfen zu können.

Theorietriangulation: Erhobene Daten werden mit Hilfe unterschiedlicher theoretischer Ansätze, Konzepte und Theorien analysiert und interpretiert und mittels verschiedener Hypothesen überprüft.

Methodentriangulation: Verschiedene Erhebungs- und Auswertungstechniken werden begründet miteinander verknüpft.

- **Between-Method-Triangulation** (Mey 2003): Qualitative und quantitative Verfahren (z. B. Fragebogenerhebung, Expert/inneninterviews, Feldnotizen) werden miteinander kombiniert.

- **Within-Method-Triangulation** (ebd.): Einzelne qualitative Methoden werden miteinander verknüpft (z. B. Intensivinterview, Gruppendiskussion, Beobachtungsverfahren).

Beobachter/innen-Triangulation (ebd.): Das Forschungsteam tauscht sich kommunikativ über gemeinsame Beobachtungen aus, um subjektiven Wahrnehmungen und Einstellungen der Forschenden durch Perspektivwechsel konstruktiv zu begegnen.

Bereits Mitte der 1930er Jahre setzte Martha Muchow (1935) in ihrer Untersuchung „Der Lebensraum des Großstadtkindes" verschiedene Methoden ein, um einen Einblick in das Leben der Kinder Ende der 1920er Jahre in Großstädten zu erhalten. Beobachtungen, nicht-reaktive Verfahren und Gespräche mit den Kindern gaben ihr die Möglichkeit, ein umfassenderes Bild der Kindheiten dieser Zeit zu zeichnen. Der kombinierte Einsatz von Methoden ist demzufolge nicht erst in der neuen Kindheitsforschung zu finden. Behnken et al. (1991) verwendeten in ihrer Studie „Kindheit im Siegerland" ebenfalls mehrere methodische Zugänge, um den Lebenswelten der Kinder näher zu kommen. Neben narrativen Interviews, Leitfadeninterviews und Fotointerviews wendeten sie nicht-reaktive Verfahren an.

Verwiesen sei auch auf die umfangreiche Einzelfalldokumentation des Psychologen Markus Wenglorz (Sommer et al. 2004), der in einer Langzeitstudie das Verhalten eines autistischen Mädchens untersuchte. Bis 2004 lagen über 70 Stunden Videomaterial, zirka 1.100 Fotographien und mehrere hundert Tagebuchaufzeichnungen vor. Wenglorz arbeitete seit 1996 verhaltenstherapeutisch mit einem autistischen und geistig behinderten Mädchen zusammen, das 1985 geboren wurde und verfolgte seinen Entwicklungsverlauf über einen langen Zeitraum mit. Es verfügte über keine sprachlichen Kompetenzen, konnte sich im Alltag nicht artikulieren und zeigte an sozialen Kontakten nur geringes Interesse. Dem Forscher fiel allerdings auf, dass das Mädchen sehr speziell auf Musik reagierte. Das Kind sang von ihm gehörte Lieder nach in einer eigenen Lautsprache, die aus einfachen Silben bestand. Dieses beobachtete Phänomen war der Ausgangspunkt, um den Zusammenhang zwischen Sprechen und Singen bei einem behinderten Kind zu untersuchen.

Wenglorz verwendete als methodische Untersuchungsinstrumente Beobachtung, Tagebuchaufzeichnungen, Feldnotizen, Videos und Fotos. Der Psychologe hatte sehr häufigen Kontakt mit dem Mädchen und beobachtete ihr Verhalten. Seine Erlebnisse mit dem Kind schrieb er in sein Tagebuch und hielt somit dessen Aktivitäten fest. Entweder sofort nach der Begegnung mit dem Kind oder am selben Abend wurden Feldnotizen angelegt, um sowohl zeitliche als auch Beobachtungsverzerrungen zu reduzieren. Der Einsatz von Fotographie und Videographie erfolgte stattdessen eher spontan und nicht kontinuierlich.

Gerade durch einen multimethodischen und -perspektivischen Zugang kann die Lebenswelt der Kinder, ihre Denk- und Handlungsmuster besser erschlossen und rekonstruiert werden. Methodentriangulation bietet dabei die Möglichkeit, sich in seiner Forschungstätigkeit nicht nur auf bestimmte Instrumente zu beschränken, sondern neben „klassischen" Verfahren wie Beobachtungs- oder Interviewtechniken, auch unterschiedliche Erhebungs- und Auswertungsverfahren zu nutzen, um der Vielfalt kindlichen Lebens und kindlichen Erlebens-, Verhaltens- und Handlungsweisen durch eine differenzierten Methodeneinsatz gerecht zu werden. So sind biographische Produkte, wie Tagebuchaufzeichnungen, Zeichnungen und Malereien etc., von Kindern genauso zu berücksichtigen wie der Einsatz von Fotographie, Videographie und Film, um kindliche Lebenswelten festzuhalten.

Kritisch hält Mey (2003, S. 723) allerdings fest, dass es bei Triangulation „nicht um die Addition einer möglichst großen Zahl von Methoden" geht, sondern darum, methodische Instrumente angemessen einzusetzen in Bezug auf die Untersuchungsgruppe, Erhebungssituation, hinsichtlich methodologischer und theoretischer Überlegungen.

1.6 Was ist Kindheitsforschung?

Aufgabe der Kindheitsforschung ist es, über verschiedene Ansätze herauszufinden, wie Kinder ihre Welt erleben und gestalten. Seit Beginn der 1980er Jahre ist es das Ziel vieler Untersuchungen, nicht nur **über** Kinder sondern **mit** Kindern zu forschen, d.h. sie auch im Rahmen des Forschungsprozesses als aktive Subjekte wahrzunehmen und entsprechend mit ihnen umzugehen. Kinder sind eigenständige Akteure in ihrer je eigenen Lebenswelt und können demzufolge selbst am besten Auskunft über sich und ihre Lebensbereiche geben. Honig et al. (1999, S. 9) betonen:

> „Die Ansätze, Themen und Konzepte der neueren, sozialwissenschaftlichen Kindheitsforschung haben einen entscheidenden gemeinsamen Bezugspunkt in der Auffassung, dass Kinder als besondere Mitglieder der Gesellschaft und nicht nur als zukünftige Erwachsene gesehen werden müssen. Entsprechend rücken Alltag und Kultur der Kinder und die Kindheit als gesellschaftliche Lebensform in den Mittelpunkt des Interesses. Anstatt sich ihrer zur Illustration psychologischer Gesetzmäßigkeiten zu bedienen, werden Kinder nun als (Mit-)Produzenten ihrer Entwicklung untersucht. Dem gegenstandstheoretischen Konzept des Kindes als sozialem Akteur entspricht methodologisch die Perspektive des Kindes. Mit der Berufung auf die Perspektive des Kindes will sich die sozialwissenschaftliche Kindheitsforschung von der übrigen wissenschaftlichen Beschäftigung mit Kindern unterscheiden und ihren Beitrag zur Auseinandersetzung mit Kindheit heute leisten."

Im Rahmen der Kindheitsforschung wird sich mit Kindheiten in unterschiedlichen historischen, kulturellen und gesellschaftlichen Kontexten auseinandergesetzt. Kindheit wird als „Konstrukt innerhalb der generationalen Ordnung" gefasst, das sich in Verbindung mit Faktoren wie Alter, Geschlecht, sozialer und kultureller Herkunft, Gesundheit etc. je unterschiedlich gestaltet (Heinzel 2000, S. 17). Entsprechend erweisen sich kindliche Lebenswelten vor dem Hintergrund als äußerst heterogen und plural. Vor allem im Hinblick auf gesellschaftliche Modernisierungstendenzen sind die unterschiedlichen Lebenslagen von Kindern zu beachten. Im Rahmen der Kindheitsforschung werden vor diesem Hintergrund u.a. die Bedingungen und Auswirkungen verschiedener Faktoren auf schulische und außerschulische Bildungsprozesse von Kindern erforscht. Das Leben der Kinder und der Wandel der Kindheit wird seit einigen Jahrzehnten aus soziologischer, psychologischer, pädagogischer, historischer sowie aus kultureller Perspektive erfasst und untersucht.

Kindheit stellt nicht nur eine Entwicklungsphase mit je spezifischen Aufgaben- und Problembereichen dar, sondern wird auch als „soziale Strukturkategorie" begriffen (ebd., S. 17). Dies impliziert, dass Kindheit bestimmte Zuordnungen in der Gesellschaft zur Folge hat. Von Interesse werden demzufolge immer mehr die Lebenswelten der Kinder, ihre sozialen Netzwerke, ihr Alltag und ihre ganz eigenen Bewältigungsstrategien.

Eine einheitliche Begriffsbestimmung von Kindheitsforschung kann es nicht geben, da je nach Disziplin und Erkenntnisinteresse unterschiedliche definitorische Schwerpunktsetzungen existieren. Kindheitsforschung wird immer komplexer, da auch die Kindheiten immer komplexer und vielgestaltiger werden und die bisherigen Erkenntnisse zu einem erweiterten Forschungsverständnis mit Blick auf Kinder und Kindheit geführt haben. Der Gegenstandsbereich kann aufgrund des Umfanges des Forschungsfeldes nicht präzise definiert werden.

Je nach Blickwinkel fokussiert Kindheitsforschung auf ein spezifisches Themenfeld. Zum Beispiel geht Kindheitsforschung aus entwicklungspsychologischer Sicht den Fragen nach, wie sich Kinder entwickeln, welche entwicklungsfördernden und -hinderlichen Aspekte vorhanden sind und wie darauf eingewirkt werden kann. Aus sozialisationstheoretischer Perspektive wird untersucht, wie Kinder in der Auseinandersetzung mit ihrer Umwelt ihre Persönlichkeit entfalten. Sozialökologische Kindheitsforschung fokussiert u. a. darauf, wie Kinder eigene Räume gestalten, in Besitz nehmen und lebensweltlich darin agieren.

Übungs- und Reflexionsfragen

Welche Konstrukte von Kindheit haben sich im Laufe der Geschichte herausgebildet und warum?

Entwickeln Sie ein konkretes Forschungsthema bezogen auf einen Bereich der kindlichen Entwicklung und formulieren Sie dieses sowohl als Forschungsfrage als auch als Zielstellung!

Entwickeln Sie ein Forschungsdesign und klären Sie dabei folgende Fragen:
- Welchen methodischen Zugang zum Forschungsfeld halten Sie für adäquat (quantitativ oder qualitativ)?
- Welche Erhebungsmethode wählen Sie?
- Beschreiben Sie Ihre Stichprobe (Umfang der Stichprobe, Rekrutierung).
- Wie erfolgt der Pre-Test?
Beschreiben und begründen Sie Ihr Vorgehen.

Was wird unter dem Begriff Operationalisierung verstanden? Operationalisieren Sie den Begriff „Bildung".

Inwieweit hat sich die Kindheitsforschung seit Beginn der 1980er Jahre verändert?

Was wird unter Triangulation verstanden und welche Bedeutung hat diese für die empirische Forschung?

Beschreiben Sie Möglichkeiten der Triangulation und begründen Sie diese.

Welche Gefahren sehen Sie, wenn in der forschungsmethodischen Praxis auf Triangulation verzichtet wird?

Literatur für das Selbststudium

Häder, Michael (2006): Empirische Sozialforschung. Eine Einführung. Wiesbaden: VS Verlag für Sozialwissenschaften.

Konrad, Franz-Michael/Schultheis, Klaudia (2008): Kindheit. Eine pädagogische Einführung. Stuttgart: Kohlhammer.

Kromrey, Helmut (2006): Empirische Sozialforschung. Modelle und Methoden der standardisierten Datenerhebung und Datenauswertung. Stuttgart: Lucius und Lucius.

Lamnek, Siegfried (2005): Qualitative Sozialforschung. Lehrbuch. Weinheim und Basel: Beltz. PVU.

Przyborski, Aglaja/Wohlrab-Sahr, Monika (2008): Qualitative Sozialforschung. Ein Arbeitsbuch. München: Oldenbourg.

Zum Weiterlesen

Bühler-Niederberger, Doris (2005): Kindheit und die Ordnung der Verhältnisse. Von der gesellschaftlichen Macht der Unschuld und dem kreativen Individuum. Weinheim und München: Juventa.

Friebertshäuser, Barbara/Langer, Antje/Prengel, Annedore (Hrsg.) (2010): Handbuch qualitativer Forschungsmethoden in der Erziehungswissenschaft. Weinheim und München: Juventa.

Kelle, Helga (2009): Kindheit. In: Andresen, Sabine/Casale, Rita/Gabriel, Thomas/Horlacher, Rebekka/Larcher-Klee, Sabina/Oelkers, Jürgen (Hrsg.): Handwörterbuch Erziehungswissenschaft. Weinheim und Basel: Beltz. Deutscher Studienverlag. S. 322-335.

2. Genese der Kindheitsforschung und ihrer Methodologie

■ **Sozialwissenschaftliche Forschung mit Kindern hat sich – mit unterschiedlichen Schwerpunktsetzungen – über viele Jahrzehnte entwickelt und erfährt vor allem seit Mitte der 1980er Jahre ein zunehmend wachsendes Interesse. Kindheitsforschung im heutigen Sinne kann als sehr junge Disziplin gesehen werden, die eng mit gesellschaftlichen Modernisierungsprozessen verwoben ist. Die Vorstellung, dass jedes Kind einmalig ist und eine individuelle Persönlichkeit entwickelt, ist heute zentral. Kindheit wird als ein Phänomen und als eine eigenständige Lebensphase verstanden, die sich nicht durch ihr biologisches Primat bestimmen lässt, sondern durch ihre Einbettung in historische, gesellschaftliche, soziokulturelle und biographische Kontexte.**

2.1 Ausgangspunkte der Kindheitsforschung

Ursprünge und Ansätze der Kindheitsforschung sind nach Krüger und Grunert (2002 a) bereits im 18. Jahrhundert zu finden. Der Erziehungsroman „Emile oder Über die Erziehung" (1762) des französischen Philosophen und Schriftsteller Jean Jacques Rousseau kann als **ein** möglicher Ansatzpunkt früher biographisch-orientierter Kindheitsforschung gesehen werden. Der Roman schafft eine Basis dafür, Kindheit und Jugend als eigenständige Lebensabschnitte zu sehen. Mit seiner Darstellung stellt Rousseau das einzelne Individuum in das Zentrum pädagogischen Interesses. Eine dem Roman inhärente Aussage ist, dass pädagogische Konzepte ihren Ausgangspunkt bei den Kindern und ihren Eigenwelten haben sollen, um wirksam sein zu können.

Als ein weiterer Entwicklungsschritt kann auch die Arbeit des französischen Arztes Jean Itard (1972) im ausklingenden 18. Jahrhundert gesehen werden. Er fand in den Wäldern von Aveyron einen zirka elf- bis zwölfjährigen nackten Jungen, der keinerlei soziale Verhaltensformen zeigte und sich sprachlich nicht ausdrücken konnte. Itard nahm den Jungen bei sich auf und verfolgte mit gespanntem Interesse den von ihm geleiteten Prozess der Zivilisierung des „wilden Kindes". Er erzog und unterrichtete den Jungen nach seinen Vorstellungen, entwickelte unterschiedliche Methoden und Arbeitsmaterialen, um ihn zu bilden und hielt seine langjährigen Erfahrungen in Gutachten und weiteren Schriften fest.

Der Beginn der Kleinkindforschung wird mit den Beobachtungen des Philosophen Dietrich Tiedemanns markiert, der 1787 die Entwicklung seines kleinen Sohnes systematisch verfolgte und in einem Tagebuch niederschrieb. Dabei beschrieb er die von ihm beobachteten kindlichen Entwicklungsprozesse in der Herausbildung kindlicher Fähig- und Fertigkeiten. Mit diesem Werk gilt er als Vorreiter und Begründer der Kinderpsychologie (Keller 2003). Vor allem in den frühen Jahren der Entwicklungspsychologie finden sich seitdem immer wieder Beispiele, die den ersten Forschungsversuchen Tiedemanns folgten und Wissenschaftler ihre eigenen oder verwandten Kinder in der Phase ihres Aufwachsens untersuchten. So beobachtete u. a. Jean Piaget die Entwicklung seiner Kinder und konzipierte anhand dieser Ergebnisse seine kognitive Theorie.

Die forschungsmethodische Arbeit bezieht sich in den Anfängen der Kindheitsforschung insbesondere auf Beobachtungen von Kindern in unterschiedlichen Situationen. Vor allem Spiel- und Lehrsituationen stehen im Fokus der forschenden Personen. Ursprünge der qualitativ orientierten Kindheitsforschung sind entsprechend bereits im 18. Jahrhundert zu finden. Erst Ende des 19. Jahrhunderts wird an diese Ansätze angeknüpft. 1882 veröffentlichte der in England geborene Physiologe William Thierry Preyer das Buch „Die Seele des Kindes", worin er die Beobachtungen der Entwicklung seines eigenen Kindes in Tagebuchform dokumentierte. Diese Studie gilt vielen als ein wesentlicher Ausgangspunkt für die Psychologie der frühen Kindheit. Beobachtungsstudien von Kindern sind in dieser Zeit stark verbreitet. Da diese Beobachtungen vor allem innerhalb der eigenen Familie der Forschenden stattfanden, tragen die entsprechenden Aufzeichnungen auch den Namen „Vatertagebücher".

Zu Beginn des 20. Jahrhunderts setzte das deutsche Ehepaar William und Clara Stern ebenfalls die Tagebuchmethode ein, um das innerfamiliäre „Kinderstubenleben" zu erfassen (Stern/Stern 1907). Sie beobachteten die Entwicklung ihrer eigenen Kinder und hielten diese in Forschungstagebüchern detailliert fest. Ihre Langzeitstudie ist auch heute noch eine bedeutende empirische Grundlage für die Entwicklungspsychologie. Der Psychologe William Stern unternahm, u. a. neben Charlotte Bühler (1929) und Siegfried Bernfeld (1931), als einer der ersten den Versuch, anhand biographischer Dokumente die psychische Entwicklung eines Menschen am Übergang zwischen Kindheit und Jugend zu untersuchen und dessen „personale Bedeutsamkeit" herauszuarbeiten (Stern 1925, S. 3). Dazu analysierte er das Tagebuch eines Jungen, der 1871 in Berlin geboren wurde und seine Erlebnisse vom siebten bis zu seinem vollendeten 19. Lebensjahr aufschrieb. Die ausgewerteten Tagebücher umfassen einen Zeitraum von 1883 bis 1886. Stern untersuchte dabei, welche Umwelteinflüsse auf die Entwicklung der Persönlichkeit des Jungen wirkten, der sich am Übergang zur Pubertät befand und seine ersten Schritte in das Jugendalter unternahm. Themen, die Stern in seiner Analyse auswertete, sind u. a. Geschlechtsidentitätsaspekte, elterliches Verhalten, Freundschaft und Feindschaft, Verhalten der Mädchen, Interesse an Politik, Kulturleben, Religion, Selbstreflexionen und Selbstbeurteilungen.

Auch die deutsche Psychologin Charlotte Bühler gilt als eine Vorreiterin, die mit biographischem Material von Kindern und Jugendlichen arbeitete und dadurch methodologische Zugänge im Bereich der empirischen Forschung erweiterte. Durch die Auswertung umfangreichen Tagebuchmaterials von Mädchen und Jungen, die sich in der Pubertät befanden, versuchte Bühler das „jugendliche Seelenleben" darzustellen (Bühler 1929). Zu Beginn ihrer Forschung überlegte die Wissenschaftlerin, ob sie sich dem Untersuchungsgegenstand mittels Experiment oder Befragung nähern sollte, verwarf diese Gedanken jedoch wieder und entschied sich für die Analyse von Tagebuchaufzeichnungen. Wertete Stern die Tagebücher **eines** Probanden aus (Einzelfallanalyse), analysierte Bühler insgesamt 76 Tagebücher von Mädchen und Jungen (die Geschlechterverteilung ist dabei in etwa gleich). Die Tagebücher verfassten die Mädchen und Jungen im Alter zwischen zirka zehn und 22 Jahren. Bühler ging es dabei um eine systematische Analyse objektiver und spezifischer Leistungen der Mädchen und Jungen im Reifealter. Bühler erweiterte ihren methodischen Zugang, indem sie später die Methode der Beobachtung hinzufügte, um eine systematische „Gegenprobe" zu den Tagebuchergebnissen durchzuführen. So beobachtete sie u.a. das Verhalten der Mädchen im Hort. Die analysierten Themen bezogen sich u.a. auf Erotik und Sexualität, soziale Gemeinschaft, Schulerfahrungen, Auseinandersetzung mit Beruf und Beschäftigung, Reflexionen hinsichtlich Politik, Religion, Kunst, Natur und Lebensanschauung. Im Ergebnis zeigt Bühler u.a., dass der physische und psychische Pubertätsverlauf bei beiden Geschlechtern in etwa gleich verläuft, allerdings zeitliche Unterschiede bestünden (ebd.).

Charlotte Bühler war es auch, die versuchte, die menschliche Entwicklung von der Geburt bis zum 19. Lebensjahr eines Menschen unter entwicklungspsychologischen Aspekten in einem Phasenmodell darzustellen (Bühler 1928). Die Abgrenzung der jeweiligen Lebensphasen erfolgte anhand der ausgewerteten Beobachtungen, Befragungen und Experimente. Das empirische Material bildete die Basis dafür, dass

> „die auf den einzelnen Teilgebieten der Beobachtung und des Experiments gewonnenen Ergebnisse sich bei ihrer Zusammenfassung sinnvoll zu natürlichen Einheiten mehr und mehr zusammenschlossen, wobei nach und nach erst empirisch deutlich wurde, daß eine auf einem Tatsachengebiet gefundene neue Erscheinung sich stets auch entsprechend in sinnvoller Übertragung im Entwicklungszug einer andern Funktion nachweisen ließ." (ebd., S. IX)

Bühler unterteilte ihr Entwicklungsmodell anhand der empirischen Ergebnisse folgendermaßen:

- 1. Lebensjahr,
- 2. bis 4. Lebensjahr,
- 5. bis 8. Lebensjahr,
- 9. bis 13. Lebensjahr,
- 14. bis 19. Lebensjahr.

Bühler beobachtete u. a. Kinder bei ihren Alltagsverrichtungen und bei kindlichen Aktivitäten und befragte sowohl Kinder in Kindergärten als auch in Volksschulen u. a. zu ihren beruflichen Zukunftsvorstellungen (z. B. „Was willst du werden und warum?", ebd. S. XII).

Tenor vieler Studien damaliger Zeit war, dass unter Entwicklung ein naturgemäßer Prozess verstanden wurde, der nach bestimmten Regeln zu einem je individuellen Endpunkt verläuft.

Zunehmend wurde eingefordert, Kontexte, die die Lebensbedingungen von Mädchen und Jungen beeinflussen, sehr viel stärker als bisher zu berücksichtigen und diese Aspekte in Untersuchungen mit einzubeziehen. Einen großen Anteil an der wissenschaftlichen Etablierung der Anfänge der Kindheitsforschung hatte die in den 1920er Jahren des letzten Jahrhunderts einsetzende „institutionelle[n] Konsolidierung wissenschaftlich orientierter Kindheits- und Jugendforschung" (Krüger/Grunert 2002, S. 12). Es existierte noch keine Trennung zwischen Kindheits- und Jugendforschung. In dieser Zeit entstanden eigenständige Institute, die sich auf Kindheits-, aber auch auf Jugendforschung spezialisierten (Wien, Hamburg). Bereits zu Beginn der Etablierung dieses Forschungsfeldes gab es Diskussionen bezüglich adäquater methodischer Zugänge zu den Untersuchungspersonen. Es wurden verstärkt qualitative Methoden eingesetzt, um einen Einblick in das Erleben Heranwachsender zu bekommen. Als Datenquellen dienten dabei neben Beobachtungen vor allem Tagebücher, Aufsätze, Briefe usw. (vgl. Grunert 2002). Neben der Analyse von Dokumenten wurden jedoch auch Interviews, Beobachtungen und quantitative Methoden, z. B. Fragebögen, eingesetzt. Theoretischer Bezugspunkt war insbesondere die Entwicklungspsychologie des Kindes- und Jugendalters.

In den 1950er/60er Jahren erfolgte eine Intensivierung und Ausdifferenzierung der Kindheitsforschung. Die verschiedenen Forschungsaktivitäten zeichneten sich durch zunehmende Interdisziplinarität aus. Es entwickelte sich u. a. die Säuglingsforschung rasant als ein Teilbereich der Erforschung der frühen Kindheit. Das Postulat eines Säuglings als „physiologische Frühgeburt", als Reflexwesen, das noch nichts kann, außer seine Grundbedürfnisse zu artikulieren, und ohne die Hilfe von Erwachsenen nicht überleben und sich nicht entwickeln könnte, wurde aufgehoben und ersetzt durch das Bild vom „kompetenten" Säugling (Pauen 2003). Der Forschungsblick richtete sich nunmehr Schritt für Schritt auf die Fähigkeiten des neugeborenen Kindes, sich die Welt anzueignen.

2.2 Etablierung der Kindheits- und Jugendforschung

Nach Honig (2002) ist Kindheit im 20. Jahrhundert ein Synonym für den Prozess des Aufwachsens und der Erziehung in einer fluiden Gesellschaft, der deshalb auch problematisch vonstatten gehen kann. Kindheit erhält in dieser Zeit in den westlichen Ländern einen unabhängigen Status und gilt als Entwicklungs- und Vorbereitungsphase des modernen Menschen auf das Erwachsensein. Merkmal der Kindheit in der Moderne ist die Eingebundenheit in spezielle Erziehungsinstitutionen, die zwischen privater und öffentlicher Fürsorge wechseln.

In diesem Sinne ist Kindheit eine „Erziehungs- und Institutionenkindheit", die sich im Kontext soziokultureller Modernisierungsprozesse weiterentwickelt und stattfindet. Durch den gesellschaftlichen Wandel verändert sich die Lebenswelt von Kindern permanent. Kindheit ist heute stark pluralisiert und in unterschiedliche gesellschaftliche Entwicklungsprozesse eingebunden. Kindliches Erleben, Verhalten und Handeln außerhalb der Modernisierungszusammenhänge ist nicht möglich. Die Modernisierung verlangt von jedem Individuum ständige Neuorientierung und Anpassungsleistungen. Diese müssen innerhalb der Forschung berücksichtigt werden.

Deshalb ist es notwendig in forschungsmethodologischen Auseinandersetzungen den Untersuchungsgegenstand „Kindheit" entsprechend seiner historischen, gesellschaftlichen, soziokulturellen Verortung neu zu definieren und innerhalb dieser Kontexte zu operationalisieren. Standen im 18. Jahrhundert das kindliche Spiel und Lernen im Vordergrund der Forschung, im 19. und zu Beginn des 20. Jahrhunderts entwicklungspsychologische Fragestellungen, dominiert nunmehr die wissenschaftliche Auseinandersetzung u. a. mit Alltag, Lebenslagen, sozialräumlichem Aneignungsverhalten, Freizeitgestaltung, sozialen Beziehungen, interkulturellen Kontexten, Gender, Diversity, biographischen und institutionellen Übergängen und Bildungsprozessen von Kindern.

Wie sehr die psychosoziale und soziokulturelle Verselbstständigung von Mädchen und Jungen bis in die heutige Zeit vorangeschritten ist, zeigen Teilergebnisse der Ersten Dresdner Kinderstudie von Lenz et al. (2001). Darin wird ein verändertes Selbstbild der befragten Mädchen und Jungen konstatiert. So sehen sich von den Elf- bis Zwölfjährigen lediglich noch 15 % als Kind. Die Mehrheit von ihnen bezeichnet sich sowohl als Kind als auch als Jugendlicher. Vor allem Jungen definieren sich ab dem 12. Lebensjahr in größerem Umfang als bisher als jugendlich. Die Ergebnisse zeigen zum einen, dass das Selbstbild von Mädchen und Jungen von der Sexualreife oder Pubertätsphase losgelöst betrachtet werden muss, und weisen zum anderen nicht nur auf veränderte Selbstzuschreibungen hin, sondern auch auf eine immer weiter voranschreitende Entstrukturierung und Entgrenzung von Kindheit, die die Kindheitsforschung berücksichtigen muss.

Die vielfältigen Bedingungen des Aufwachsens mit seinen Chancen und Risiken für Mädchen und Jungen im Kindesalter sind zu zentralen Forschungsthemen geworden. Die Sozialisationsforschung zeigt, dass Individuen in jeder Lebensphase von der eigenen Subjektivität und einem individuellen Anspruch auf Entfaltung geprägt und viele Aspekte für eine eigenständige Lebensführung bereits bei Kindern schon vorhanden sind. Mädchen und Jungen gestalten als Ko-Konstrukteure ihre Umwelt mit und entwickeln sich aufgrund ihrer Fähigkeit zur Selbstbildung sowohl kognitiv-emotional als auch körperlich-motorisch (Schäfer 2005). Sie sind handelnde Subjekte (Hurrelmann/Bründel 2003), die ihr Leben durch biographisches Handeln (Böhnisch 1997) bewältigen können. Kinder sind zu Akteuren ihrer eigenen Biographie geworden und gestalten ihren Alltag selbst mit.

Dabei dürfen Kinder innerhalb der Forschung nicht als Opfer der jeweiligen Verhältnisse angesehen werden, wie Honig (2002) zu Recht kritisiert, sondern als selbstständig handelnde Akteure unserer Gesellschaft. Es müssen kindliche Grundbedürfnisse und persönliche Entfaltungs- und Gestaltungsmöglichkeiten von Mädchen und Jungen anerkannt und so traditionelle Vorstellungen unreifer und unmündiger Kinder überwunden werden.

2.3 Quantitative und qualitative Forschungsansätze vor dem Hintergrund veränderter Sichtweisen auf Kindheit

Wie in vielen Wissenschaftsbereichen kommt es zur Zeit des Nationalsozialismus zu einer Unterbrechung kindheitsbezogener Forschungsaktivitäten. Nach dieser Zeit trennen sich die Forschungsfelder Kindheits- und Jugendforschung. Kindheitsforschung findet überwiegend unter entwicklungspsychologischen Aspekten statt, während sich vor allem die Soziologie mit dem Phänomen Jugend wissenschaftlich auseinandersetzt.

Die Forschungstätigkeit der 1950er und 1960er Jahre knüpft dabei an Vorstellungen über Kindheit der 1920er Jahre an. Stufenmodelle wie bei Piaget oder Freud dominieren die kindbezogene Forschungslandschaft.

Qualitative Forschungsansätze, wie sie in den 1920er Jahren angewandt wurden, kommen kaum zum Einsatz. Nur wenige Forscher knüpfen an diese Forschungstradition an (Roessler 1957, Bertlein 1960, Küppers 1964) und so bleibt bis Ende der 1970er Jahre die qualitative Kindheitsforschung ein eher randständiges Forschungsgebiet. Ein wesentlicher Grund dafür ist die zunehmende Orientierung an der US-amerikanischen Psychologie, die hauptsächlich quantitative Verfahren einsetzt. Qualitative Verfahren werden dadurch zunehmend an den Rand gedrängt und als „unwissenschaftliche" Vorgehensweisen betrachtet. In diesem Kontext können sich quantitative Methoden immer stärker etablieren und die Landschaft der Kindheitsforschung stärker dominieren. Qualitative Methoden werden bestenfalls im Rahmen von Vorerhebungen oder als zusätzliche Methoden eingesetzt.

Erst seit den frühen 1980er Jahren beginnt sich nach und nach eine sozialwissenschaftlich orientierte Kindheitsforschung zu entwickeln und zu etablieren. Wesentlicher Ausgangspunkt dieser Epoche und den daraus resultierenden Veränderungen ist der veränderte Blick auf Kinder und Kindheit als Lebensphase. Während entwicklungspsychologische Ansätze Kinder als zukünftige Erwachsene betrachten, wird diese Sichtweise nun zunehmend kritisiert und als unzulänglich bezeichnet (Markefka/Nauck 1993). Dem bisher vorherrschenden Bild von Kindheit als Vorbereitungsphase auf das Erwachsensein wird die Vorstellung von Kindheit als eigenständiger Lebensphase gegenübergestellt. Mit diesem Perspektivwechsel verändern sich in Soziologie und Pädagogik die Forschungsschwerpunkte. Im Zentrum des Interesses stehen nun die Lebenswelten und der Alltag der Kinder. Die Kinder selbst werden als Expertinnen und Experten ihrer eigenen Lebenswirklichkeit gesehen. Kindheitsforschung orientiert sich wieder vermehrt an den Kindern selbst, um Erkenntnisse über ihre Lebenswelt, Wahrnehmungen, soziale Netzwerke usw. zu gewinnen. In diesem Kontext findet eine Rückbesinnung auf qualitative methodische Ansätze statt. Diese Forschungsmethoden bieten für die neu definierten Forschungsziele wieder einen adäquaten Zugang.

Zentrales Anliegen ist es nun, Kindheit als eigenständige Lebensphase zu sehen und Kinder nicht auf ihre zukünftige Bestimmung, sondern als „Personen aus eigenem Recht" (Honig et al. 1996, S. 10) anzuerkennen. Durch diesen veränderten Blickwinkel entwickelt sich ein zunehmend großes Interesse an den kindlichen Lebenswelten, ihren alltäglichen Erfahrungen und sozialen Netzwerken. Die Sichtweisen der Kinder selbst werden nun zum Gegenstand der Forschung. Vor allem sozialwissenschaftlich orientierte Erziehungswissenschaftlerinnen und Erziehungswissenschaftler fordern diesen veränderten Blickwinkel auf Kinder und Kindheiten und sprechen sich für interdisziplinäre Zugänge zu ihren Perspektiven aus.

2.4 Perspektiven

Kindheitsforschung hat in den letzten beiden Jahrzehnten eine deutliche Weiterentwicklung erfahren. Einen wesentlichen Einfluss auf diesen Forschungsbereich hat die Jugendforschung ausüben können. Die in ihr zum Tragen kommende Vorstellung von Jugendlichen als produktiv realitätsverarbeitende Subjekte hat sich um zirka ein Jahrzehnt versetzt auch in der Kindheitsforschung durchsetzen können. Dadurch kann sich eine wichtige diskursive Wende innerhalb der Kindheitsforschung vollziehen, die in unterschiedlichen Fachgebieten (Entwicklungspsychologie, Soziologie, Erziehungswissenschaften) Veränderungen mit sich bringt.

Krüger und Grunert (2002a) betonen, wie wichtig es ist, Kindheitsforschung komplex anzulegen und künstlich geschaffene Trennungen, z. B. in „akteursbezogene" und „strukturbezogene" Forschung, aufzuheben. Nur die Verbindung einer Innen- und Außenperspektive kann ein umfassendes Bild über kindliche Lebenswelten und Perspektiven geben. Erst interdisziplinär und umfassend angelegte Forschungsdesigns ermöglichen einen ganzheitlichen Blick auf Kinder und Kindheit als Lebensphase. Sozialökologische Ansätze können die Auswirkungen von Modernisierungsfolgen auf der E-bene der sozialen Umwelt beschreiben, während persönlichkeitstheoretische Ansätze in der Lage sind, deren Einflüsse auf die Identitätsentwicklung nachzuvollziehen. Wenn gesellschaftliche, umwelt- und persönlichkeitsbezogene Ansätze einbezogen werden, ist es möglich, in makro- und mesosozialen und individuellen Dimensionen Kindheit zu erfassen.

Qualitative Forschungszugänge zu Kindern und ihren Perspektiven haben vor allem in den letzten Jahren innerhalb der Kindheitsforschung einen großen Raum eingenommen. Ein wichtiges Ziel ist es, verschiedene Methoden, aber auch quantitative und qualitative Ansätze miteinander zu verbinden, um eine mehrdimensionale Perspektive auf bestimmte Forschungsbereiche zu erhalten. Die Verbindung von Einzelfall- und Surveystudien schaffen zum Beispiel diesen vielschichtigen Einblick, da diese Kombination einerseits einen Überblick, aber andererseits auch individuelle Aussagen ermöglicht.

Kindheit zeichnet sich durch eine große Heterogenität aus. Viele Studien zeigen Ausschnitte kindlicher Lebenswelten und ihrer je spezifischen Lebenslagen. Nicht ausreichend berücksichtig werden innerhalb der Kindheitsforschung interkulturelle Kontexte, die kindliches Leben und Aufwachsen prägen. Aussagekräftige Studien zum Aufwachsen von Kindern mit Migrationshintergrund liegen kaum vor. Interkulturalität wird stattdessen vorwiegend unter Defizitaspekten betrachtet, z. B. in Bezug auf Assimilation und Integrationsschwierigkeiten, Konflikte zwischen den Kulturen, sprachliche Barrieren, Bildungsrückstände, Armut etc. Damit sind offene Fragen im Bereich der Kindheitsforschung aufgezeigt, die nach einer stärkeren Integration als bisher verlangen.

Übungs- und Reflexionsfragen

Skizzieren Sie die Genese der Kindheitsforschung bis heute.

Welche epochalen Konstrukte von Kindheit finden Sie? Beschreiben Sie zentrale Entwicklungsschritte.

Erläutern Sie, wodurch die „qualitative Wende" in der Kindheitsforschung eingeleitet wurde. Welches Bild vom Kind spielt dabei eine wesentliche Rolle?

Suchen Sie im Internet nach Institutionen, die sich der Kindheitsforschung widmen, und vergleichen Sie deren methodologische Ansätze miteinander.

Literatur für das Selbststudium

Grunert, Cathleen (2002): Methoden und Ergebnisse der qualitativen Kindheits- und Jugendforschung. In: Krüger, Heinz-Hermann/Grunert, Cathleen (Hrsg.): Handbuch der Kindheits- und Jugendforschung. Opladen: VS Verlag für Sozialwissenschaften. S. 225-248.

Honig, Michael-Sebastian (1999): Entwurf einer Theorie der Kindheit. Frankfurt a. M.: Suhrkamp.

Honig, Michael-Sebastian (2002): Geschichte der Kindheit. In: Krüger, Heinz-Hermann/Grunert, Cathleen (Hrsg.): Handbuch Kindheits- und Jugendforschung. Opladen: Leske + Budrich, S. 309-332.

Honig, Michael-Sebastian/Leu, Hans Rudolf/Nissen, Ursula (Hrsg.) (1996): Kinder und Kindheit. Weinheim und München: Juventa. S. 9-29.

Zum Weiterlesen

Baader, Meike Sophia (1996): Die romantische Idee des Kindes und der Kindheit: Auf der Suche nach der verlorenen Unschuld. Neuwied, Kriftel: Luchterhand.

Grunert, Cathleen/Krüger, Heinz-Hermann (2006): Kindheit und Kindheitsforschung in Deutschland. Forschungszugänge und Lebenslagen. Opladen: Leske + Budrich.

3. Diskurse der Kindheitsforschung – Ausgewählte Zugänge zu Kindern und Kindheiten

■ Seit Mitte der 1980er Jahre wird in Deutschland von der Etablierung einer „neuen Kindheitsforschung" gesprochen. Sie hat das Ziel, die Perspektive der Kinder zu erfassen und sie als aktive Subjekte in den Forschungsprozess einzubeziehen (Mey 2003 a). Im Zentrum steht nun die Forschung mit Kindern. Die Wahrnehmung von Kindern als „produktiv-realitätsverarbeitende Subjekte" (Hurrelmann 1983, S. 91) kann bereits in den Untersuchungen des Ehepaares Stern (1907) festgestellt werden. Sie betonen Kindheit als eigenständige Lebensphase und schaffen mit ihren Beobachtungen im innerfamilialen Rahmen einen direkten Lebensweltbezug. Eine Rückbesinnung auf die Anfänge der empirischen Kindheitsforschung wird an dieser Stelle besonders deutlich.

Das Leben von Kindern und Kindheit als Lebensphase wird nun aus der Sicht verschiedener Fachdisziplinen analysiert. Dazu zählen hauptsächlich Psychologie, Pädagogik, Medizin, Kultur- und Geschichtswissenschaften und zunehmend die Soziologie (Fuhs 1999). Interdisziplinäre Zugänge können dabei einen umfassenderen Blick auf den Forschungsbereich geben, kommen bislang jedoch kaum zum Tragen. Fachübergreifend existieren in der Kindheitsforschung unterschiedliche theoretische Zugänge. In diesem Abschnitt werden die klassischen Ansätze der Entwicklungspsychologie als auch der Sozialwissenschaften vorgestellt.

3.1 Entwicklungspsychologische Ansätze

Als Teilgebiet der Psychologie befasst sich die Entwicklungspsychologie vor allem mit der Entwicklung und Veränderungen im Denken, Erleben und Verhalten im Lebensverlauf. Frühere Konzepte beziehen sich vorwiegend auf die Zeit des Kindes- und Jugendalters, heute wird die gesamte Lebensspanne zum Gegenstand entwicklungspsychologischer Fragestellungen. Unter Entwicklung werden längerfristig wirksame Veränderungen von Kompetenzen bezogen auf kognitive Prozesse, Emotionen, Sprache, Motorik etc. verstanden. Darunter werden sowohl bleibende Veränderungen als auch kurzzeitige Veränderungen, die wiederum andere hervorrufen, gefasst.

Vor allem im angloamerikanischen Sprachraum erscheinen traditionelle entwicklungspsychologische und sozialisationstheoretische Sichtweisen als unvereinbar mit der neuen Kindheitsforschung. Ausschlaggebend für diese Probleme ist u. a. die Sichtweise, Kinder befinden sich in der Persönlichkeitsentwicklung auf einer niedrigeren Stufe als Erwachsene. Die neue Kindheitsforschung betrachtet Kinder jedoch als Subjekte, die nicht an erwachsenen Personen gemessen werden, sondern sich in einer eigenständigen Lebensphase befinden. Für die forschungsmethodischen wie theoretischen Zugänge zu Kindern und ihren Lebenswelten sind vor allem die Ansätze von Freud, Piaget und Kohlberg im entwicklungspsychologischen Kontext von zentraler Bedeutung.

3.1.1 Psychoanalyse und psychosexuelle Entwicklung nach Sigmund Freud

■ **Zur Person Freuds (1856-1939)**

Sigmund Freud gilt als Begründer der modernen Psychologie. Seine Psychoanalyse hat seit dem 20. Jahrhundert großen Einfluss auf die westliche Gesellschaft. Freud war ein Wiener Neurologe und Psychiater, der mit der Psychoanalyse sowohl ein theoretisches tiefenpsychologisches Konzept zur Entwicklung des Menschen als auch eine therapeutische Behandlungsmethode (in der verschiedene therapeutische Techniken, wie Hypnose und Traumdeutung, zum Einsatz kommen oder die Konzepte der Übertragung und Gegenübertragung als wesentlich für den therapeutischen Prozess beschrieben wurden) vorlegte, die sich von dem bis dahin praktizierten Umgang mit psychisch kranken Menschen stark unterschied. Sigmund Freud betrachtete Menschen als Subjekte, die durch in der Vergangenheit erlebte und bisher nicht bewältigte Konflikte krank wurden – und distanzierte sich damit von der bis dahin vorherrschenden Pathologisierung und Kriminalisierung psychisch Kranker.

Freud studierte Medizin, erlernte die Hypnosetechnik bei Jean Martin Charcot in Paris und eröffnete später eine psychiatrische Privatpraxis in Wien. Er behandelte viele Frauen und Männer, die unter emotionalen bzw. neurotischen und psychotischen Störungen, wie Hysterie, litten. Mit seinem Kollegen Josef Breuer arbeitete er an einer Studie über Hysterie. Freud ging davon aus, dass die von den Patientinnen und Patienten geschilderten Symptome bzw. Verhaltensauffälligkeiten auf verdrängte traumatische Erfahrungen in der frühen Kindheit zurückzuführen sind und versuchte mittels seiner Behandlungsmethoden, diese verdrängten Inhalte wieder bewusst zu machen. ■

Der Begriff „Tiefenpsychologie"

Als Tiefenpsychologie werden die Ansätze bezeichnet, die davon ausgehen, dass das menschliche Erleben, Verhalten und Handeln bestimmt wird durch in der „Tiefe" des Bewusstseins ablaufende Prozesse der Konfliktverarbeitung. Mittels bestimmter therapeutischer Techniken ist es möglich, tief in die Psyche eines Individuums einzudringen und Unbewusstes bewusst zu machen. Der Begriff „Tiefenpsychologie" fokussiert auf Ansätze, Konzepte und Methoden, die davon ausgehen, dass der Schlüssel zum Verständnis des menschlichen Seelenlebens im Unbewussten liegt.

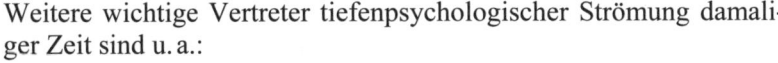 Weitere wichtige Vertreter tiefenpsychologischer Strömung damaliger Zeit sind u. a.:

- Alfred Adler (Individualpsychologie)

- Carl Gustav Jung (Analytische Psychologie)

- Viktor E. Frankl (Existenzanalyse, Logotheorie)

- Wilhelm Reich (Orgonomie)

- Otto Rank (Psychologie der zwischenmenschlichen Beziehung) ■

Die Struktur der Persönlichkeit

Grundlegende Annahmen der Freudschen Psychoanalyse sind zum einen, dass Probleme eines Individuums ihren Ursprung in der frühen Kindheit haben, und zum anderen, dass die wahren Motive und Triebkräfte für das eigene Verhalten und Handeln nicht bewusst sind. Letztlich, so seine Annahme, seien alle Handlungen, Gedanken, Gefühle etc. sexuell motiviert. Vor diesem Hintergrund ist die frühe psychosexuelle Entwicklung eines Menschen äußerst relevant für sein späteres Leben.

Der psychoanalytische Zugang zur Struktur der menschlichen Persönlichkeit ist komplex und besteht aus einer dynamischen, topographischen, ökonomischen und strukturellen Dimension.

Der **dynamische Aspekt** (Freud 1989) besagt, dass das Verhalten und Handeln eines Menschen durch seine im Inneren angelegten Triebe bestimmt wird. Der Lebenstrieb, auch Eros genannt, dient der menschlichen Selbsterhaltung und zeichnet sich u. a. durch schöpferische, geistige Tätigkeiten aus. Im Lebenstrieb integriert ist der Sexualtrieb, dessen Triebkraft die Libido (sexuelle Energie) ist. Laut Freud funktioniert die Libido ähnlich dem Hungergefühl und muss gebändigt werden. Dem Lebenstrieb steht der Todestrieb (Thanatos) antagonistisch gegenüber. Der Todestrieb beinhaltet die destruktiven Elemente des menschlichen Lebens, wie Selbsthass, Aggressionen, Wut etc. Jede Bewegung und Entwicklung hat in diesem Verständnis dynamische Anlässe bzw. Motive.

Die **topographische Dimension** (ebd.) beinhaltet, dass die menschliche Psyche mit drei Bewusstseinsschichten (Schichtmodell) ausgestattet ist:

- Das **Bewusste**, das Gedanken, Wahrnehmungen, Vorstellungen, Phantasien etc. beinhaltet, zu denen der Mensch Zugang hat, die er erinnern kann, ihm also bewusst sind.

- Im **Vorbewussten** sind relativ leicht zugängliche Gedächtnisinhalte gespeichert, an die sich der Mensch nicht immer gleich erinnern kann bzw. die er nicht sofort weiß. Durch Nachdenken können diese Inhalte allerdings wieder bewusst gemacht werden.

- Im **Unbewussten** liegen dagegen alle seelischen Vorgänge, die ein Mensch erfahren, aber z. B. aufgrund hoher Traumatisierung verdrängt hat. Dennoch wird das Erleben, Verhalten und Handeln eines Menschen von diesen unbewussten Inhalten beeinflusst und gesteuert.

Der **ökonomische Aspekt** (ebd.) zeigt, dass der psychische Apparat der Persönlichkeit mit psychischer Energie ausgestattet ist. Der Mensch ist in diesem Sinne ein Energiesystem. Durch körperliche Erregungszustände entwickelt sich ständig Energie, die durch lustvolles Verhalten (Lustprinzip) freigesetzt bzw. durch Regeln, Normen und Werte (Realitätsprinzip) eingeschränkt bzw. unterdrückt werden kann.

Der **strukturelle Aspekt** (ebd.) verweist auf die Bedeutung des Instanzenmodells. Nach Auffassungen der Psychoanalyse „wohnen mehrere Seelen in unserer Brust". Die Persönlichkeit eines Menschen ist mit drei Instanzen ausgestattet: ES, ICH, ÜBER-ICH, die jeweils Teilaspekte der Persönlichkeit darstellen. Die verschiedenen Instanzen durchdringen sich gegenseitig, interagieren intrapsychisch miteinander. Dieses Wechselspiel bzw. die Dynamik zwischen ES, ICH und ÜBER-ICH bewirken die Persönlichkeit eines Menschen.

Das ES ist von Geburt an vorhanden und die Instanz der Triebe, Wünsche und Bedürfnisse. Es gehorcht dem Lustprinzip, da allein die Befriedigung der Bedürfnisse zählt. Die ICH-Instanz entwickelt sich durch den Einfluss der Außenwelt bis zum zweiten bzw. dritten Lebensjahr eines Kindes. Durch Eltern und andere Bezugspersonen werden die Kinder mit Normen und Werten konfrontiert, die die Anforderungen der Außenwelt darstellen. Das ICH muss deshalb zwischen den Wünschen des ES und den Anforderungen der Außenwelt vermitteln, da die Wünsche und Bedürfnisse des ES nicht immer befriedigt werden können: Das ICH ist deshalb auch das menschliche Anpassungsorgan, die denkende und vorausschauende Instanz. Es leistet Triebverzicht oder zeitlichen Aufschub der Triebbefriedigung, sucht nach Kompromissen und gehorcht dem Realitätsprinzip.

Das ÜBER-ICH entwickelt sich zwischen dem vierten und fünften Lebensjahr. Es stellt den moralischen Teil der Persönlichkeit dar, das menschliche

Gewissen. Im ÜBER-ICH sind alle bereits gelernten und internalisierten Gebote, Verbote, Normen und Werte gespeichert, die das Kind z. B. durch die elterliche Erziehung erfahren hat. Das ÜBER-ICH als moralische Instanz kontrolliert, ob das menschliche Verhalten mit den internalisierten gesellschaftlichen Regeln übereinstimmt. Abweichungen werden durch Schuldgefühle oder schlechtes Gewissen bestraft. Konformes Verhalten wird stattdessen belohnt. In diesem Sinne steht das ÜBER-ICH im Dienste des Moralitätsprinzips.

Das ICH hat die Aufgabe der menschlichen Selbsterhaltung, indem die im ES entstehenden Triebe, Wünsche und Bedürfnisse in Übereinstimmung mit den Anforderungen der Außenwelt realitätsgerecht gesteuert werden. Da das eine äußerst schwierige Aufgabe ist, gilt das ICH als die eigentliche Angststätte der Persönlichkeit. Kann das Individuum ICH-Stärke entwickeln, so ist es in der Lage, die Wünsche des ES, die Gebote und Verbote des ÜBER-ICH's und die Anforderungen der Realität (ICH) in Übereinstimmung zu bringen. Ist das ICH schwach entwickelt, leidet es an den Anforderungen der Außenwelt, an den übermächtigen Triebwünschen des ES und den verinnerlichten Normen des ÜBER-ICH's (dem Gewissen). Das kann dazu führen, dass eigene Wünsche und Bedürfnisse unterdrückt und verdrängt werden.

Das Modell der psychosexuellen Entwicklung

Anhand seiner Beobachtungen stellt Freud (1989 a) fest, dass bereits Kinder Verhalten zeigen, welches sexuell motiviert ist. Von Geburt an durchlaufen Mädchen und Jungen bestimmte Stadien, in denen sie mit deutlicher Lust sexuelle Handlungen vollziehen. Damit korrigiert Freud die bis dahin vorherrschende Meinung einer sexualitätsfreien, asexuellen Kindheit. Er formuliert eine weite Auffassung von Sexualität, die sich nicht auf genitale Aktivitäten reduzieren lässt, sondern alles das umfasst, was mit sinnlichkörperlicher Wollust zu tun hat. Freud versteht menschliche Sexualität als eine nicht erst mit der Pubertät erwachende, sondern mit der Geburt einsetzende Determinante, die sich über spezifische frühkindliche Phasen entwickelt und ausdifferenziert. Die infantile Sexualitätsentwicklung bzw. die Entwicklung der Libido stellt Freud in dem Modell der psychosexuellen Entwicklung (ebd.) dar, welches fünf verschiedene sexuelle Entwicklungsphasen beschreibt, die aufeinander aufbauen.

Im ersten Lebensjahr befindet sich das Kind in der **oralen Phase**. Das ES fordert Triebbefriedigung ein – nach Nahrung, körperlicher Wärme und Nähe, Versorgung etc. Das Kind gewinnt Lust und Erregung durch seine Saug-, Schluck- oder Lutschbewegungen sowie durch Körper- und Hautkontakt. In dieser Zeit nehmen Kinder ihre soziale Umwelt vor allem dadurch wahr, indem sie sich dieser mittels Mund und Lippen bemächtigen. Diese Körperregionen stellen demzufolge auch die erogenen Zonen dar.

Durch die Berührung von Haut, Körper, Materialien etc. durch den Mund, die Lippen oder Zunge (z.B. „Wonnesaugen") können Kinder ihre Lust nach körperlichem Kontakt befriedigen.

Um das zweite bzw. dritte Lebensjahr tritt das Kind in die **anale Phase** ein. In dieser Zeit entwickelt das egozentrische ES-gesteuerte Kind seinen eigenen Willen durch Interaktion mit den Bezugspersonen, die das Kind erziehen. Das ICH entwickelt sich. Mädchen und Jungen empfinden höchste Lust an ihren Ausscheidungsvorgängen, die sie willentlich loslassen oder zurückhalten können. Der After und Enddarm sind die zentralen erogenen Zonen und bedeuten kindlichen Lustgewinn, z.B. wenn es sich mit seinen Ausscheidungsvorgängen und Exkrementen beschäftigt. Das lustvolle Interesse an seiner Ausscheidung überträgt das Kind auf andere Aktivitäten: Es spielt, matscht und krümelt z.B. lustvoll mit Sand, Nahrungsmitteln, Schlamm.

Mit zirka dem vierten bzw. fünften Lebensjahr befindet sich das Kind in der **phallischen Phase**. In dieser Zeit sind die eigenen Geschlechtsorgane (Scheide, Klitoris, Penis, Hodensack) die zentralen erogenen Zonen. Mädchen und Jungen berühren sich an ihren Genitalien und empfinden Lust dabei. In diesem Lebensalter entdecken die Kinder ihren eigenen Körper und ihre jeweilige Geschlechtlichkeit und Geschlechtszugehörigkeit. Sie erkennen geschlechtliche Unterschiede und beginnen ihre Geschlechtidentität zu entwickeln, indem sie die **ödipale Phase** bewältigen. Die Genitalien bilden den Mittelpunkt des kindlichen Interesses. Ihr „Zeigetrieb" (auch in Form so genannter „Doktorspiele") ist stark ausgeprägt. In dieser Zeit entwickelt sich das ÜBER-ICH.

Die **ödipale Phase** kennzeichnet einen einschneidenden Aspekt innerhalb der psychosexuellen Entwicklung eines Kindes und ist wesentlicher Bestandteil der phallischen Phase. Der Junge bzw. das Mädchen entwickelt nach Freud durch die Abwesenheit des Vaters bedingt, von Geburt an eine sehr enge Bindung an die Mutter. Die Mutter ist – so die Annahme Freuds – die zentrale Bezugsperson eines Kleinkindes. Sie ist in erster Linie die Person, die das Kind nährt, versorgt, erzieht und betreut. In dieser Phase müssen sich Mädchen und Jungen mit Mutter und Vater und deren Geschlechtlichkeit auseinandersetzen, um so zu einem eigenen Verständnis von sich als geschlechtlicher Person in Anlehnung an das gleichgeschlechtliche oder eben auch in Abgrenzung zum andersgeschlechtlichen Elternteil zu kommen.

Die sich anschließende **Latenzzeit** bezeichnete Freud als eine Phase „der Ruhe vor dem Sturm". Das Kind befindet sich dann zwischen dem sechsten und zwölften Lebensjahr. Das Mädchen bzw. der Junge verlagert die individuellen Triebenergien auf andere Bereiche und Gegenstände seiner sozialen Umwelt. In dieser Zeit ist z.B. die Schule sehr wichtig, das Erlangen von Fähig- und Fertigkeiten. Das Kind widmet sich vorwiegend der intellektuellen Arbeit. Seine sexuelle Energie wird für andere Zwecke genutzt

(Sublimierung) und z. B. für geistige Tätigkeiten oder kulturelle Leistungen verwendet.

Mit dem Einsetzen der **genitalen Phase**, ab zirka dem zwölften Lebensjahr, befindet sich das Mädchen bzw. der Junge in der Pubertät. In dieser Zeit brechen die Triebe wieder aus und zielen auf Befriedigung ab. Die Mädchen und Jungen sammeln erste sexuelle Erfahrungen mit anderen Menschen, z. B. durch Küssen, Petting, Geschlechtsverkehr. Über die Masturbation erfahren sie einen hohen Lustgewinn, erforschen und entdecken nicht nur ihren Körper, sondern auch ihre sexuellen Reaktionen. Die sexuelle und geschlechtliche Identitätsentwicklung verläuft rasant und kann zu einschneidenden Pubertätsproblematiken führen. Waren die sexuellen Triebe im Kindesalter autoerotisch, ist die Triebbefriedigung nunmehr auf Sexualobjekte ausgerichtet.

Bedeutung des Freud'schen Ansatzes

Obwohl die Freudsche Psychoanalyse und Konzeption der psychosexuellen Entwicklung eines Menschen, insbesondere der Verlauf der ödipalen Phase und seine Ausführungen zur weiblichen Sexualität, vielfach kritisiert worden sind, hat Freud mit seinem Ansatz einen wesentlichen Einfluss auf die Entwicklung und Etablierung der modernen Psychologie in der westlichen Welt, der bis heute anhält. Freuds herausragender Verdienst ist die Entpathologisierung, Enttabuisierung und Entkriminalisierung menschlicher Sexualität. Er erweiterte den Begriff „Sexualität" enorm und reduzierte diesen nicht auf genitale Sexualität. Sexualität ist für ihn all das, was mit sinnlichkörperlicher Wollust zusammen hängt.

Besonders wichtig sind seine Erkenntnisse auf dem Gebiet der infantilen Sexualität, die vor allem für die frühkindliche Erziehung wesentlich sind. Mädchen und Jungen sind polymorph sinnlich. Ihre Sexualität äußert sich ganzheitlich, umfasst den gesamten Körper und fokussiert nicht auf sexuelle Ziele. Es geht ihnen darum, für sich angenehme Gefühle und Befriedigung zu erreichen. Sie agieren, bis sie moralische Reglementierungen internalisiert haben, unbefangen und forschend. Durch die sexuelle Auseinandersetzung verorten sich Mädchen und Jungen als geschlechtliche Wesen und können ihre geschlechtliche und sexuelle Identität entwickeln (Philipps 2001, 2001a). Die Auseinandersetzung und der Umgang von Kindern mit Körper, Sexualität und Geschlecht „müssen als bedeutsam für den Aufbau sexuellen Verhaltens und Erlebens betrachtet werden" (Stein-Hilbers 2000, S. 64).

So können Erzieherinnen und Erzieher kindliches Verhalten heute als sichtbaren Ausdruck gelöster oder ungelöster Konflikte verstehen. Sie können Kinder in ihrer Entwicklung durch eine liberale, offene und wertschätzende Sexualerziehung unterstützen, indem sie z. B. eine triebunterdrückende, repressive Erziehung zu Sauberkeit (nicht matschen, nicht einnässen) vermeiden und kindliche Wollust akzeptieren.

3.1.2 Identitäts- und Persönlichkeitsentwicklung nach Erik H. Erikson

Zur Person Eriksons (1902-1994)

Erik H. Erikson war ein deutsch-amerikanischer Psychologe und Psychoanalytiker, der sich mit der Entwicklung von Identität im Lebenszyklus beschäftigte. Seine Mutter verschwieg ihm, der in Frankfurt/Main als uneheliches Kind geboren wurde, zeitlebens seine biologische väterliche Herkunft. In Österreich arbeitete er mit Anna Freud zusammen und wurde Mitglied der Psychoanalytischen Vereinigung in Wien. Mit der Machtergreifung der Nationalsozialisten in Deutschland 1933 emigrierte Erikson, der jüdischer Herkunft war, in die USA, wo er später die Staatsbürgerschaft erlangte. Er wurde dort 1934 für einige Zeit zum Professor für Psychoanalyse an der Harvard Universität berufen, obwohl er selbst nie ein Universitätsstudium absolviert hatte. Später arbeitete er auch an den Universitäten in Yale und Berkeley.

Eriksons Werk wurde beeinflusst durch die Arbeiten Sigmund und Anna Freuds. Er entwickelte das Modell der psychosexuellen Entwicklung Freuds weiter, indem er es als einen Prozess über den gesamten Lebenszeitraum konzipierte und um eine psychosoziale Dimension erweiterte. Sein psychosoziales Stufenmodell gilt als Schlüsselkonzept für die Entwicklung von Identität. ∎

Das Stufenmodell der menschlichen Identitäts- und Persönlichkeitsentwicklung

Erikson (1988, 1999, 2000) konzipierte ausgehend vom Modell der psychosexuellen Entwicklung Sigmund Freuds verschiedene Entwicklungsphasen der Identitäts- und Persönlichkeitsentwicklung des Menschen nach epigenischem Prinzip, die über den gesamten Lebenszeitraum verläuft und in acht Stufen unterteilt ist. In jedem Individuum ist ein Bauplan angelegt, der die individuelle Entwicklung bestimmt, indem der Mensch aufeinander aufbauende Lebensphasen bewältigt, die wesentlich für die Entwicklung von Identität sind. Jede Phase beinhaltet altersspezifische psychosoziale Krisen, die als Entwicklungsaufgaben gelten und durch den Menschen bewältigt werden müssen. Die Art und Weise der individuellen Bewältigung beeinflusst den Übergang von einer zur nächsten Stufe qualitativ und damit auch die Identitätsentwicklung. Psychosoziale Krisen gelten im Eriksonschen Sinne allerdings nicht zwangsläufig als Störungen, Probleme oder massive konfliktreiche Ereignisse, sondern als normative Entwicklungsaufgaben, mit denen jedes Individuum konfrontiert wird und deren konstruktive Bewältigung zu einer positiven Persönlichkeitsentwicklung führt.

Im Folgenden sind die vier ersten Entwicklungsphasen aufgeführt, die für die elementarpädagogische Forschung relevant sind.

Stufe 1: Grundvertrauen vs. Grundmisstrauen (HOFFNUNG)

Mit der Geburt verlässt das Kind den Mutterleib, wird mit der äußeren Welt konfrontiert und muss sich an diese gewöhnen. Um eine Ich-Identität entwickeln zu können, benötigt das Kind zuverlässige Bindungen zu zentralen Bezugspersonen, die auf seine kindlichen Bedürfnisse eingehen können. In dieser Zeit durchlebt das Kind die erste psychosoziale Krise in Bezug auf „Grundvertrauen versus Grundmisstrauen". Es ist in „erwartungsvoller Sehnsucht" (Erikson 1988, S. 75) und kann nur überleben, in der Hoffung, dass sich jemand um ihn kümmert und für ihn sorgt. Wächst ein Kind ohne positive Bindung auf, erlebt es die ständige Missachtung seiner Bedürfnisse, kann es kein Vertrauen in die Welt fassen, entwickelt Ängste in Bezug auf Verlassenheit und Alleinsein und steht seiner Umgebung misstrauisch gegenüber. Werden die grundlegenden Bedürfnisse des Säuglings, z. B. nach Nähe, Körperlichkeit, Nahrung und Wärme, befriedigt kann das Kind Urvertrauen in die es umgebende Welt fassen.

Stufe 2: Autonomie vs. Scham und Zweifel (WILLE)

In der frühen Kindheit muss sich das Kind mit der Krise „Autonomie versus Scham und Zweifel" auseinandersetzen. Das Kind ist zwischen zwei und drei Jahre alt und entwickelt sich zunehmend zu einem selbstständigen, eigenständigen Wesen, da sich seine motorischen, psychischen und kognitiven Fähigkeiten immer mehr ausprägen. Somit kann sich das Kind nach und nach von engen Bezugspersonen lösen. Gleichzeitig erweitert sich dadurch sein Umfeld enorm. Die kindliche Willensbildung verläuft in dieser Phase auf Hochtouren. Das Kind kann seine Bedürfnisse artikulieren, fordert eine zunehmende Selbsttätigkeit ein, will seinen Willen auch konträr anderer Meinungen durchsetzen und probiert somit seine Durchsetzungsfähigkeit im Sozialraum aus. Erfährt das Kind in dieser Phase Unterstützung, Verständnis und werden seine Willens- und Abgrenzungsbestrebungen mitgetragen, kann es sich zu einer autonomen Persönlichkeit entwickeln. Wird dem Kind dagegen nichts zugetraut, wird es in seinen Bestrebungen rigide unterdrückt, zu stark kontrolliert, in Abhängigkeit von anderen Menschen gehalten oder „fehlerunfreundlich" erzogen, so wird die Willensbildung beeinträchtigt und das Kind kann an sich zweifeln oder Scham entwickeln.

Stufe 3: Initiative vs. Schuldgefühl (ENTSCHLUSSKRAFT)

Zwischen vier und sechs Jahren befindet sich das Kind im Spielalter und auf der dritten Stufe seines Lebenszyklus'. Das Spiel ist für Kinder **das** zentrale Ausdrucks- und Aneignungsmittel, um sich mit der Welt und dem Sozialraum auseinanderzusetzen. In dieser Phase kann das Kind mit seinen Identitätspotentialen spielerisch umgehen und sich somit ausprobieren (z. B. in Rollen- oder Regelspielen). Es drückt sich durch das Spiel kognitiv, emotional, kreativ, motorisch etc. aus, erlernt soziale Regeln und entwickelt einen Sinn für soziale Gemeinschaft. Das Kind initiiert Spiele und erfährt damit auch die Möglichkeit, eigene Ideen auszuprobieren, seine Erfahrungen und Erlebnisse durch das Spiel bewältigen zu können. Gleichzeitig löst sich das Kind zunehmend von den engsten Bezugspersonen ab und tritt in Kontakt mit anderen, z. B. Gleichaltrigen, Erzieherinnen und Erziehern. Es ist zunehmend in der Lage, Verhaltensweisen moralisch zu beurteilen und möchte bei seinen möglichen Verfehlungen nicht entdeckt werden. Die psychosoziale Krise verläuft entlang der Entwicklung von „Initiative versus Schuldgefühl". Werden ihm keine Möglichkeiten eingeräumt, sich auszuprobieren, zu experimentieren oder Fehler zu machen, wird es für sein Verhalten sanktioniert oder in seinem Verhalten und Handeln regellos sich selbst überlassen, kann es Schuldgefühle oder Hemmungen entwickeln. Kann das Kind sich dagegen selbst vertrauen und wird ihm auch etwas zugetraut, so lernt es loszulassen und sich abzulösen (z. B. aus der Mutter-Kind-Symbiose) und kann sich zu einer verantwortungsvollen Persönlichkeit weiterentwickeln.

Stufe 4: Fleiß vs. Inferiorität (KOMPETENZ)

Im frühen Schulalter muss die/der Heranwachsende die psychosoziale Krise „Fleiß versus Inferiorität" bewältigen. In dieser Zeit erleben Mädchen und Jungen tiefgreifende Veränderungen ihres bisherigen Lebens. Sie sind den zeitlichen, inhaltlichen und organisatorischen Strukturen eines Schulalltags ausgesetzt, der das Leben in der Familie verändert und den Sozialraum der Mädchen und Jungen beträchtlich erweitert. Diese Zeit stellt auch ein psychosexuelles Moratorium für die/den Heranwachsende dar. Analog der Latenzphase des Freudschen Entwicklungsmodells befindet sich das Mädchen bzw. der Junge in einer Zwischenetappe: Die infantile Sexualität ruht und die pubertäre Reifezeit hat noch nicht eingesetzt (Erikson 1988). Für die Identitätsentwicklung ist es wesentlich, dass die heranwachsenden Kinder im Sozialraum Anerkennung durch die Gemeinschaft erfahren, um sich kompetent und akzeptiert fühlen zu können. Die Anerkennung muss sich auf das Mädchen bzw. den Jungen als Person beziehen und nicht auf deren bzw. dessen Leistung oder ihr/sein Vermögen bestimmte Erwartungen zu erfüllen. Die Mädchen und Jungen bemühen sich fleißig zu sein, um viel zu erfahren und zu lernen. Sie sind wissbegierig, möchten ihren Fragen auf den Grund gehen und möchten Nützliches tun. Gleichzeitig setzen sie sich in dieser

Zeit intensiv mit den Regeln der Sozialgemeinschaft auseinander, die ein Zusammenleben ermöglichen. Die Entwicklung des individuellen Selbstwertgefühls wird als ein wichtiger Bestandteil in der Entwicklung des Ichs angesehen. Können Heranwachsende ihre neuen Erfahrungen in ihr Selbstbild integrieren, erfahren sie auch bei Misserfolg Anerkennung und Wertschätzung, so können sie Kompetenz entwickeln. Ist dies nicht der Fall, kann Inferiorität eintreten. Die/der Heranwachsende fühlt sich dann anderen unterlegen oder minderwertig, neigt zu exzessivem Konkurrenzdenken oder zeigt regressives Verhalten (Erikson 1988).

Bedeutung des Erikson'schen Stufensystems

Eriksons Stufenmodell der Identitäts- und Persönlichkeitsentwicklung zeigt die Entwicklung über den gesamten Lebenszeitraum eines Menschen. Dabei werden soziokulturelle Einflüsse berücksichtigt und die Konfrontation des Einzelnen mit diesen Einflüssen als für die jeweilige Entwicklung grundlegend und prägend beschrieben. Die Interaktion mit der natürlichen und sozialen Umwelt spielt für die Entwicklung eines Menschen eine zentrale Rolle. Die Schwächen des Modells liegen in einer zu stark normierten Abfolge der einzelnen Stufen, die den gesellschaftlichen Wandel (z.B. Auflösung der normativen Abfolge von Kindheit, Jugend, Erwachsenenalter, Alter), individuelle und geschlechtsgebundene Lebensverläufe (z.B. aufgrund geschlechtsspezifischer Sozialisation) und biologische Reifungsprozesse (Akzeleration) nur unzureichend berücksichtigen.

3.1.3 Kognitive Entwicklung nach Jean Piaget

Zur Person Jean Piagets (1896-1980)

Jean Piaget war ein Schweizer Entwicklungspsychologe und Epistemologe (Erkenntnistheoretiker), der Naturwissenschaften studierte und in dieser Fachdisziplin promovierte. Er beschäftigte sich mit Biologie, Physiologie, Psychologie und Philosophie, so dass er in seiner späteren Arbeit zur kognitiven Entwicklung des Kindes diese Wissenschaftsbereiche miteinander verbinden konnte. Zunächst arbeitete Piaget in Frankreich, später in der Forschung an der Universität Genf. Die Geburt seiner Kinder ist für Piaget sowohl ein biographischer als auch wissenschaftlicher Einschnitt: Er verfolgte das Spiel seiner Kinder durch Beobachtung und entwickelte Experimente, um anhand dessen Erkenntnisse über kindliche kognitive Entwicklungsprozesse zu erhalten. Auf Grundlage der Ergebnisse konzipiert Piaget die Ansätze zur Entwicklung des kindlichen Denkens und der kindlichen Moral. Jean Piaget wurde zum Professor für Psychologie, Philosophie und Soziologie in der Schweiz berufen. ■

Das Stufenmodell der kognitiven Entwicklung

Jean Piaget gilt als Begründer des konstruktivistischen Ansatzes. Piaget versteht Denken als „innerliches Handeln und Umgehen mit innerlich repräsentierten Gegenständen, Personen und Situationen" (Völkel 2002, S. 104). Er entwickelt ein Modell von der Entwicklung des Denkens (Piaget 1932), das vier Stufen umfasst.

1. Die sensumotorische Entwicklung (Geburt bis zirka zweites Lebensjahr)
   - Entwicklung des Denkens als Wechselspiel zwischen Wahrnehmung und motorischer Aktivität
2. Das voroperative Denken (vom zirka zweiten bis zirka sechsten Lebensjahr)
   - Entwicklung vom symbolisch-vorbegrifflichen hin zum anschaulichen Denken
3. Die Stufe der konkreten Operation (zirka zwischen dem siebten und elften/zwölften Lebensjahr)
   - Entwicklung konkret operativen Denkens
4. Das Denken auf formaloperatorischer Ebene (zirka ab dem elften/ zwölften Lebensjahr)
   - Entwicklung hypothetisch-deduktiven Denkens

Das kindliche Denken entwickelt sich entlang dieser vier Stufen vom anfangs konkreten, handlungsnahen und egozentrischen hin zum theoretischen, multiperspektivischen Denken. Nach und nach entwickelt das Kind ein symbolisch-abstraktes Denken und ist fähig, sowohl seine Sichtweisen als auch die Sichtweisen anderer zu integrieren.

■ Die sensumotorische Entwicklung

Das sensumotorische Stadium umfasst den Zeitraum von der Geburt bis zum zirka 24. Lebensmonat eines Kindes. Hier liegen laut Piaget die Wurzeln des Denkens.

Mit dem ersten Lebensmonat verfügt das Kind über angeborene Reflexe, z.B. den Saug- oder Greifreflex, kann Objekte sehen, Geräusche wahrnehmen, lächeln etc. Dieses Verhaltensrepertoire wird durch Interaktion mit der Umwelt ständig geübt, wodurch sich das Verhalten differenziert. Je älter die Kinder werden, desto besser können sie ihr Umfeld wahrnehmen. Sie werden mit neuen Reizen konfrontiert und versuchen, ihr Verhalten den neuen Anforderungen anzupassen. Ein vormals erfolgreiches Handeln, z.B. indem der Säugling eine Klapper erfasst und damit spielt, wird immer wieder ausgeführt und später auf andere Objekte übertragen. Zum Beispiel greift das Kind dann nach seinem Sauger, seiner Flasche etc. Durch diese Selbsttätigkeit modifiziert sich das kindliche Handeln. Das Kind ist nunmehr in der Lage, vorher getrennt ablaufende Reaktionen miteinander zu verbinden. So kann es z. B. mit der Hand etwas greifen, festhalten und anschließend wieder loslassen. Diese Handlungsoperationen werden solange wiederholt, bis das Interesse daran verloren geht. Piaget bezeichnet dieses Verhalten als generalisierende Assimilation – die „Einverleibung" von Umweltbedingungen in das eigene Handeln (Montada 1987, S. 415).

Zwischen dem fünften und achten Lebensmonat rückt die Auseinandersetzung mit dem eigenen Körper in den Hintergrund. Das Kind wendet sich immer mehr seiner Umgebung zu. Es nimmt sein soziales Umfeld, seine engen Bezugspersonen immer deutlicher wahr. Damit bildet das soziale Umfeld Schritt für Schritt den Wahrnehmungsmittelpunkt des Kindes. Nach und nach entdeckt es, dass seine spezifischen Handlungen ein bestimmtes Ergebnis hervorrufen und führt dieses Verhalten deshalb aus.

Zum Ende des ersten Lebensjahres, wenn das Kind zwischen dem achten und zwölften Lebensmonat alt ist, entwickelt es zielgerichtetes Verhalten. Die zuvor noch getrennt ablaufenden Bewegungsoperationen, wie Greifen, Krabbeln, Rollen, Aufstehen werden miteinander verbunden, koordiniert und in ihrer Anwendung auf andere Situationen übertragen. So kann das Kind sich nun durch Krabbeln fortbewegen und sich an Gegenständen abstützend aufrichten und hochziehen. Möchte das Kind dann zum Beispiel einen Gegenstand erreichen, der auf einem kleinen Schrank liegt, muss es erst zu diesem Schrank hinkrabbeln. Dann muss es sich aufrichten, sich am Schrank festhalten und hochziehen, um somit in eine Haltung zu kommen, die es ihm ermöglicht, nach dem Gegenstand zu greifen (Völkel 2002).

Im zweiten Lebensjahr, zwischen dem 13. und 18. Lebensmonat, wiederholt das Kind viele Handlungen, um neue Dinge entdecken zu können. So wird ein Auto nicht mehr nur hin- und herbewegt, sondern angestoßen und dadurch in Fahrt gebracht, umgestoßen oder versteckt etc. Durch dieses modifizierte und spezifizierte Verhalten kann das Kind seine Handlungen immer mehr ausdifferenzieren und verfeinern. Es ist nunmehr in der Lage, bestimmte Handlungen als Mittel zum Zweck gezielt einzusetzen und auszuführen.

Zwischen dem 19. und 24. Lebensmonat wird die bis dahin vor allem motorisch ausgerichtete Entwicklung durch eine stärker geistige des Kindes abgelöst. Die vorher sensumotorischen Intelligenzleistungen werden durch Vorstellungsleistungen ersetzt. Das Kind gibt seinen egozentrischen Standpunkt auf physischer Ebene auf und nähert sich zunehmend einer geistigen an. Es ist dann in der Lage, sich innere Zusammenhänge zu erschließen (Völkel 2002). Das tatsächliche praktische Üben ist nun nicht mehr erforderlich, da nun Handlungen „innerlich vollzogen werden. Diese **Verinnerlichung von Handlungen** charakterisiert den Übergang zum Denken." (Montada 1987, S. 416 – Herv. i. Orig.)

Zu Beginn dieser Phase lernt das Kind vor allem durch Beobachtung und eigenes Handeln. Dadurch kann es schrittweise zweckgerichtetes Handeln erlernen, indem es einen bestimmten Zweck mit den ihm zur Verfügung stehenden Mittel verknüpft, um sein angestrebtes Ziel erreichen zu können. Bis zum sechsten Lebensmonat kann ein Kind jedoch noch nicht zwischen seinem Verhalten auf ein Objekt und dem Objekt selbst differenzieren. Es ist noch zu egozentrisch, um seine Umwelt in den einzelnen Konstruktionsbestandteilen wahrnehmen zu können. Das Kind kann sich bis zu diesem Lebensalter noch kein inneres Bild (mentale Repräsentation) von einem Objekt machen: Ist z. B. ein Stofftier aus seinem Blickfeld verschwunden, denkt es nicht mehr an das Stofftier und wird es auch nicht suchen – „Aus den Augen, aus dem Sinn." – (Montada 1987, S. 417). Erst mit etwa vierzehn Monaten lernt das Kind, dass das Stofftier nicht einfach so verschwindet, wenn es nicht mehr zu sehen ist. Piaget nennt diesen Entwicklungsschritt „Objektpermanenz" (ebd.).

■ **Das voroperative Denken**

Zwischen dem zirka zweiten und sechsten Lebensjahr befindet sich das Kind im voroperationalen Stadium. In dieser Zeit spezifiziert sich das symbolische, vorbegriffliche bzw. anschauliche Denken. Aus den bis dahin überwiegend sensumotorischen Tätigkeiten bzw. Verhaltensschemata entwickeln sich durch verinnerlichte geistige Aktivitäten zunehmend kognitive Schemata, z. B. Sprache, Wahrnehmungs- und Gedächtnisleistungen. Das Kind verfügt über Konzepte, um Gegenstände, Situationen und Zustände begrifflich erfassen zu können. Kann es zunächst bestimmte Objekte, die sich verändern, nicht wiedererkennen, so ist es ab dem zweiten Lebensjahr zunehmend fähig, Unterschiede zwischen diesen Objekten wahrzunehmen. Anfangs sieht ein Kind z. B. ihn umgebende Gegenstände (z. B. Flaschen und Vasen) als gleich an. Es beginnt zu differenzieren, zu klassifizieren und entwickelt die Fähigkeit, Dinge und Objekte aufgrund seiner spezifischen Eigenschaften (z. B. nach Farbe, Form, Größe) zu ordnen. Das Kind ist in der Lage, in Als-ob-Situationen etwas Wahrgenommenes darzustellen und zu verändern. Das kindliche Denken ist noch überwiegend an Anschauung gebunden. Die kindlichen Begrifflichkeiten zu Gegenständen, Objekten, Situationen vervielfältigen sich jedoch. Dennoch kann das Kind noch nicht Gegenstände und Situationen in ihrer Komplexität erfassen, sondern fokussiert seine Wahrnehmung auf herausragende Merkmale (Völker 2002). Piaget nennt das den kindlichen Egozentrismus. Es kann sich noch nicht in andere Menschen hineinversetzen, Gegenstände oder Situationen unter verschiedenen Perspektiven betrachten. Dieser Egozentrismus wird erst nach und nach überwunden, wenn das Kind durch soziale Interaktion und Kommunikation mit anderen Menschen und aus Erfahrungen im Umgang mit Konflikten Kompetenzen entwickelt und sich auf andere Menschen oder Situationen einstellen kann (Montada 1987).

■ Die Stufe der konkreten Operation

Zwischen dem zirka fünften und zwölften Lebensjahr befindet sich das Kind im konkretoperationalen Stadium. Das kindliche Denken ist weithin an anschaulich erfahrbare Inhalte gebunden. Allerdings ist es nunmehr in der Lage, verschiedene Aspekte gleichzeitig wahrzunehmen und miteinander zu verknüpfen bzw. in Beziehung zu setzen. Seine Handlungen hat das Kind internalisiert und kann diese vorausschauend steuern und reflexiv betrachten. Es ist fähig, seine Handlungen mit Konsequenzen zu verbinden und Schlussfolgerungen zu ziehen. Real wahrgenommene Erfahrungen können sich auch durch Wunschvorstellungen und Fantasien ausdrücken (ebd.).

■ Das Denken auf formaloperativer Ebene

Ab zirka dem Alter von elf oder zwölf Jahren befindet sich das Kind im formaloperationalen Stadium. Es kann mit abstrakten Inhalten wie Hypothesen umgehen und diese bearbeiten. Das Denken ist hypothetisch-deduktiv geworden. Kinder sind nunmehr fähig, Probleme theoretisch zu analysieren und Fragen systematisch zu durchdenken, da sich das Denken zunehmend von der Wahrnehmung, der Anschauung und dem Handeln löst.

> „Auf dem formal-operatorischen Niveau bemüht sich der Problemlöser um **Variablenkontrolle** und **Hypothesenbildung**, auch wenn der Versuch nicht unternommen wird oder nicht gelingt, das Netz der relevanten Variablen vollständig zu knüpfen." (Montada 1987, S. 443 – Herv. i. Orig.)

Kognitiv entwickeln sich immer komplexer werdende Denkstrukturen. Das Kind kann abstrakt denken, ohne sich Dinge konkret vorstellen zu müssen. Das logische Denken entwickelt sich, da das Kind fähig ist, symbolisch zu denken – ohne Bezug auf konkrete Gegenstände und Objekte.

■ Der Äquilibrationsprozess

Die Funktionsweise des Lernens beschreibt Piaget als einen Erkenntnisprozess – dem Äquilibrationsprozess – als „Findung von Gleichgewicht" (Montada 1987, S. 455), indem Ungleichgewichtszustände durch innere Koordination aufgehoben werden. Dadurch werden immer weitere komplexe Denkstrukturen entwickelt. Der Äquilibrationsprozess ist im Inneren des Menschen angelegt und gilt als menschliches Grundbedürfnis. Er setzt sich zusammen aus Assimilation und Akkomodation. Assimilation und Akkomodation sind kognitive Prozesse, die das Individuum aktiv gestaltet. Es handelt sich um Anpassungsleistungen des Menschen an die ihn umgebende Umwelt. Während des Assimilationsprozesses nimmt das Kind Informationen aus seiner Umwelt auf und interpretiert diese entsprechend seiner individuellen Vorkenntnisse. Akkommodation verweist darauf, dass das Kind sein Wissen aufgrund erfahrener Widersprüche und Unzulänglichkeiten zu neuen Erfahrungen konstruiert (Völkel 2002).

Bedeutung des kognitiven Ansatzes Piagets

Piaget kommt aufgrund seiner Beobachtungen zu dem Fazit, dass Kenntnisse, Werte, Intelligenz, Denken, Autonomie und andere Persönlichkeitscharakteristika nicht von außen vermittelt werden können, sondern vom Kind in seinem Inneren aktiv konstruiert und entwickelt werden. Diese kindliche Konstruktionsleistung erfolgt immer in Interaktion mit der sozialen und materiellen Umwelt. Der Erkenntnisprozess ist also nicht passiver Natur, sondern ein aktiver Prozess, in dem das Kind selbsttätig sein Wissen kokonstruiert (ebd.).

Piagets Stufenmodell wird durch neuere Forschungsergebnisse zum Teil widerlegt. Die kognitive Entwicklung bei Kindern verläuft schneller als von Piaget beobachtet. Durch den gesellschaftlichen Wandel und soziokulturelle Veränderungen sind Kinder heute vielfältigeren Einflüssen und Reizen ausgesetzt. Zudem beschleunigen sich auch durch Akzeleration kognitive, körperliche, sexuelle etc. Entwicklungsprozesse des Menschen. Der Prozess der kognitiven Entwicklung verläuft deshalb heterogener und weniger normativ. Zudem betrachtete Piaget nur die kognitive Entwicklung und berücksichtigte einflussreiche Kontexte, wie z. B. soziales Umfeld, sozialer Status, Einflüsse durch Bezugspersonen, Institutionen nicht.

3.1.4 Moralische Entwicklung nach Lawrence Kohlberg

Zur Person Kohlbergs (1927-1987)

Lawrence Kohlberg wurde in New York geboren und wuchs in einer jüdischen Gemeinde auf. Er studierte Psychologie und Rechtskunde in Chicago. Intensiv beschäftigte sich Kohlberg z. B. mit den Studien Sokrates', Deweys oder Kants. Seine Lehrer waren u. a. Anselm Strauss, Bruno Bettelheim, George Herbert Mead und Carl R. Rogers. Während der Phase der Promotion entwickelte Kohlberg ein enormes Interesse an entwicklungspsychologischen Fragen und Zusammenhängen. In seiner Doktorarbeit beschäftigte er sich mit dem Thema der moralischen Entwicklung, welches ihn zeitlebens begleitete. Kohlberg war Assistenzprofessor für Psychologie in Yale. Er lehrte später in Palo Alto und Chicago und hatte ab 1968 eine Professur für Pädagogik und Sozialpsychologie an der Harvard Universität inne. Im Jahre 1987 nahm sich Kohlberg nach jahrelangem beschwerlichem Krankheitsverlauf das Leben. ■

Zugang zur Moral: Dilemmata-Geschichten

Kohlberg beschäftigte sich mit der moralischen Entwicklung des Menschen und interessierte sich u. a. für die Gründe, die jemand benennt, um etwas als gerecht oder ungerecht zu bewerten. Er entwickelte den Ansatz Jeans Piagets zur Herausbildung des moralischen Urteils des Kindes weiter, indem er dessen Ansatz über das Kindesalter hinausgehend erweiterte. Die moralische Entwicklung sieht Kohlberg als die Herausbildung ethisch-sittlichen Verhaltens und Handelns, welches sich an gesellschaftlich existierenden Normen sozialer Gerechtigkeit orientiert und in Wechselwirkung mit jeweils soziokulturell vorherrschenden Normen und Werten stattfindet. Dabei entwickeln Menschen grundlegende Maßstäbe, um Situationen und Ereignisse moralisch beurteilen zu können. Um die moralische Entwicklung von Kindern, Jugendlichen und Erwachsenen zu erfassen, präsentierte Kohlberg ihnen Geschichten, die moralische Konfliktsituationen enthielten (Dilemmata-Geschichten) und mit unterschiedlichen Maßstäben bewertet werden konnten.

Im Gegensatz zu Piagets Ausführungen ist für Kohlberg die moralische Entwicklung nach dem zwölften Lebensjahr noch nicht abgeschlossen. Er untersuchte in einer Längsschnittstudie mit einer Laufzeit von zirka 30 Jahren überwiegend Jugendliche und Erwachsene und legte den Probandinnen und Probanden neun Geschichten vor, die ein moralisches Dilemma enthielten. Die Untersuchungspersonen mussten sich bei der reflexiven Auseinandersetzung mit den Geschichten einerseits mit Gehorsam oder Ungehorsam gegenüber bestehenden Gesetzen und Normen der Gesellschaft und andererseits mit individuellen Bedürfnissen und Moralvorstellungen beschäftigen. Kohlberg fokussiert in seinen Studien darauf, wie normative Urteile begründet werden und weniger darauf, welche konkreten Normen Kinder, Jugendliche und Erwachsene erworben haben und ob sie sich diesen entsprechend verhalten würden. Es geht ihm weniger um die individuell getroffenen Entscheidungen, sondern um jeweilige Argumentationsmuster (Montada 1987a). Zu diesen einzelnen Dilemmata-Geschichten stellte Kohlberg verschiedene Fragen, die die Untersuchungspersonen beantworten und begründen mussten, indem sie entschieden, was für sie moralisch vertretbar bzw. unmoralisch, was gerecht bzw. ungerecht ist.

Das Heinz-Dilemma

Das sogenannte Heinz-Dilemma ist eine der bekanntesten Geschichten, die aus verschiedenen Teilen besteht.

„Irgendwo in Europa stand eine krebskranke Frau kurz vor dem Tode. Es gab ein Medikament, von dem die Ärzte annahmen, dass es sie hätte retten können; eine Radiumverbindung, die ein Apotheker in jener Stadt vor kurzem entdeckt hatte. Das Medikament war teuer in der Herstellung, aber der Apotheker verlangte dafür das Zehnfache dessen, was ihn die Herstellung des Medikaments kostete. Er zahlte 400 Dollar für das Radium und berechnete 4000 Dollar für eine kleine Dosis. Der Mann der kranken Frau, Heinz, bat alle seine Bekannten, ihm das Geld zu borgen, aber er konnte nur etwa die Hälfte des Geldes zusammenbringen. Er sagte dem Apotheker, dass seine Frau im Sterben liege, und bat ihn, ihm das Medikament billiger zu verkaufen oder ihn später bezahlen zu lassen. Aber der Apotheker sagte: ‚Nein, ich entwickelte das Medikament, und ich will damit Geld verdienen.' Nachdem Heinz alle legalen Mittel versucht hatte, verzweifelte er und überlegte, ob er in die Apotheke einbrechen sollte, um das Medikament für seine Frau zu stehlen." (Kohlberg, zitiert nach Garz 2008, S. 107 f.)

Fragen zum Heinzdilemma, u. a.:

„Sollte Heinz das Medikament stehlen? Weshalb/weshalb nicht? Ist Heinz verpflichtet, das Medikament zu stehlen? Weshalb/weshalb nicht? Wenn Heinz seine Frau nicht liebt, soll er das Medikament für sie stehlen? Weshalb/weshalb nicht? Einmal unterstellt, daß die sterbende Person nicht seine Frau, sondern eine fremde Person ist. Sollte Heinz das Medikament für einen Fremden stehlen? Weshalb/weshalb nicht? (…) Sollte der Polizist Heinz wegen Diebstahls anzeigen? Weshalb/weshalb nicht? (…) Sollte der Richter Heinz bestrafen, oder sollte er die Strafe aussetzen und Heinz freilassen? (…) Aus einer gesellschaftlichen Perspektive gesehen: Sollten Menschen, die gegen das Gesetz verstoßen, bestraft werden? Weshalb/weshalb nicht?" (Kohlberg, zitiert nach Garz 2008, S. 108) ■

Modell der moralischen Entwicklung nach Lawrence Kohlberg

Aufgrund des Antwortverhaltens der Probandinnen und Probanden, welches Kohlberg analysierte, entwickelte er ein sechsstufiges Modell (vgl. Abb. 1) auf drei Ebenen der moralischen Entwicklung des Menschen (Garz 1996).

Abbildung 1: Stufen der Moral nach Lawrence Kohlberg

Ebene I – Vormoralisches Niveau **(Entscheidungen werden durch drohende Strafen und mächtige Autoritäten begründet)**	
1. Stufe: Orientierung an Lohn und Strafe	– Orientierung an Bestrafung und Gehorsam – ob Handlung gut oder schlecht ist, hängt von den Folgen ab – gut ist, was nicht bestraft wird – schlecht ist, was bestraft wird – Unterordnung unter Autoritäten – Vermeidung von Strafe bzw. Sich-nicht-erwischen-Lassen

2. Stufe: Kosten-Nutzen- Orientierung/ Zweckdenken	– Regeln werden befolgt bzw. Handlungen sind gut, wenn diese den eigenen Interessen dienen – Ansätze von Gerechtigkeit sind erkennbar, aber nur wenn es Vorteile bringt – gerecht ist, was als fair erscheint – es handelt sich um keine allgemeingültigen Prinzipien von Gerechtigkeit, sondern eigene Bedürfnisse stehen im Vordergrund („eine Hand wäscht die andere")

Ebene II – Konventionelles Niveau, fremdbestimmte Moral
(Tendenz zur Erhaltung wichtiger Sozialbeziehungen)

3. Stufe: Braves-Kind- Orientierung/ Übereinstimmung mit anderen	– um Anerkennung zu erhalten und Kritik zu vermeiden, orientiert sich der Mensch an Verhalten und Normen zentraler Bezugspersonen – Verhalten und Normen werden unreflektiert übernommen, um sich das Wohlwollen, die Anerkennung der Bezugspersonen zu sichern – richtig ist, was die anderen als richtig ansehen, da man den Erwartungen der anderen entsprechen will – wichtige Tugenden sind u. a. Anständigkeit und Freundlichkeit
4. Stufe: Orientierung an Recht, Ordnung und bestehenden Gesetzen der Gesellschaft	– Orientierung an Normen und Regeln zentraler Bezugspersonen wird erweitert um Vorgaben durch gesellschaftliche Systeme (z. B. Staat, Religionsgemeinschaften) – oberstes Gebot: Gesetze sind zu befolgen, Autoritäten zu respektieren (was das System vorschreibt, wird schon richtig sein), auch um nicht in Misskredit zu geraten – Law-and-order-Haltung

Ebene III – Postkonventionelles Niveau, selbstbestimmte Moral
(System wird nicht mehr als unverwandelbar, nicht mehr fraglos als richtig angesehen)

5. Stufe: Orientierung am sozialen Vertrag	– Regeln, Gesetze, Normen etc. werden hinterfragt, reflektiert und bewusst übernommen – Regeln, Gesetze, Normen etc. haben einen Sinn, da diese das Zusammenleben regeln und Gerechtigkeit ermöglichen – dennoch ist der Mensch in der Lage zu erkennen, wann Gesetze, Anwendung von Regeln etc. zu Unrecht führt – denn nicht alles ist Recht, was Gesetz ist
6. Stufe: Orientierung an ethischen Prinzipien	– abstrakte, allgemein gültige Regeln werden anerkannt – unparteiliches Abwägen von Interessen und Bedürfnissen wird möglich – eigene Entscheidungen können verändert werden, wenn neue Argumente dazukommen – Mitspracherecht für alle, die von einer Entscheidung betroffen sind – jede bestehende Ordnung, jedes Gesetz kann in Frage gestellt werden, wenn sie/es nicht fair ist – Mensch möchte der Gerechtigkeit dienen – Voraussetzung: der Mensch ist sachkundig, offen für weitere Argumente und nicht nur darauf bedacht, eigene Interessen wahrzunehmen

Bedeutung des Modells der moralischen Entwicklung

Laut Kohlberg verläuft die Entwicklung menschlicher Moral in der Abfolge dieser verschiedenen Entwicklungsstufen. Im Lebensverlauf kann man allerdings auch auf frühere moralische Stufen zurückfallen. Sein Modell wurde u. a. aus feministischer Perspektive sehr stark kritisiert. Die Ergebnisse der Kohlberg'schen Untersuchung verwiesen darauf, dass befragte Frauen im Vergleich zu den untersuchten Männern vorwiegend auf der dritten Stufe des konventionellen Niveaus (Braves-Kind-Orientierung/Übereinstimmung mit anderen) eingeordnet wurden. Die beteiligten Männer wurden stattdessen weitaus häufiger der Stufe vier des konventionellen Niveaus (Orientierung an Recht, Ordnung und bestehenden Gesetzen der Gesellschaft) und einige sogar dem postkonventionellen Niveau zugeordnet. Kohlbergs spätere Mitarbeiterin Carol Gilligan verwies auf mögliche Vorurteile der Forschenden gegenüber Frauen, um zu erklären, wieso „die moralische Entwicklung von Frauen per definitionem ‚auf der Stufe von Kindern'" verortet wird (Garz 1996, S. 103).

Gilligan kritisierte weiterhin, dass Kohlbergs Ansatz der moralischen Entwicklung zu eng gefasst sei, dass dieser sich vorwiegend auf Themen der Gerechtigkeit beschränke und ethische Begründungen, die vorwiegend Frauen präferieren, nicht berücksichtigt wurden (ebd.).

3.2 Sozialisationstheoretische Ansätze

Hurrelmann (1995, S. 15) definiert Sozialisation als

> „Prozess der Konstituierung der Persönlichkeit in wechselseitiger Abhängigkeit von und in kontinuierlicher Auseinandersetzung mit der gesellschaftlich vermittelten sozialen und dinglich-materiellen Umwelt einerseits und der biophysischen Struktur des Organismus andererseits."

Als lebenslang andauernder Austausch- und Entwicklungsprozess von Individuen umfasst Sozialisation alle Prozesse, durch die der Einzelne über die Beziehung zu seiner physischen und sozialen Umwelt und über das Verständnis seiner Person selbst relativ dauerhafte Verhaltensweisen erwirbt, die ihn befähigen, am sozialen Leben teilzuhaben und dieses zu beeinflussen. Umwelt schließt sowohl soziale Bindungen in Familie, Schule, Beruf und Freizeit, als auch ökologisch-ökonomische Rahmenbedingungen und soziale Schichtzugehörigkeit ein.

Hurrelmann (2002) geht davon aus, dass sich die Persönlichkeit in der Schnittmenge von innerer und äußerer Realität entwickelt.

Abbildung 2: Einflüsse auf die Persönlichkeitsentwicklung (Hurrelmann 2002, S. 27)

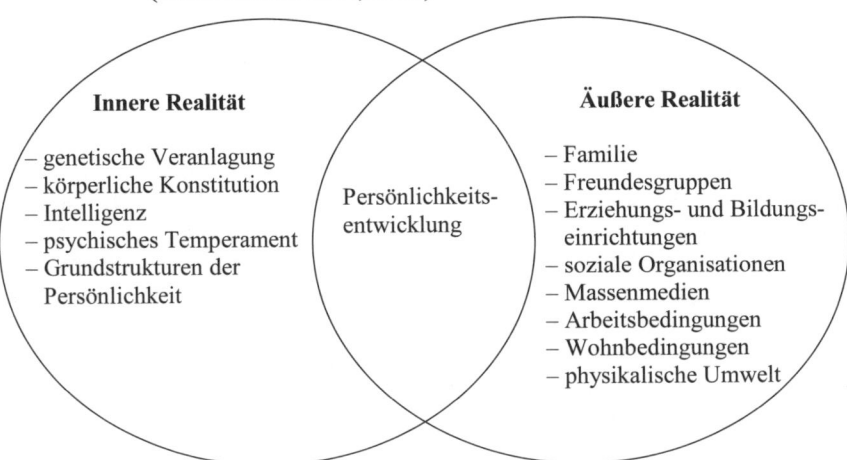

Innere Realität

– genetische Veranlagung
– körperliche Konstitution
– Intelligenz
– psychisches Temperament
– Grundstrukturen der Persönlichkeit

Persönlichkeits-entwicklung

Äußere Realität

– Familie
– Freundesgruppen
– Erziehungs- und Bildungs-einrichtungen
– soziale Organisationen
– Massenmedien
– Arbeitsbedingungen
– Wohnbedingungen
– physikalische Umwelt

Abbildung 2 verdeutlicht die wechselseitigen Einflüsse der inneren und äußeren Realität auf die individuelle Persönlichkeitsentwicklung. Das Individuum setzt sich in diesem dynamischen Prozess aktiv mit der inneren und äußeren Realität auseinander und nimmt entsprechend Einfluss auf das Geschehen. Im Sozialisationskonzept werden demzufolge das Zusammenspiel von Veranlagung, Umweltfaktoren und individueller Eigentätigkeit berücksichtigt.

Unter sozialwissenschaftlichem Blickwinkel umfasst Sozialisation die Entwicklung zu einem „produktiv realitätsverarbeitenden Subjekt" (Hurrelmann 1983) bzw. „gesellschaftlich handlungsfähigen Subjekt" (Geulen 1989). Sozialisation wird dabei als lebenslanger Prozess gefasst. Erfahrungen im Lebensverlauf nehmen Einfluss auf das eigene Handeln und spätere Sozialisationserfahrungen. Der Sozialisationsbegriff greift weiter als der Erziehungsbegriff. Erziehung als intentionale Einwirkung stellt entsprechend nur einen Teilbereich von Sozialisation dar und lässt sich nicht darauf beschränken. Sozialisation umfasst die gesamten Prozesse der Persönlichkeitsentwicklung und bezieht sowohl absichtsvoll geplante als auch unbeabsichtigte ungeplante Einflüsse ein.

Wird von Sozialisation gesprochen, gehen einige Autorinnen und Autoren von der wechselseitigen Ergänzung zweier Teilprozesse aus, die eng miteinander verwoben sind: Vergesellschaftung und Individuierung (u. a. Hurrelmann 2002). Unter Vergesellschaftung ist das Erlernen und Erleben bestimmter vorherrschender gesellschaftlicher Normen und Werte, Traditionen, sprachlicher Gepflogenheiten etc. zu verstehen. Dieser Teilprozess führt dazu, dass Menschen einer Gesellschaft einen gemeinsamen Sozialcharakter entwickeln, der ein Zusammenleben ermöglicht und vereinfacht.

Da Sozialisation jedoch nicht (nur) auf Normierung angelegt ist, sondern auf die Entwicklung hin zu einer individuellen Persönlichkeit mit ganz spezifischen Eigenschaften, ist die Individuierung ein wesentlicher (Entwicklungs-)Aspekt. Jeder Mensch entwickelt seine eigene Individualität, die sich im Laufe des Lebens immer wieder verändert. Eine Sozialisationstheorie sollte beide Teilaspekte der Persönlichkeitsentwicklung beachten.

Tillmann (2006) beschreibt in Anlehnung an die strukturfunktionalistische Systemtheorie des US-amerikanischen Soziologen Talcott Parsons, dass Individuen durch Sozialisation sowohl eine universalistische als auch eine partikularistische Werteorientierung entwickeln. Hinter der universalistischen Orientierung stehen übergreifende gesellschaftliche Wertemuster und normative Grundorientierungen, die wesentlich sind, damit der Mensch fähig wird, Leistungen für die Gesellschaft zu erbringen (z. B. indem er sich bildet, einen Beruf erlernt) und systemkonform zu handeln. Demgegenüber steht eine partikularistische Orientierung, die sich vor allem in privaten Gefügen entwickelt (z. B. in der Familie, in Peergroups). Diese Beziehungen sind gefühlsbetonter, persönlicher und formulieren andere Rollenerwartungen und -anforderungen an ein Individuum als die Gesellschaft.

Nach Parsons existieren in Gesellschaften Rollensysteme, die sich durch spezifische Verhaltenserwartungen und -anforderungen auszeichnen, die jeweilige Wertorientierungen repräsentieren. Unter dem Parson'schen Begriff „pattern variables" (zitiert nach Tillmann 2006, S. 124) werden subjektive Verhaltensmuster subsumiert, die Individuen erwerben müssen, um sich sowohl an universalistischen als auch partikularistischen Werten orientieren zu können.

Das Sozialisationskonzept ist in den Sozialwissenschaften zu einem Schlüsselkonzept geworden, das generationsübergreifende Aneignungs-, Vermittlungs- und Veränderungsprozesse sozialer Wirklichkeit beschreiben kann. Dabei wird die Ambivalenz bzw. das Zusammenspiel von Subjekt und sozialen Strukturen deutlich. Sozialisationstheoretische Ansätze differieren je nach Ausgangspunkt und Erkenntnisinteresse. Sozialisation kann unter Aspekten der Vergesellschaftung, der Individuierung, der Zuschreibung und Aneignung, aber auch im Rahmen von Konstruktion untersucht werden. Eine trennscharfe Betrachtung der Ansätze würde dem Sozialisationskonzept jedoch grundlegend entgegenstehen.

Indem Sozialisation als lebenslanger Prozess verstanden wird, können sich sozialisationstheoretische Forschungsansätze auf unterschiedliche Altersgruppen beziehen. Dennoch haben sozialisatorische Erfahrungen in der frühen Kindheit eine besondere Bedeutung für die zukünftige Persönlichkeitsentwicklung (u. a. Geulen 2002). Aus diesem Grund liegt der Schwerpunkt der Sozialisationsforschung auf der Sozialisation der frühen Kindheit und da vor allem auf dem Geschehen innerhalb des familiären Gefüges.

Bislang gibt es keine einheitliche Sozialisationstheorie, sondern unterschiedliche theoretische Ansätze, die sich mit der Entwicklung des gesellschaftlich-handlungsfähigen Subjekts in wechselseitiger Auseinandersetzung mit der Umwelt befassen. Mit Blick auf die empirische Sozialisationsforschung existieren vielfältige Ansätze, u. a. sozialökologische und sozialstrukturelle Forschungsansätze. Der Sozialisationsansatz findet sich in unterschiedlichen Ausprägungen in verschiedenen Disziplinen. Als originär soziologischer Zugang hat er sch inzwischen auch in anderen Disziplinen als anschlussfähig erwiesen.

Um die Subjektwerdung durch soziale Beziehungen, gesellschaftliche Strukturen und Institutionen näher zu bestimmen, greift die Sozialisationsforschung auf Theorien, Ansätze und Konzepte unterschiedlicher Fachdisziplinen zurück. Individuelle oder gesellschaftliche Sozialisationsprozesse können u. a. psychoanalytisch, lerntheoretisch, kognitionspsychologisch, interaktionistisch, strukturfunktionalistisch oder geschlechtertheoretisch beschrieben werden. Eine zentrale Frage im Kontext von Gender ist dabei vor allem, wie und wodurch Individuen im Kontext ihrer sozialen Umwelt geschlechtsspezifisches Verhalten entwickeln. Die derzeit vorliegenden Befunde der empirischen Forschung sind in ihrer Aussagekraft sehr unterschiedlich, fokussieren vor allem auf das erzieherische Einwirken und seine Konsequenzen hinsichtlich geschlechtsgebundener Verhaltens- und Handlungsweisen.

Sozialisationsforschung setzt sich vor allem auch mit dem System Familie auseinander, da dieses als primäre Sozialisationsinstanz von Kindern angesehen wird. Familien gelten als soziale Systeme, die sich durch spezifische Beziehungsmuster auszeichnen. Diese Beziehungen werden von den Personen, die zu dieser Familie gehören, ausgestaltet. Familiale Systeme sind gleichzeitig durch unterschiedliche Subsysteme gekennzeichnet: z. B. das Elternsubsystem, Paarsubsystem, Mutter-Kind-Subsystem, Vater-Kind-Subsystem, Geschwistersubsystem etc., die sich wiederum durch ihrerseits spezifische Beziehungsstrukturen vom Gesamtsystem Familie differenzieren (Schneewind 2008). Familiale Systeme unterliegen sowohl inneren (z. B. durch personale Veränderungen im Familiensystem) als auch äußeren (z. B. gesellschaftlichen Veränderungsprozessen) Einflüssen, die zu Modifizierungen des Systems, des Beziehungsgeflechts und der Beziehungsmuster führen. Aufgabe von Familien ist es förderliche Beziehungen für die kindliche Entwicklung zu gestalten. Dazu gehören u. a. eine sichere Bindung zum Kind aufzubauen, kindlichen Bedürfnissen nach Geborgenheit, Nahrung, emotionalen und kognitiven Anregungen etc. nachzukommen und Kinder zu betreuen, zu erziehen und zu bilden. In diesem Zusammenhang werden Kinder in der modernen Sozialisationsforschung keineswegs als von elterlicher Autorität und elterlichen Erziehungsbestrebungen abhängige Wesen gesehen, sondern als aktive Subjekte, die die wechselseitig angelegten Interaktions- und Kommunikationsprozesse zwischen den Familienmitgliedern mit prägen (vgl. Abb. 3).

Abbildung 3: Wechselseitige Einflüsse des Familiensystems auf das Kind (Schneewind 2008, S. 259)

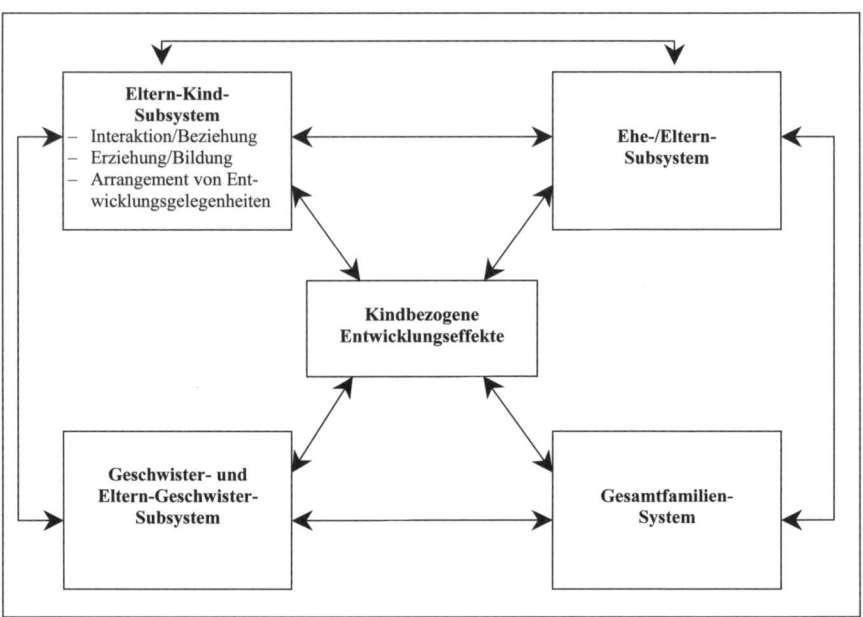

Deutlich wird, dass das Aufwachsen und die Entwicklung von Kindern in ein umfangreiches familiales Beziehungsgeflecht eingebunden sind und sich nicht auf bloße Mutter-Kind- bzw. Vater-Kind-Interaktionen reduzieren lassen. Unabhängig davon, in welchen familialen Subsystemen die Kinder interagieren, gilt der wechselseitige interaktive Austausch zwischen den Beteiligten als potentiell entwicklungsrelevant, vor allem, wenn sich diese Beziehungen durch Involvement, Responsivität und Sensitivität auszeichnen (König 2007). Erst wenn Mädchen und Jungen motiviert, interessiert und aufmerksam sind (Involvement), wenn Bezugspersonen von ihnen als ansprechbar und antwortbereit erlebt werden (Responsivität), wenn diese mit ihnen wertschätzend, feinfühlig und aufrichtig interagieren (Sensitivität), dann können Kinder Fähigkeiten, Fertigkeiten und Kompetenzen herausbilden, da eine entwicklungsförderliche familiale Sozialisation stattfindet.

Moderne Gesellschaften als soziale Systeme umfassen bestimmte Institutionen, die als weitere wichtige Sozialisationsinstanzen für die kindliche Entwicklung angesehen werden und

> „die explizit die Funktion haben, in geplanter und organisierter Weise Sozialisation zu betreiben; Kindergärten und Schule gehören ebenso dazu wie Universitäten, Volkshochschulen und Jugendheime. Zusammenfassend werden diese Institutionen mit pädagogischem Auftrag als Erziehungs- und Bildungssystem bezeichnet. Hier läuft

Sozialisation nicht gleichsam ‚nebenbei' ab, sondern wird als Hauptaufgabe geplant betrieben." (Tillmann 2006, S. 109 f.)

In diesen Institutionen finden Interaktions- und Kommunikationsprozesse statt, in denen die Individuen in einen wechselseitigen Austausch mit ihrer sozialen Umwelt treten. Diese Sozialisationsprozesse führen zu einer Entwicklung und Veränderung der Persönlichkeit.

So ist nicht nur die Familie eine zentrale Sozialisationsinstanz für Mädchen und Jungen im Kindesalter, sondern auch Kindertageseinrichtungen, die Kinder im Vorschulalter besuchen. Besonders der Kindergarten wird von über 90 % der Kinder in Deutschland frequentiert. Kindertageseinrichtungen haben neben ihrer Betreuungs- und Erziehungsfunktion einen umfassenden Bildungsauftrag, der vor allem durch den Rechtsanspruch auf einen Kindergartenplatz (§ 24 SGB VIII) und den geplanten Rechtsanspruch auf einen Krippenplatz deutlich unterstrichen wird. Auch in aktuellen elementarpädagogischen Bildungsdiskursen werden Kindertageseinrichtungen als bildungs- und erziehungsrelevante Sozialisationsinstanzen immer wieder betont und hinsichtlich ihrer Qualität für Kinder und deren Familien kritisch diskutiert. Ende der 1990er Jahre begann eine bis heute anhaltende Qualitätsoffensive, um Kindertageseinrichtungen zu elementaren Bildungsorten (weiter) zu entwickeln. Die Relevanz elementarpädagogischer Institutionen als wichtiger Sozialisationsort hat hohe Priorität innerhalb der Familienpolitik und wird stetig ausgebaut. Besonders die Plätze in Institutionen für unter Dreijährige wurden quantitativ erhöht (Rauschenbach 2007).

Positive Entwicklungseffekte von Mädchen und Jungen, die vor ihrer Grundschulzeit eine elementarpädagogische Einrichtung besuchten, werden sozialpolitisch und ökonomisch immer wieder diskutiert. Die Möglichkeit, frühzeitig in Interaktion mit anderen Kindern und Erwachsenen zu treten, wird als positive Grundlage für sich anschließende Bildungs- und Entwicklungsprozesse nicht nur im Bereich der Motorik, Sprache und Kognition angesehen, sondern vor allem auch als förderlich für das soziale Lernen.

So zeigen die Ergebnisse einer quantitativ angelegten volkswirtschaftlichen Untersuchung (Untersuchungszeitraum von 1990 bis 2006) zum ökonomischen Nutzen frühkindlicher Bildung in Kindertageseinrichtungen in Deutschland (Fritschi/Oesch 2008) langfristige positive Bildungseffekte bei Mädchen und Jungen, die eine Krippe besuchten: „Für den Durchschnitt der Kinder erhöht sich die **Wahrscheinlichkeit, ein Gymnasium zu besuchen**, von 36 % auf rund 50 %, **wenn sie eine Krippe besucht haben**" (ebd., S. 4 – Herv. i. Orig.). Konstatiert wird weiterhin, dass sich auch für sozial benachteiligte Kinder und Mädchen und Jungen mit Migrationshintergrund die Bildungschancen verbessern, wenn sie eine Kinderkrippe besuchen. Festgestellt wurde, dass diese Kinder später in einem höheren Ausmaß in die gymnasiale Schulausbildung einmünden (ebd.). Weitere Studien (zitiert nach Tietze 2008) zeigen, dass der Besuch von Kindertageseinrichtungen positive Auswirkungen auf die Entwicklung sozialer Kompetenzen hat. Mädchen und Jungen mit diesen Institutionserfahrungen verfügen u. a. über ein größeres Maß an Selbstvertrauen, über die Fähigkeit zu komplexeren Spielinteraktionen mit anderen Kindern und über die Fähigkeit, selbstständiger zu agieren. Allerdings verweisen Befunde auch darauf, dass bei Kindern, die täglich sehr lange in den Einrichtungen verweilen und in Gruppen mit einer großen Kinderzahl untergebracht sind, Problemverhalten auftreten kann. Andere Studien betonen, dass eine früh einsetzende und qualitativ anspruchsvolle institutionelle Betreuung, Erziehung und Bildung die kognitive Entwicklung sozial benachteiligter Mädchen und Jungen positiv beeinflusst.

Sozialisationsforschung in Bezug auf elementarpädagogische Institutionen erfolgt seit zirka den 1970er Jahren in höchst unterschiedlicher Qualität. Zu Beginn der wissenschaftlichen Auseinandersetzung fand Forschung vorwiegend unter einer Defizitperspektive statt, indem besonders nach schädigenden und beeinträchtigenden Effekten institutioneller Betreuung und damit verbundenen kindlichen Entwicklungsrückständen geschaut wurde. Viele Studien der Anfangszeit zeichnen sich außerdem, so wird kritisiert, durch einen eher schlichten methodologischen Zugang zum Feld aus (Tietze 2008).

> „Die Abkehr von Forschungskonzepten, in denen institutionell betreute Kinder mit nur familial betreuten Kindern verglichen wurden, und die Hinwendung zu Ansätzen, die die Blackbox nicht-familialer Betreuung in ihren qualitativen Charakteristika genauer berücksichtigen, führte seit den 1980er-Jahren zu differenzierten **Qualitäts**konzepten frühkindlicher Betreuungssettings und der Entwicklung entsprechender Messverfahren. Unterschieden werden in heutigen Forschungskonzepten Merkmale der Strukturqualität wie Gruppengröße, Erzieher-Kind-Schlüssel, Qualifikation des pädagogischen Personals und räumliche Bedingungen von Merkmalen der Prozessqualität wie Art der pädagogischen Anregungen in verschiedenen Bereichen, Art der Interaktion zwischen Erzieherinnen und Kindern oder Sensitivität und emotionale Wärme des pädagogischen Personals." (Tietze 2008, S. 278 – Herv. i. Orig.)

Vor allem im Bereich der Qualitätsentwicklung und Qualitätssicherung in elementarpädagogischen Institutionen wurden in den vergangenen Jahren einige methodologisch fundierter angelegte Forschungsdesigns entwickelt und eingesetzt. Hinzu kommt die Anwendung von Beobachtungsverfahren oder längsschnittlich angelegter Untersuchungen, die auch wichtige Kontexte, wie Familie, Bezugspersonen, soziales Umfeld, ethnischer Hintergrund, Aufenthaltsdauer in Einrichtungen, außerfamiliale Betreuungsarrangements und -einflüsse etc. in Forschungsfragen mit einbeziehen (ebd. 2008).

Zu weiteren Kontexten der Sozialisationsforschung gehört u. a. die Auseinandersetzung mit Erziehungszielen und Erziehungsstilen, familiären Generationsbeziehungen, Peerbeziehungen, sozialen Netzwerken und den Sozialisationseinflüssen durch Schulen, Medien und Sozialraum.

Die **neue** Kindheitsforschung steht sozialisationsbezogenen Ansätzen eher kritisch gegenüber. Den Theorien und Konzepten wird ein deutlich struktur-funktionalistischer Impetus nachgesagt. Einige Autorinnen und Autoren kritisieren in den 1990er Jahren an sozialisationstheoretischen Ansätzen, dass diese Kinder als „werdende Erwachsene" betrachten und nicht als eigenständige, vollwertige Gesellschaftsmitglieder in den Blick nehmen (vgl. Leu 1996; Alanen 1997). Die kindliche Eigenaktivität werde in der Sozialisationstheorie stark unterschätzt. Zudem reproduziere das Sozialisationskonzept die gesellschaftliche Konstruktion von Kindheit und Kindsein. Kindheit werde als Übergangsphase verstanden, in der Kinder gesellschaftliche Denk- und Handlungsmuster erlernen sollen, um ein selbstbestimmtes Mitglied der Gesellschaft zu werden. Doch bei dieser Kritik wurden neue Orientierungen der Entwicklungspsychologie und der Sozialisationstheorie übersehen. Vor allem in Deutschland wurden Kinder im Kontext von Sozialisationsforschung bereits früh als soziale Akteure aufgefasst. Nach der Definition von Hurrelmann (2002, S. 20) werden im Sozialisationskonzept „anpassungsmechanistische Vorstellungen" abgelehnt und „Raum für die (…) subjektive Autonomie" gefordert. Kindern wird in enger Verbindung mit der Entwicklung dieser Ansätze zunehmend der Status eines aktiven Subjekts zugeschrieben, das seine Realität verarbeitet und in der Auseinandersetzung mit der sozialen und materiellen Umwelt bestimmte Entwicklungsaufgaben bewältigt und Handlungskompetenzen in verschiedenen Bereichen erwirbt. Die Betonung des produktiv-realitätsverarbeitenden Subjekts ist für die (neue) Kindheitsforschung von wesentlicher Bedeutung.

3.3 Sozialökologische Ansätze

Die Beschäftigung mit den Umweltfaktoren, die Einfluss auf die Entwicklung von Mädchen und Jungen im Kindesalter nehmen, ist bereits seit langer Zeit ein wesentlicher Bestandteil der sozialwissenschaftlichen Kindheitsforschung. (Sozial-)Ökologische Ansätze prägen die Sicht auf Kinder und Kindheit in den letzten Jahrzehnten entscheidend mit. Die Umwelt von Kindern wird dabei nicht ausschließlich zeitlich und räumlich, sondern vor allem auch im Kontext sozialer und subjektiv-persönlicher Aspekte betrachtet.

Die sozialökologische Perspektive geht von unterschiedlichen Anforderungen, Werten und Normen in den einzelnen Systemen und Subsystemen aus und beschreibt Entwicklung als Fähigkeit, immer neue setting-spezifische Handlungskompetenzen zu erreichen. Zunächst wurde der sozialökologische Ansatz in der Sozialisationsforschung aufgegriffen, wobei es darum ging, die Bedeutung bestimmter Umweltfaktoren für das kindliche Aufwachsen zu erklären. Der Lebenswelt und dem Alltag des Kindes wurde mehr und mehr Bedeutung zugesprochen. Zunehmend wurden Umweltfaktoren als eine wesentliche sozialisatorische Einflussgröße gefasst.

Eine sozialökologische Herangehensweise in der Theorie und Forschung impliziert ein bestimmtes Menschen- und Gesellschaftsbild der Forscherin bzw. des Forschers, welches psychische und soziale Befindlichkeiten eines Individuums im Kontext seiner es umgebenden sozialen Lebens- und Umweltbedingungen versteht. Individuen wachsen in einem Spannungsfeld zwischen subjektiven Bedürfnissen und gesellschaftlichen Widersprüchen und Belastungen, die sich in der alltäglichen Lebenswelt ergeben, auf. Viele Belastungen und Lebensprobleme gehen auf eine ungerechte Verteilung gesellschaftlicher Ressourcen zurück. Individuen nehmen in einem unterschiedlichen Ausmaß am sozialen Leben teil, aufgrund heterogener Lebenslagen, Lebensstile, Partizipationsmöglichkeiten etc.

Sozialökologische Theorie und Forschung zeichnet sich durch ihre Lebensweltorientierung aus. Lebensweltorientiertes Forschen impliziert eine konsequente Ausrichtung an dem jeweiligen Individuum und seinen Handlungsoptionen, wobei die individuellen Ressourcen und die autonome Zuständigkeit des Individuums für den eigenen Alltag betont werden.

Das Konzept „Lebenswelt" geht auf den deutschen Philosophen Edmund Husserl zurück, der Lebenswelt als fundamentale Strukturen versteht, die nur zum geringen Teil bewusst werden. Nur der Alltag ist bewusst. Weiterentwickelt wurde der Ansatz durch den Soziologen Alfred Schütz, der den Fokus auf die alltägliche Praxis und Alltäglichkeit des Menschen legte. Gegenwärtig gilt der Erziehungswissenschaftler und Sozialpädagoge Hans Thiersch als Hauptprotagonist der Lebenswelt- und Alltagsorientierung, die die Berücksichtigung konkreter Lebenslagen von Menschen meint. Alltag ist zunehmend Schauplatz von Desorientierung und Ratlosigkeit. Ein Mensch ist sein Leben lang abhängig von gesellschaftlichen Macht- und Herrschaftsstrukturen, d. h. spezifische gesellschaftliche Verhältnisse wirken auf den menschlichen Alltag. Deshalb fokussiert Lebensweltorientierung darauf, wie Menschen mit biographischen Brüchen umgehen, über welche persönlichen Kompetenzen sie verfügen, um im Alltag zu handeln, und wie es ihnen gelingt, innerhalb vorgegebener gesellschaftlicher Strukturen selbstbestimmt zu leben. Die Lebenswelt ist damit das Feld, welches die Rahmenbedingungen absteckt, in denen sich Leben abspielt. Innerhalb lebensweltorientierter Forschung steht deshalb nicht der Einzelne im Vordergrund, sondern die jeweiligen gesellschaftlichen Strukturen, in denen ein Individuum lebt. Untersucht werden dementsprechend Vermittlungsprozesse zwischen Strukturen und individuellem Handeln, die zu Forschungsfragen führen wie:

- Wie wird das Handeln des Einzelnen gesellschaftlich geprägt?
- Wie führt der Mensch sein Leben?
- Führt er es selbst- oder fremdbestimmt?

- Welche Lebenschancen sind vorhanden und wie werden diese genutzt?

- Über welche Ressourcen, Spielräume verfügt das Individuum? Etc.

Der Begriff Lebenswelt ist verbunden mit einem kritischen Blick auf den Alltag, in dem Menschen leben, den sie aufbauen, strukturieren und gestalten. In der jeweiligen Lebenswelt spiegeln sich spezifische gesellschaftliche und soziokulturelle Verhältnisse und Bedingungen wider, denn Lebenswelt ist immer gesellschaftlich bedingt:

> „Lebenswelt ist die Bühne, auf der gesellschaftliche Vorgaben im Konkreten ausgehandelt und gestaltet werden müssen." (Thiersch 2004, S. 701)

Der moderne Mensch wird mit immer weiter zunehmenden Enttraditionalisierungs-, Individualisierungs- und Pluralisierungstendenzen konfrontiert, die nicht nur Chancen und Individualität ermöglichen, sondern auch zu sozialer Ungleichheit, Widersprüchlichkeiten, gesellschaftlicher Ausgrenzung und Nichtteilhabe führen.

Die Lebensweltlichkeit eines Menschen zeichnet sich durch seine Erfahrungs- und Handlungsmuster aus:

> „Menschen finden sich in Verhältnissen, in Erfahrungen der räumlichen, zeitlichen und sozialen Strukturiertheit, sie müssen mit vielfältigen, komplexen Alltagsaufgaben zurande kommen; gesichert in oft nicht weiter hinterfragten Typisierungen und Routinen agieren sie pragmatisch, also nicht primär prinzipien- oder analyseorientiert, sondern in der Intention, die Situation zu bewältigen; sie suchen darin lohnende Aufgaben, Sinn." (Thiersch 2004, S. 700)

Die Lebenswelt eines Kindes besteht aus unterschiedlichen Lebensbereichen, in denen es lebt. Dazu gehören u.a. die Familie, Verwandtschaft, Erziehungs-, Betreuungs- und Bildungseinrichtungen, Gleichaltrigengruppen etc. Lebenswelten spiegeln sich in sozialen Räumen wider, in denen Mädchen und Jungen leben.

> „Dabei wird ‚Raum' als sozialer Raum verstanden, der sich sowohl in physischen Räumen, als auch in soziokulturellen Lebensräumen, als auch in Institutionen und im Zugang zum öffentlichen Raum manifestiert." (Großmaß 2002, S. 188)

Sozialräume können weder gemessen werden, noch definieren sich diese über ihre Größe. Soziale Räume konstituieren sich durch die lebensweltliche Praxis und Auseinandersetzung, durch Interaktion und Kommunikation. In sozialen Räumen interagieren und kommunizieren Kinder in Wechselbeziehung zur sozialen, ökonomischen und materiellen Umwelt, die sie umgibt. In diesem Sozialraum konzipiert sich die jeweilige Lebenswelt in der ein Mädchen oder ein Junge aufwächst, mit all seinen Ressourcen, Möglichkeiten, Bewältigungsstrategien und Zugängen zur Welt. Kinder eignen sich zum einen soziale Räume an, zum anderen gestalten sie diese mit. Sozialräume geben Mädchen und Jungen im Kindesalter die Möglichkeit der Orientierung und Integration. Dadurch können sich soziale Beziehungs- und Handlungsarrangements entwickeln und es wird den Kindern möglich, mit anderen Menschen in einen sozialen Austausch und Dialog zu treten, die für ihre individuelle Entwicklung lebenswichtig sind.

Abbildung 4: Ökologie der menschlichen Entwicklung nach Urie Bronfenbrenner (Cole/Cole 2001)

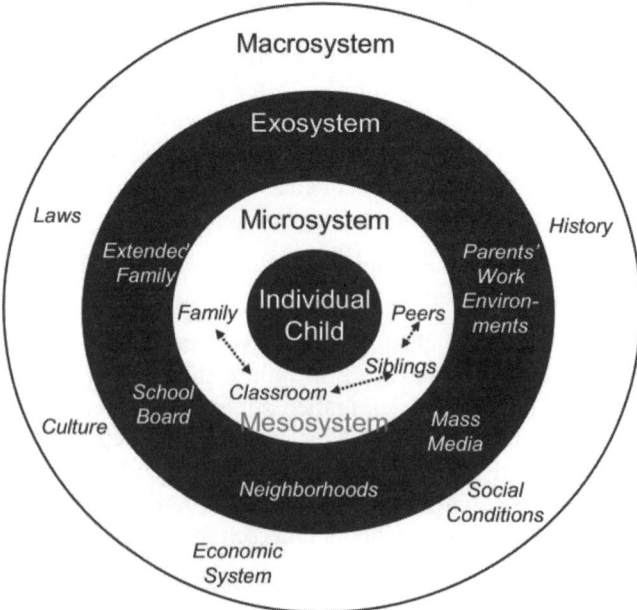

Bereits in den 1930er Jahren untersuchte Martha Muchow (1935), wie Kinder in Großstädten ihre Räume aneignen und für sich nutzbar machen. Sie erforschte die Räume, in denen Kinder leben, ihre Versuche, erwachsenenbezogene Lebenswelten zu erschließen. Ihre Untersuchung stellt einen zentralen Ansatzpunkt zur Erforschung der so genannten Straßensozialisation dar.

Eine sozialökologische Sichtweise, die die Einflüsse der Umwelt auf die Entwicklung von Kindern und Jugendlichen konkret in das Zentrum ihres Interesses stellt, entwickelte sich aber erst in den 1970er Jahren. Mit seiner Theorie „ecology of human development" verdeutlicht Bronfenbrenner (1979) die Einbettung des Individuums in verschiedene ökologische Systeme, die ineinander geschachtelt sind. Nicht nur die einzelnen Systemebenen, sondern vor allem auch die Verbindungen zwischen ihnen sind von wesentlicher Bedeutung für diesen Ansatz. Mit seinem Konzept (→ Abb. 4) setzt sich Bronfenbrenner für einen stärkeren Umweltbezug ein und kritisiert die bis dahin dominierenden Forschungsansätze innerhalb der Entwicklungspsychologie (z. B. fehlender Lebenswelt- und Alltagsbezug durch Laborsituationen etc.).

Bronfenbrenner untersucht das Mikrosystem, im Zentrum der Systemebenen befindet sich das Individuum, wobei das Mikrosystem als seine unmittelbare Umgebung erscheint. Dazu zählen nicht nur die Familie, sondern auch weitere Mikrosysteme wie Kindertageseinrichtungen, Nachbarschaft etc., die miteinander in Verbindung stehen und wechselseitigen Einfluss aufeinander ausüben. Das wechselseitige Gefüge der einzelnen Mikrosysteme bezeichnet Bronfenbrenner als Mesosystem. Das heißt, das Mesosystem umfasst alle Mikrosysteme und die jeweiligen Netzwerkbeziehungen. Das Mesosystem wird vom Exosystem umschlossen, das Einflüsse auf die Mikro- und Mesosysteme beinhaltet, obwohl es sich dabei um Lebensbereiche handelt, an welchen das Individuum nicht aktiv beteiligt ist. Im Makrosystem sind alle diese Systeme zusammengefasst. Es schließt Werte und Normen, gesellschaftliche, rechtliche, politische etc. Rahmenbedingungen ein. In seiner Theorie betont Bronfenbrenner die Bedeutung und die Wechselseitigkeit dieser Systeme sowie die Veränderung der Bedeutung der einzelnen Systeme für die menschliche Entwicklung. Diese Veränderungen umschreibt er mit dem Chronosystem, wodurch die Modifizierungen der Umwelt über die Zeit gefasst werden.

> „Der Begriff Chronosystem bezieht sich auf langfristige Forschungsmodelle, in denen die zeitliche Veränderung oder Stabilität nicht nur der sich entwickelnden Person, sondern auch des Umweltsystems in Betracht gezogen werden können." (Bronfenbrenner 1990, S. 77)

Das Modell Bronfenbrenners verdeutlicht, dass das Individuum innerhalb der Ökosysteme eine aktive Rolle innehat.

Sozialökologische Ansätze erweitern den forschungsmethodischen Blick auf Kinder und Kindheiten. Sie ermöglichen die Bezugnahme auf die unterschiedlichen Lebens- und Alltagswelten von Kindern und lassen einen differenzierten Blick auf diese zu. Ein sozialökologischer Zugang unter den Stichpunkten Lebenswelt, Alltag und Sozialraum ebnet einen komplexen Weg in das Feld der Kindheitsforschung, indem leib-seelische Entwicklungen und Bedürfnisse und spezifische Betreuungs- und Entwicklungsbedürfnisse von Mädchen und Jungen in den Blick rücken. Die zum Teil erheblich heterogenen Lebenswelten der Mädchen und Jungen müssen deshalb in theoretische und empirische Überlegungen konsequent einbezogen, ihr individuelles Zeiterleben stärker als bisher mitgedacht und ihre Bedürfnisse im „Hier und Jetzt" berücksichtigt werden. Dazu gehören die Integration von Biographie bzw. subjektiven biographischen Erfahrungen (z. B. Individualität von Problemen und deren Bewältigungsstrategien) und ein geschlechtsbewusster Umgang mit Mädchen und Jungen.

3.4 Ethnographische Perspektive

Die ethnographische Perspektive rückt die Eigenständigkeit von Kindern und den von ihnen geschaffenen Kulturen in den Mittelpunkt des Interesses. Kinder schaffen ihre eigene Lebenswelt und diese gilt es zu analysieren. Ethnographische Ansätze lassen sich tendenziell dem Sozialkonstruktivismus zuordnen, wodurch Kindheit und Kindsein als soziale Konstruktionen, d.h. als gesellschaftlich hergestellt betrachtet werden. Es geht also darum, die vielfältigen Lebenswelten der Mädchen und Jungen zu erfassen und zu beschreiben.

Ariès (1978) definiert Kindheit als sich wandelndes kulturabhängiges Konstrukt und nicht als quasi naturgegebenen Lebensabschnitt. Bezug nehmend auf diese These befassen sich Forscherinnen und Forscher verschiedener Fachrichtungen mit dem historischen Wandel von Kindheit (u.a. Herrmann 1987, Preuss-Lausitz et al. 1995). Aufgabe der Forscherinnen und Forscher ist es, Kinder als Konstrukteure ihrer eigenen Wirklichkeit zu verstehen und die subjektive Bedeutung ihrer Lebenswelten zu erfassen. Dabei werden Kinder als „Fremde" betrachtet, deren Wirklichkeit sich für Erwachsene nur schwer erschließt. In den Untersuchungen wird dem Wissen der Kinder und ihren kulturellen und sozialen Praktiken große Bedeutung zugemessen (Zinnecker 1995, 1996, Kelle/Breidenstein 1996, 1999).

Wegweisend für die Entwicklung des ethnographischen Zugangs waren vor allem die Vertreter der soziologischen Chicagoer Schule in den 1930 Jahren u.a. Ernest W. Burgess, George Herbert Mead und William Thomas. Die Chicagoer Schule beschäftigte sich aus einem sozialökologischen und sozialkonstruktionistischen Blickwinkel heraus damit, wie sich menschliche Gemeinschaften entwickeln und verändern. Ihre ethnographischen empirischen Studien fokussierten auch auf die Entstehung von Subkultur, Milieus und Minderheiten in Großstädten. Sie verfolgten durch Beobachtungen u.a., wie sich Städte und deren soziale Strukturen entwickeln zum Beispiel anhand der Entwicklung von Wohngebieten, die sich nach und nach in Subkulturen unterteilen: Wohnviertel für die Ober- und Mittelschicht bis hin zu Wohngegenden, die sozial Schwachen vorbehalten sind.

Als weitere Vorläufer des ethnographischen Zugangs gilt u.a. das Forscherpaar William und Clara Stern, die mittels Tagebuchaufzeichnungen die Lebenswelten von Kindern einfingen und Auskünfte über deren Entwicklung gaben.

Nach Mey (2003) ist der ethnographische Forschungszugang sehr aufwendig und nur gering planbar, jedoch lässt er einen relativ breiten Gestaltungsspielraum zu. Hauptaugenmerk wird auf die Klärung der Frage „Was geht hier vor?" (ebd., S. 726) gelegt, da sich ethnographische Ansätze dem Untersuchungsgegenstand grundlegend offen annähern. Die Erhebung von Daten findet in einem großen Rahmen statt, da praktisch alles für die Untersuchung notwendig und erkenntnisbringend erscheint. Eine Besonderheit ist dabei, dass ethnographische Forscherinnen und Forscher sich als Teilnehmende im Untersuchungsfeld verstehen. Das führt zur Schwierigkeit, sich einem Forschungsgegenstand mit einem „fremden" Blick anzunähern, der subjektive Vorerfahrungen ausklammert bzw. kritisch reflektiert, da die/der Forschende selbst Teil des Feldes bzw. Mitglied des Sozialraums ist. Je stärker die/der Forschende mit dem Untersuchungsgegenstand vertraut wird, desto mehr entwickelt sich auch deren/dessen „Interpretationskompetenz" (ebd., S. 727).

Ein Ausgangspunkt ethnographischer Ansätze ist, dass Kinder eigene Sinnstrukturen haben, die Erwachsene nur begrenzt und mit der Außensicht erfassen können. Von wesentlichem Interesse ist dabei, wie und auf welche Weise Kinder in ihrem lebensweltlichen Alltag Sinn schaffen. Dabei geht es konkret um die „Kultur der Kinder", um ihre je eigenen kulturimmanenten Perspektiven, um ihr Wissen (Bausinger 1987, Krappmann 1993). Doch wie wird die eigene Kinderkultur für erwachsene Forschende methodisch zugänglich? Ethnographische Forscherinnen und Forscher unternehmen den Versuch, sich in die Alltagswelten der beforschten Gruppe zu begeben, um so einen Einblick in die kulturellen Praktiken zu erhalten. Mögliche Methoden sind dabei ethnographische Interviews oder Befragungen, d. h. die alltäglichen Theorien der Kinder werden anhand eigener Angaben erhoben. Doch eine andere Richtung ethnographischer Ansätze geht davon aus, dass über Befragungen zwar das Wissen über die eigene Kultur erfasst werden kann, aber das praktische Wissen, das im Alltag angewandt wird, bleibt den Forschenden verschlossen. Vertreterinnen und Vertreter dieses Ansatzes sehen die Beobachtung als bessere Methode zur Erfassung alltagskultureller Praktiken an. Die Lebenswelt der Kinder lässt sich demzufolge nicht über Wissen, sondern über ihre Aktivitäten erfassen. Nach Shantz (1983) ist es in der Forschung wichtig, Kinder nicht als Informanten **über** ihre Welt zu sehen, sondern als Akteure **in** dieser Welt zu begreifen.

Ethnographische Ansätze haben einen deutlich positiven Impetus, indem sie die Kulturen der jeweils zu erforschenden Gruppe wertschätzen und allen Beteiligten Kompetenz unterstellen. Eine ethnographische Haltung im Kontext der Kindheitsforschung ermöglicht es den Forschenden, offen für die Sinn- und Regelsysteme der Kinder zu bleiben und ihre jeweiligen alltagskulturellen Praktiken als sinnhaft wahrzunehmen und zu deuten.

> „Da ethnographische Forschungsansätze auf die Rekonstruktion von sozialen Praktiken in Alltagswelten zielen, geht es im Feld Früher Kindheit darum, das Handeln und ‚**Wissen der Kinder als Akteure und als Teilnehmer oder Mitglieder ihrer Kultur**' (…) zu explorieren. Gerade ihre Flexibilität und Alltagsnähe machen ethnographische Ansätze für die Untersuchung von Kleinkindern besonders geeignet, denn sie erlauben, sich auf ‚**die jeweiligen Verbalisierungsfähigkeiten der Forschungssubjekte ein[zu]stellen**.'" (Mey 2003, S. 727 – Herv. i. Orig.)

3.5 Sozialstrukturelle Ansätze

Sozialstrukturelle Kindheitsforschung weist eine deutlich sozialpolitische Komponente auf, die Kindheit als soziales Phänomen untersucht. Damit versteht sich dieser Forschungszweig als Alternative bzw. auch komplementär zu Forschungsrichtungen, die Kindheit als (individuelle) Lebensphase verstehen und damit den Blick auf das Kind als altersbedingt unterentwickelt und abhängig betrachten. Stattdessen ist die Grundlage für diesen Forschungsansatz, Kinder als sozialstrukturelle Gruppe zu erfassen, mit eigenen Ansprüchen, aber auch eigenen typischen strukturellen Benachteiligungen, aber ebenso als eine Gruppe, die ihren festen Platz in der zur Reproduktion der gesellschaftlichen Organisation der Arbeitsteilung hat, also – nach Jens Qvortrup – „full members of society" ist (Qvortrup 1993).

Im Mittelpunkt stehen die Lebensbedingungen von Kindern als Element der Sozialstruktur. Analysiert werden die sozialen, ökonomischen und kulturellen Lebensbedingungen von Kindern, wobei vor allem der Wandel der Kindheit im Zuge von Modernisierungs- und Pluralisierungsprozessen von Interesse ist, der damit auch den Blick auf soziale Ungleichheiten eröffnet.

Kinder werden demnach als Bevölkerungsgruppe verstanden, für die u. a. ein spezifischer Wohlfahrtsstatus kennzeichnend ist, der etwa in der anhaltenden Debatte um Kinderarmut deutlich wird. **Kindheit** wird als ein kulturelles Muster und unter dem Gesichtspunkt einer generationalen Ordnung des Sozialen aufgefasst (vgl. u. a. Heinzel 2000, Nauck 1993, Zinnecker et al. 2002, Olk 2003).

Die Analyse der aktuellen Lebensbedingungen von Kindern fördert auch die Heterogenität von Kindheiten und Risikolagen zu Tage, vor allem durch die Erkenntnisse über die Differenzen hinsichtlich Geschlecht, Alter, sozialer, religiöser, ethnischer und regionaler Herkunft. Kinder sind von solchen Risikolagen deswegen besonders betroffen, weil sie, gemäß der vorherrschenden Sozialgesetzgebung, nicht direkt unterstützt werden können, sondern abhängig sind von der jeweiligen Familienform und von der Erwerbsbiographie ihrer Eltern, Mütter und Väter. Dies bedeutet, dass sich die Rechte eines Kindes nicht aus der eigenen Identität als Kind, Mädchen oder Junge unterschiedlichen Alters und unterschiedlicher Bedarfe und Bedürfnisse, sondern aus der Beziehung zu einem anspruchsberechtigten Elternteil respektive Personensorgeberechtigten, Mütter oder Väter, begründen.

Ein solch analytischer Blick auf die Bedingungen des Aufwachsens ist auch gesetzlich verankert und vorgesehen. So ist im Kinder- und Jugendhilfegesetz (SGB VIII) eine regelmäßige Kinder- und Jugendberichterstattung des Bundes pro Legislaturperiode vorgesehen. Diese arbeitet mit vorliegenden Daten und hat bis heute nicht erreicht, niedrig aggregierte Daten – die die unmittelbar für Kinder erlebbare Lebenssituationen erkennbar und nachvollziehbar machen – zu produzieren, die dann auch in der Lage wären,

Handlungsansätze im direkten Lebensumfeld der Mädchen und Jungen zu ermöglichen oder diese sogar direkt herauszufordern.

Kritik findet sich deshalb auch hinsichtlich der Sozialberichterstattung, bspw. an den Armuts- und Reichtumsberichten oder auch an Lebenslagenberichten (ausgenommen der 10. Kinder- und Jugendbericht, der sich explizit dieser Frage widmet), die Kinder nur als „Haushaltsangehörige" erfassen, also als Mitglieder einer Familie, ohne sie aus dieser Subsumtion zu lösen. Gefordert wird deshalb, eine gesonderte Analyseeinheit in den sozialstrukturellen Erhebungen und Berichterstattungen einzuführen und durch kindzentrierte Studien zu ergänzen, die die Lebenswelten der Kinder aus ihrer subjektiven Sicht erfassen. Erst vor diesem Hintergrund wäre eine Sozialberichterstattung über die Lebenslagen von Kindern, über stützende oder belastende Lebensbedingungen und damit eine „Politik für Kinder" möglich und sinnvoll (vgl. Karsten 1990, Joos 2001).

3.6 Geschlechtertheoretischer Ansatz

Nach Hagemann-White (2002, S. 143) beziehen sich geschlechtertheoretische Ansätze auch im Kontext der Kindheitsforschung auf die „ordnungs- und sinnbildende (...) Funktion" von Geschlecht und darauf, „wie Unterschiede, die gesellschaftlichen Ursprungs sind, in einer Art Verschmelzung mit der Zweigeschlechtlichkeit effektiv zur Natur werden." Seit den 1980er Jahren werden im deutschsprachigem Raum Ansätze, Theorien und Konzepte der sozialen Konstruktion von Geschlecht vor allem in der feministischen Frauenforschung und Theoriebildung, später auch in der sozialwissenschaftlichen Forschung diskutiert und diskursiv verortet. Der Begriff „Gender" steht für die soziale Konstruktion von Geschlecht und betont die nach gesellschaftlich definierten Kriterien strukturell vorgegebenen Leitbilder und Muster, die die Entwicklung von Weiblichkeiten und Männlichkeiten beeinflussen. Wie Gender, z. B. Weiblichkeit und Männlichkeit, verstanden und bewertet wird, ist sozial konstruiert, variiert je nach Kultur, historischer Zeit und Lebensalter. Das soziale Geschlecht weist auf die von Gesellschaft, Kultur und historischer Zeit geprägten „Unterschiede" zwischen den Geschlechtern, die die Lebenswelten von Frauen und Männern, Mädchen und Jungen als geschlechtstypische prägen und ihnen geschlechtsgebundene Merkmale, Einstellungen, Verhaltensweisen und Handlungen zuschreiben. Mädchen z. B. werden in der Regel mit den Attributen, sensibler, empfindsamer, angepasster, leiser, weniger auffällig als Jungen zu sein, etikettiert. Bei Jungen wird es stattdessen als „normal" angesehen, dass sie sich lauter, aggressiver, Raum einnehmender, fordernder usw. verhalten als Mädchen. Gender als soziales Geschlecht differenziert sich damit vom so genannten biologischen Geschlecht, welches in der Regel durch das Vorhandensein primärer und sekundärer Geschlechtsmerkmale identifiziert wird.

Frühe ethnologische Arbeiten von Margaret Mead (1958) und die ethno-methodolgischen Arbeiten von Garfinkel (1967) und Kessler und McKenna (1978) beschreiben Individuen als aktiv Handelnde und Interpretierende innerhalb kulturell-sozialer Bedeutungswelten, die auch Geschlecht eine sozial verortete Bedeutung zuschreiben.

Gender wird von der feministischen Theorie und Frauenforschung (u. a. Butler 1991, Hagemann-White 1988, Gildemeister/Wetterer 1992, Mies 1978, Wetterer 1995, 2004) als ein soziales Struktur- und Ordnungsprinzip verstanden, das Frauen und Männern in modernen Gesellschaften hierarchisch unterschiedliche „Plätze" im gesellschaftlichen Leben zuweist, die sich z. B. in Bezug auf Macht, Einfluss, Partizipation, Status, geschlechtsspezifische Arbeitsteilung etc. unterscheiden und bis ins Privatleben hineinreichen. Unter dem Begriff „gender" werden soziokulturell entworfene und verfestigte „Unterschiede" der Geschlechter kritisch in den Blick genommen, die sich durch soziokulturell konzipierte geschlechtsgebundene Rechte, Pflichten, Leitbilder, Auffassungen, Regeln etc. ausdrücken und personale und strukturelle Diskriminierung aufgrund von Geschlecht unterstützen. Der tradierte Gender-Habitus begünstigt eine Struktur zwischen Frauen und Männern, die von Hierarchie geprägt ist. Der männliche Habitus beinhaltet alle Elemente hegemonialer Männlichkeit, wie Macht und Stärke. Der weibliche Habitus erhält die Aufgabe, den männlichen Habitus zu verstärken (Brandes 2002, Tatschmurat 2004, Böhnisch 2003).

Tatschmurat (2004) weist in diesem Zusammenhang darauf hin, dass individuelle Entwicklungen (z. B. die geschlechtliche und Identitätsentwicklung von Mädchen und Jungen) und gesellschaftliche Strukturen (Trennung von Produktion und Reproduktion) nur unter dem Blickwinkel ihrer „Vergeschlechtlichung" gesehen und verstanden werden können.

Das soziale Geschlecht ist veränder- und wandelbar, zum einen durch sich verändernde gesellschaftliche Leitbilder etc. und zum anderen durch die Individuen selbst. Mit „doing gender" wird darauf verwiesen, dass Gender sowohl kulturell reproduziert und inszeniert wird, aber auch durch den Menschen entlang soziokultureller Konstrukte im Verlauf seines Lebens aktiv mit hergestellt wird.

> „In einer nach Geschlecht polarisierten Welt stehen alle Individuen unter dem Zwang, sich entweder als Mann oder Frau zu definieren und sich in dieser Weise sozial zu verorten. Schon kleine Kinder internalisieren die Strukturen des Geschlechterverhältnisses als Gefüge von Beziehungen zwischen Männern und Frauen, mit denen sie real und symbolisch zu tun haben." (Stein-Hilbers 2000, S. 35)

Der Prozess des „doing gender" verläuft kontinuierlich entlang tradierter Normen und Werte innerhalb einer asymmetrischen Gesellschaftsstruktur.

Auch die Entwicklung von Geschlechtsidentität oder sexueller Identität ist in diese Prozesse eingebunden, denn die Auffassungen von sich selbst, ein Mädchen oder Junge bzw. ein sexuelles Wesen zu sein, entwickeln sich anhand gesellschaftlich vorgegebener Vorstellungen und Leitbilder. In der frühkindlichen Entwicklung spielt dabei vor allem der Körper eine wichtige Rolle. Über ihren Körper verorten sich Mädchen und Jungen als geschlechtliche Wesen. Anhand ihres Körpers werden Kinder als weiblich oder männlich wahrgenommen, wird ihr Verhalten und Handeln interpretiert und eingeordnet und ergeben sich spezifische Bedeutungszuschreibungen, die mit dem jeweiligen Geschlecht korrespondieren.

Das Konzept der geschlechtsspezifischen Sozialisation entwickelte sich Ende der 1960er Jahre in enger Verbindung mit den Sozialisationsdebatten um Arbeiterkinder. Sowohl bei Mädchen und Frauen, als auch bei Kindern von Arbeitern wurde die Kindheitsphase in der Familie als wesentlicher Aspekt erkannt, in dem Unterdrückung verinnerlicht wurde. Ausgangspunkt für diese Diskussionen waren politische Bewegungen, allen voran die Frauenbewegung, die in dieser Zeit sehr aktiv waren. Ziel war es, herauszufinden, wie und warum es zu Benachteiligungen kommt und wo Strategien ansetzen müssen, um zu Veränderungen zu führen. Parallel dazu ging es bei diesem Ansatz auch um die Stärkung benachteiligter gesellschaftlicher Gruppen. Zunächst wurde vor allem die weibliche Sozialisation unter dem Aspekt von Unterdrückung thematisiert (Scheu 1977, Schultz 1978). Bei dieser Sichtweise handelte es sich jedoch um ein defizitorientiertes Konzept, das wenige Zeit später deutliche Kritik erfuhr. Die aktive Rolle von Mädchen und Frauen spielte in den Ansätzen kaum eine Rolle. Neuere Konzepte der Sozialisation betrachten die geschlechtsbezogene Persönlichkeitsentwicklung von Individuen in wechselseitiger Auseinandersetzung mit der Umwelt und den damit verbundenen Machtverhältnissen. Den Individuen wird dabei auch bei der Aneignung der Geschlechtsrolle eine wesentlich aktivere Rolle zugestanden.

Nach dem Sozialisationsansatz treffen Mädchen und Jungen auf eine nach Geschlecht strukturierte Umwelt, mit der sie sich auseinandersetzen und relativ stabile geschlechtsspezifische Verhaltensmuster, Einstellungen etc. entwickeln. Auf diese Weise wird die Geschlechterhierarchie immer wieder reproduziert. Empirische Untersuchungen zur Geschlechtersozialisation im Kindesalter haben sich vor allem mit den Sozialisationsinstanzen Familie (u. a. Grabrucker 1986), Kindertageseinrichtungen (Fried 1990) und Schule (u. a. Horstkemper 1987, Nyssen 1996) befasst. Dabei ging es u. a. um die Reproduktion von Geschlechterstereotypen, die Einfluss auf die Persönlichkeitsentwicklung von Kindern nehmen.

Psychoanalytische Ansätze im Kontext geschlechtsspezifischer Sozialisation sprechen der Körperlichkeit und der kindlichen Sexualität eine größere Bedeutung zu. Dabei werden insbesondere die frühe Kindheit und die Familie in das Zentrum der Aufmerksamkeit gerückt. Hagemann-White

(1979) und Chodorow (1985) setzten sich vor allem theoretisch mit diesem Thema ausführlich auseinander. Empirische Untersuchungen wurden u.a. von Schmauch (1987) zur Entwicklung der Beziehungen zwischen Mädchen und Jungen zu ihren Müttern und Vätern in der Kleinkindphase durchgeführt. Die meisten psychoanalytischen Ansätze betonen innerpsychische Prozesse, vernachlässigen aber gesellschaftliche Einflüsse auf die kindliche Entwicklung.

Übungs- und Reflexionsfragen

Vergleichen Sie die vorgestellten Ansätze, Theorien und Konzepte miteinander und thematisieren Sie mögliche Stärken und Schwächen. Wie kann – darauf basierend – ein interdisziplinärer Zugang zu Kindheit(en) erfolgen?

Vergleichen Sie verschiedene Sozialräume von Kindern (z.B. Kinderzimmer, Spielplätze, Klassenzimmer, Kindertageseinrichtungen, informelle Treffpunkte) und beschreiben Sie, wodurch die unterschiedlichen Lebenswelten von Kindern sichtbar werden.

Beobachten Sie sich im alltäglichen Umgang mit Mädchen und Jungen im Kindesalter. Welche Rolle spielt Ihr Geschlecht und das Geschlecht der Kinder während der Interaktion? Leiten Sie aus Ihren Beobachtungen Konsequenzen für den Forschungsprozess ab.

Literatur für das Selbststudium

Bruhns, Kirsten (Hrsg.) (2004): Geschlechterforschung in der Kinder- und Jugendhilfe. Praxisstand und Forschungsperspektiven. (Schriften des Deutschen Jugendinstituts). Wiesbaden: VS Verlag für Sozialwissenschaften.

Garz, Detlef (2008): Sozialpsychologische Entwicklungstheorien. Von Mead, Piaget und Kohlberg bis zur Gegenwart. Wiesbaden: VS Verlag für Sozialwissenschaften.

Joos, Magdalena (2001): Die soziale Lage der Kinder. Sozialberichterstattung über die Lebensverhältnisse von Kindern in Deutschland. (Schriftreihe: Kindheiten. Band 19). Weinheim und München: Juventa.

Kelle, Helga/Breidenstein, Georg (1999): Alltagspraktiken von Kindern in ethnomethodologischer Sicht. In: Honig, Michael-Sebastian/Lange, Andreas/Leu, Hans Rudolf (Hrsg.): Aus der Perspektive von Kindern? Zur Methodologie der Kindheitsforschung. Weinheim und München: Juventa. S. 97-111.

Zinnecker, Jürgen (1996): Soziologie der Kindheit oder Sozialisation des Kindes? In: Honig, Michael-Sebastian/Leu, Hans Rudolf/Nissen, Ursula (Hrsg.): Kinder und Kindheit. Weinheim und München: Juventa. S. 31-54.

Zum Weiterlesen

Becker, Ruth/Kortendiek, Beate (Hrsg.) (2008): Handbuch Frauen- und Geschlechterforschung. Theorie, Methoden, Empirie. Stuttgart: VS Verlag für Sozialwissenschaften.

Böhnisch, Lothar (2004): Männliche Sozialisation. Eine Einführung. Weinheim und München: Juventa.

Bönisch, Lothar/Lenz Karl/Schröer, Wolfgang (2009): Sozialisation und Bewältigung. Eine Einführung in die Sozialisationstheorie der Moderne. Weinheim und München: Juventa.

Butler, Judith (1991): Das Unbehagen der Geschlechter. Frankfurt a. M.: Suhrkamp.

Hurrelmann, Klaus/Bründel, Heidrun (2003): Einführung in die Kindheitsforschung. Weinheim, Basel, Berlin: Beltz. Deutscher Studienverlag.

Tillmann, Klaus-Jürgen (2006): Sozialisationstheorien. Eine Einführung in den Zusammenhang von Gesellschaft, Institution und Subjektwerdung. Reinbek bei Hamburg: Rowohlt.

4. Methodische Besonderheiten bei Untersuchungen mit Kindern

■ Sozialwissenschaftliche Erhebungen mit Kindern weisen einige Besonderheiten auf, die von den Erhebungspersonen zu beachten und zu reflektieren sind. Wie kann von Erwachsenen die Perspektive der Kinder erfasst werden bzw. ist dies überhaupt möglich und wie kann das von Erwachsenen umgesetzt werden? Welche spezifischen Zugangsbarrieren haben die Erhebenden zu überwinden, um den Kindern näher zu kommen? Inwieweit hat die generationenbedingte Distanz zwischen Erwachsenen und Kindern, vor allem im Hinblick auf Erziehungssituationen, Einfluss auf die Untersuchungssituation? Diese Fragen müssen im gesamten Forschungsprozess von den Untersuchungspersonen immer wieder beachtet und reflektiert werden. Um Kindern und ihren Bedürfnissen gerecht zu werden, ist es ein großes Ziel vor allem qualitativer Kindheitsforschung, sie aktiv in den Forschungsprozess einzubeziehen, da sie selbst am besten wissen, worin ihre Möglichkeiten bestehen und wo ihre Grenzen liegen.

4.1 Haltung der Forschenden

Vor einigen Jahren von Ulich und Oberhuemer (1993, S. 120) noch als „Stiefkind der Forschung" deklariert, spielt die Kindperspektive in der heutigen Kindheitsforschung eine zentrale Rolle. Kinder werden zunehmend selbst befragt und nicht mehr nur als zukünftige Erwachsene, sondern als soziale Akteure und Konstrukteure ihrer eigenen Wirklichkeit betrachtet. Kinder entwickeln und bilden sich, indem sie sich in Beziehung zu Personen, Dingen, Ereignissen, Situationen usw. setzen – indem sie etwas selbst tun. Dabei nehmen Mädchen und Jungen ihre Umwelt sinnlich wahr, können ihre altersgebundenen Vorstellungen und Konstruktionen freisetzen, sinnlich-emotionale, motorische und kognitive etc. Fähigkeiten entwickeln. Kindliche Entwicklung und Bildung ist immer an die jeweilige Aktivität und die Selbsttätigkeit des Kindes gebunden (Laewen 2002, Völkel 2002).

Selbstbildungsprozesse funktionieren, indem Kinder ko-konstruieren. Ausgehend von den Theorien, Ansätzen und Konzepten konstruktionistischer Lerntheorien, der Interaktionsforschung und Systemtheorie verweisen Ko-Konstruktionsprozesse darauf, dass sich Individuen in Wechselwirkung mit anderen entwickeln. Der Fokus der wissenschaftlichen Auseinandersetzung liegt dabei auf der menschlichen Interaktion. Unter sozialkonstruktionistischer Perspektive betrachtet, werden Individuen von Geburt an als aktive Initiatoren ihrer Lern- und Entwicklungsprozesse angesehen. Ein Kind kann ko-konstruieren, wenn es in einen wechselseitig angelegten Gedanken- und Erfahrungsaustausch mit signifikant anderen eingebunden ist, mit denen es gemeinsam Eindrücke und Erlebnisse (re-)konstruieren kann. Die Qualität zwischenmenschlicher Interaktions- und Kommunikationsprozesse steht dabei im Mittelpunkt, wobei Sprache ein wichtiges Mittel ist, um Beziehungen herstellen zu können. Nonverbale und verbale Kommunikation ist die Basis gemeinsamer Verständigung. Nach Berger und Luckmann (1966) erhalten erst durch den gemeinsamen Dialog individuelle Konstruktionen ihre Bedeutung bzw. wird ihnen ein Sinn zugeschrieben. Ein gemeinsamer Dialog wird möglich, wenn die Beteiligten daran gleichberechtigt beteiligt sind, sich als gleichwertig und anerkannt erfahren und gemeinsam Entscheidungen treffen können (König 2007).

Dieses Verständnis von kindlicher (bzw. menschlicher) Entwicklung ist wesentlich, um Kinder als eigenständige, aktive Wesen und Motoren ihrer eigenen Entwicklung zu verstehen und Forschungszugänge dementsprechend zu gestalten. Eine wichtige Rolle kommt dabei den Forschenden selbst zu. Sie sind in Forschungsprozessen zentrale Beziehungs-Personen für Kinder. Allein ihre Haltungen und Einstellungen gegenüber Mädchen und Jungen – unabhängig von ihrer methodologischen Vorgehensweise – prägen ganz wesentlich die Qualität der Interaktion mit ihnen. Die Beziehung zwischen Kindern und Forschenden erfordert, wie jede menschliche Interaktion, eine anerkennende, wertschätzende und empathische Kommunikation auch in Bezug auf Auffassungen, Sichtweisen, Äußerungen, Verhalten etc. von Kindern und muss darauf ausgelegt sein, deren vielfältige und heterogene Erlebens- und Erfahrungswelten in den Forschungsprozess zu integrieren.

Eine zentrale Prämisse für den Umgang mit Kindern im Forschungsprozess ist, diesen so zu gestalten, dass Mädchen und Jungen sich wohlfühlen (können). Das eigene Wohlbefinden ist **die** Voraussetzung für Offenheit, Interesse, Zugänglichkeit etc. Erst wenn sich Kinder wohl- und sicher fühlen, können sie sich für Themen interessieren, in Kontakt mit anderen treten etc. Forscherinnen und Forscher müssen sich auf die Interaktions- und Kommunikationsangebote der Kinder einlassen und bereit sein, die Erfahrungen der Kinder in ihrer Lebenswelt anzunehmen und zu verstehen.

Der kindlichen Sichtweise auf Dinge und Geschehnisse kommt in der sozialwissenschaftlichen Erhebung eine wachsende Bedeutung zu. Die Perspektive der Kinder ist in den Mittelpunkt gerückt. Doch was bedeutet Perspektivität in der sozialwissenschaftlichen Forschung mit Kindern? Nach Nauck (1995) schließt die Perspektive des Kindes mindestens drei Dimensionen ein. Zunächst impliziert sie die Bezugnahme auf die eigens von Kindern geschaffene und erlebte Welt. Des Weiteren bezieht sie sich auf die Forschungssituation selbst, die Untersuchungsentwicklung, -durchführung und

-auswertung. Dabei geht es hauptsächlich um den Status der Kinder in der Untersuchung. Aus dieser Perspektive ist es notwendig, Erhebungsverfahren kindgerecht zu gestalten, damit diese den Mädchen und Jungen entgegenkommen und offen für ihre Ausdrucksformen sind. Kinder müssen als Untersuchungspersonen ernst genommen werden. Sie sind die Adressatinnen und Adressaten der Untersuchung und ihnen entsprechend muss das Erhebungsdesign gestaltet sein. Eine stärker politische Komponente umfasst die dritte Dimension. Kindperspektive bedeutet die Notwendigkeit, Kindern vor dem Hintergrund gesellschaftlicher Wandlungstendenzen stärkere Aufmerksamkeit zukommen zu lassen. Die Lebensphase Kindheit wird infolge der Modernisierung ebenso wie andere Lebensphasen immer komplexer und unübersichtlicher. Diese Entwicklungen müssen in das öffentliche Interesse gerückt und bei politischen Entscheidungen berücksichtigt werden.

Doch wie ist es möglich, die Perspektive von Kindern zu erheben? Forschungsvorhaben und -designs sind immer auch von der Erwachsensicht auf Kinder geprägt. Bilder von Kindheit und Kindsein entsprechen den Vorstellungen von Erwachsenen und sind von ihren eigenen Kindheitserfahrungen und gesellschaftlich produzierten Kinderbildern beeinflusst. Nach Honig (1999 a) ist die Kindperspektive eine für Kinder charakteristische Sichtweise und Wahrnehmung der Welt. Als „reflektierte, generationale und inter-subjektive Wirklichkeit" versteht Roux (2002, S. 64) die Kinderperspektive. Inwieweit sich die tatsächliche Lebenswelt der Kinder in den Ergebnissen sozialwissenschaftlicher Forschung widerspiegelt, wird auch in Zukunft eine zentrale Frage der Kindheitsforschung sein. Es bleibt die Notwendigkeit bestehen, Kinder so weit wie möglich in den Forschungsprozess einzubeziehen. Empathie und Sensibilität für die vielfältigen Ausdrucksformen der Kinder sind bei den Erhebungspersonen wichtige Voraussetzungen, um Kindern näher zu kommen.

Die Frage der Perspektivität stellt sich nicht nur in der Untersuchung mit Kindern. Erhebende nehmen immer die Perspektive der Erkundenden ein, die etwas erfahren möchten. Individuelle Erfahrungen, Geschlecht, kulturelle Merkmale, sozialer Status und eben auch das Alter haben Einfluss auf diese Perspektive und die Sichtweise auf die Untersuchungspersonen. Offenheit, Transparenz und stetige Reflexion des eigenen Blickwinkels sind die Voraussetzungen, um sich den Perspektiven der Untersuchungspersonen zumindest anzunähern.

4.2 Intergenerationale Forschungssituation und Geschlecht

Ein Forschungsprozess zeichnet sich immer durch eine interaktive und kommunikative Beziehungsgestaltung zwischen Forschenden und Untersuchungspersonen aus. Für qualitative Untersuchungen gilt diese Beziehung sogar als ein besonders relevanter Bestandteil innerhalb des Untersuchungsverlaufs. Die Qualität der kommunikativen Beziehung zwischen den Beteiligten gilt dann als konstitutiver Bestandteil des Forschungsprozesses. Es ist wichtig, dass Forschende Probandinnen und Probanden als selbstbestimmte, ko-konstruierende und rekonstruierende Subjekte verstehen und annehmen. Das setzt ein aufrichtiges Interesse an den Themen, Aussagen und Selbstauskünften der Untersuchungspersonen voraus, erfordert gleichzeitig aber auch die Fähigkeit sich einen professionellen Außenblick offen zu halten.

Das gilt in einem besonderen Sinne im Bereich der Kindheitsforschung. Sozialwissenschaftliche Untersuchungen mit Kindern stellen immer auch intergenerationale Interaktionen dar. Erwachsene treffen auf Kinder, Kinder auf Erwachsene. Bei Interviews haben die befragenden Personen die Aufgabe, Mädchen und Jungen den Einstieg in die Untersuchung mit Aufwärmphasen so einfach wie möglich zu machen. Aufwärmphasen dienen als „Eisbrecher" und erleichtern den Beginn der Befragung. Aufgabe der Untersuchenden ist es, eine angenehme Atmosphäre zu schaffen, die von Empathie und Vertrauen geprägt ist und dem Kind das Reden über bestimmte Themenbereiche erleichtert.

Die Konfrontation mit einer erwachsenen Person kann unterschiedliche Erwartungshaltungen und Reaktionen bei einem Kind hervorrufen. Mädchen und Jungen erleben Erwachsene in der Regel als Erziehungspersonen, von denen sie in vielfältiger Form abhängig sind.

> „Der Alltag von Kindern ist durchzogen von Erwachsenen und Situationen in Elternhaus, Kindergarten, Schule oder Freizeit, die durch deren pädagogische Intentionen gestaltet sind. Kinder begegnen dieser Allgegenwart von Erziehung in ihrem Leben aktiv und bringen ihre Bewältigungsstrategien in Forschungssituationen ein. Da Kinder in ihrem Alltag ständig in privaten und öffentlichen Beziehungen von Erwachsenen als zu erziehende Menschen behandelt werden, ist es für erwachsene Forscherinnen und Forscher nahezu unmöglich, mit Kindern zu kommunizieren, ohne daß Kinder ihre Erfahrungen mit dieser Allgegenwart der Erziehungssituation in irgendeiner Weise thematisieren." (Heinzel 2000, S. 25 f.)

Kindliche Erfahrungen mit Erwachsenen sind – aufgrund des primären Erziehungsverhältnisses – von Autorität und Macht geprägt. Einige Kinder wachsen allerdings auch in prekären Beziehungen zu Erwachsenen auf. Sie erfahren z. B. Unterlegenheit, Gewalt, Schuld oder Desinteresse. Daraus resultierende Ängste, Widerstände oder ein eventueller Leistungsdruck müssen ernst genommen, berücksichtigt und bewältigt werden. Auch in Forschungszusammenhängen müssen immer die Bedürfnisse der Kinder im Vordergrund stehen. Durch einen wertschätzenden Umgang mit ihnen können Mädchen und Jungen positive Erfahrungen mit Erwachsenen sammeln. Zudem ist es wichtig, die Erhebungssituation für die Kinder transparent zu gestalten, damit sie die Möglichkeit haben, den Prozess zu verfolgen und gleichzeitig zu beeinflussen.

Ebenso können eigene kohortenspezifische Projektionen, Leitbilder und Sichtweisen wirken, besonders dann, wenn Forschende viel älter als die Untersuchungspersonen sind bzw. einer anderen Generation angehören. In diesen Fällen ist es zwingend notwendig aufzudecken, welche soziokulturellen Zuschreibungsprozesse aufgrund des Alters(-unterschieds) ablaufen und wie diese die Untersuchung beeinflussen können.

Neben diesen Faktoren spielen in einer Forschungsbeziehung auch spezifische Gendereffekte eine bedeutende Rolle. Vor allem aus der Therapie- und Beratungsforschung (u. a. Sickendiek et al. 2002, Tatschmurat 2004, Vogt 2004) ist bekannt, wie zentral die jeweilige Geschlechtszugehörigkeit auf Beziehungsdimensionen, Interaktions- und Kommunikationsverhalten wirken bzw. diese strukturieren. Sowohl geschlechtsheterogene als auch -homogene Beziehungen können geschlechtsspezifische Vorstellungen reproduzieren und Forschungssituationen wesentlich beeinflussen und strukturieren, z. B. in Bezug auf Offenheit, angepasstes bzw. geschlechtstypisches Verhalten etc. Vor diesem Hintergrund müssen Forscherinnen und Forscher sich selbst immer wieder überprüfen: Was denke ich, wenn mir ein kleines Mädchen bzw. ein kleiner Junge gegenüber sitzt? Welche Assoziationen werden bei mir freigesetzt in Bezug auf ihre oder seine Biographie, Einstellungen, Handlungs- und Verhaltensweisen, kognitiven, motorischen oder emotionalen Fähigkeiten und Interessen? Mit welchen Normen und Werten werden Mädchen und Jungen in unserer Gesellschaft konfrontiert? Welche Einflüsse haben diese auf ihre Entwicklung?

Forscherinnen und Forscher sind dazu angehalten, stereotype Genderkonstruktionen in Frage zu stellen, konstruktiv aufzulösen und mögliche Defizitzuschreibungen aufgrund von Geschlecht ihrerseits zu überwinden.

4.3 Bedeutung des Alters der Kinder

Neben den Generationsunterschieden spielt das Alter des Kindes in der Erhebung eine wichtige Rolle. Bei der Frage, ab welchem Lebensjahr welche Erhebungsmethoden einsetzbar sind, gibt es unterschiedliche Meinungen. Während Yarrow (1960) davon ausgeht, dass auch Vierjährige bereits an einer Befragung teilnehmen können, kommen für Nunnally (1982) aufgrund der sprachlichen Fähigkeiten Kinder erst ab einem Alter von sechs

Jahren für die meisten Erhebungsformen in Frage. Heinzel (1997) betont, dass aus entwicklungspsychologischer Sicht Kinder bereits sehr früh die Wahrnehmung ihrer Außenwelt wiedergeben, während sie erst später über die eigene innere Welt berichten und reflektieren können. Da es auf die Frage keine einheitliche und eindeutige Antwort geben kann, ist eine jeweils individuelle Entscheidung zu treffen. Nach Lohaus (1989) liegt es im Ermessen der Forscherin bzw. des Forschers, die Erhebungsmethoden so zu wählen, dass sie den kognitiven Möglichkeiten und Fähigkeiten der jeweiligen Mädchen und Jungen entsprechen.

Krappmann und Oswald (1995) sprechen eine weitere altersbedingte Zugangsbarriere an. Sie betonen, dass Kinder ihre eigenen Verhaltensmuster und Regeln haben, die für Erwachsene nur schwer zu erschließen sind. Verschiedene Entwicklungsmodelle (u. a. strukturgenetische Entwicklungsmodelle) gehen davon aus, dass spezifische kindliche Denk- und Verhaltensmuster von Erwachsenen kaum erinnert werden können. Kindheitsforschung muss deshalb für die „Sinn- und Regelsysteme" von Kindern offen bleiben und sich der Lebenswelt der Kinder interpretativ nähern (Oswald/ Krappmann 1995, S. 355).

Da bei jüngeren Kindern im Vergleich zu älteren Untersuchungsteilnehmerinnen und Untersuchungsteilnehmern die Konzentrationsfähigkeit in der Regel geringer ist, muss die Datenerhebung besonders sorgsam geplant werden. Die Phase der Erhebung darf nicht zu lang sein, damit die Kinder nicht überfordert werden. Zudem müssen die Erhebungsmethoden abwechslungsreich gestaltet sein, um die Aufmerksamkeit der Kinder zu erhalten und zu sichern. Eine Erhebung, die die Kinder aktiv mitgestalten können, erhält die Motivation aufrecht und gibt ihnen das Gefühl, ernst genommen zu werden.

Auch müssen sich Forschungsthemen und -inhalte an der individuellen Lebens- und Erfahrungswelt eines jeweiligen Kindes orientieren. Erst wenn Kinder einen biographischen Zugang dazu bzw. Sinn darin finden, ist es ihnen möglich, sich zu interessieren, zu öffnen bzw. auf Fragen zu antworten. Vor diesem Hintergrund ist es auch wichtig, vor allem je jünger die Kinder sind, Forschungsfragen lebensweltlich zu kontextualisieren.

Mädchen und Jungen beschreiben aus einem subjektiven Blickwinkel heraus und basierend auf ihrem jeweiligen Entwicklungsstand von ihnen wahrgenommene und erlebte Situationen und Erfahrungen etc. Sie (re-)konstruieren z. B. während eines Interviews **ihre** Geschichte. Dabei kann es auch zu Erinnerungslücken, sozial erwünschtem Antwortverhalten oder Selbstzensur kommen. Aber auch altersspezifische Ausdrucksweisen und Verbalisierungsfähigkeiten können die Kommunikation erschweren. Diese Effekte müssen von Forschenden gekannt, erfasst, reflektiert und während des Untersuchungsprozesses berücksichtigt werden. Den Mädchen und Jungen ist zu verdeutlichen und vorzuleben, dass es in dieser Situation keine „falschen" Antworten oder kein „falsches" Verhalten gibt und dass sich Erwachsene und

Kinder als gleichberechtigte Personen gegenüberstehen. Für diese spezifische Setting-Gestaltung ist es notwendig, dass die Untersuchungsperson ihr Verhalten immer wieder reflektiert, sie an dem Kind und seinen Antworten interessiert ist und sie diese scheinbare Rollenkonfusion aushält (vgl. Yarrow 1960).

Verdienst der feministischen Frauen- und Theorieforschung ist u. a., dass offene und subtil wirkende gesellschaftliche Machtverhältnisse aufgedeckt wurden, die u. a. bis in die Privatsphäre hineinragen. In diesem Zusammenhang muss auch auf spezifisch wirkende asymmetrische Machtkonstellationen im Wissenschaftsbereich verwiesen werden, die sich in der Kindheitsforschung aufgrund der hohen Altersdifferenz zwischen den Forscherinnen und Forschern und den Probandinnen und Probanden deutlich potenzieren und vor allem forschungsethisch diskutiert werden müssen. An einem Forschungsprozess sind unterschiedliche Personen beteiligt: die Forschenden und die Zu-Erforschenden. Die forschende Person hat ein bestimmtes Wissen, eine bestimmte Absicht und ein bestimmtes Ziel, das sie verfolgt. Forschende diktieren oftmals die Regeln und Strukturen, unter denen eine Untersuchung abläuft. Hier ist zu prüfen, welche und wie Gestaltungsspielräume und Partizipationsmöglichkeiten Kindern eingeräumt werden können, um sie als aktiv handelnde Subjekte am Geschehen zu beteiligen und Abhängigkeiten zu reduzieren.

4.4 Diversität

Der Diversity-Ansatz entwickelte sich im Kontext der US-amerikanischen Bürgerrechtsbewegung der 70er Jahre. Dabei spielte er vor allem innerhalb der Frauen- und Homosexuellenbewegung eine zentrale Rolle. Unter Diversity ist die Vielfalt der Gemeinsamkeiten und Unterschiede von Menschen zu verstehen. Vielfalt kann sich in unterschiedlichen Dimensionen zeigen, z. B. Alter, Geschlecht, Religion, kulturelle und soziale Herkunft. Diversity als Theorie- und Handlungsebene bedeutet Gemeinsamkeiten und Unterschiede von Personengruppen anzuerkennen. Wichtig ist dabei die Sensibilisierung für Ungleichbehandlungen und Wertschätzung von Differenzen in unterschiedlichen Lebenslagen. Veränderte gesellschaftliche Verhältnisse, die vor allem mit Modernisierungstendenzen einhergehen, müssen in diesem Zusammenhang immer wieder reflektiert und in theoretische, forschungs- und handlungsbezogene Kontexte einbezogen werden.

Das Modell „4 Layers of Diversity" nach Gardenswartz und Rowe (1994) fasst anschaulich vier Dimensionen von Diversitätsfaktoren zusammen (→ Abb. 5):

- ■ Persönlichkeit: zentrale Dimension, die alle individuellen Aspekte einer Person zusammenfasst;

- innere Dimensionen: Aspekte, die als vom Individuum relativ unveränderbar angesehen und rechtlich in entsprechenden Gesetzen berücksichtigt werden: Alter, Geschlecht, sexuelle Orientierung, geistige und körperliche Fähigkeiten, nationale Herkunft/Ethnie, soziale Herkunft;

- äußere Dimensionen: Faktoren, die zum großen Teil vom Individuum, aber auch von äußeren Einflüssen verändert werden können (als Ausnahme werden die Punkte „Religion" und „Weltanschauung" betrachtet, denen nicht immer freie Entscheidungen zugrunde liegen): Wohnort, Einkommen, Gewohnheiten, Freizeitverhalten, Religion/Weltanschauung, Ausbildung, Berufserfahrung, Auftreten, Elternschaft, Familienstand;

- organisationale Dimensionen: umfassen die Zugehörigkeit zu bestimmten Institutionen und Organisationen: Funktion/Einstufung, Arbeitsinhalt/-feld, Fakultät/Zentrum/Institut/Studienrichtung/Dienstleistungseinrichtung, Dauer der Beschäftigung/des Studiums, Arbeits/Studienort, Forschungsinhalt/-feld, Art des Arbeitsverhältnisses.

Der Diversity-Ansatz geht von einem ganzheitlichen Bild eines Individuums aus und bezieht alle möglichen Merkmale und Eigenschaften von Personen ein.

Abbildung 5: 4 layers of diversity nach Gardenswartz/Rowe (1994)

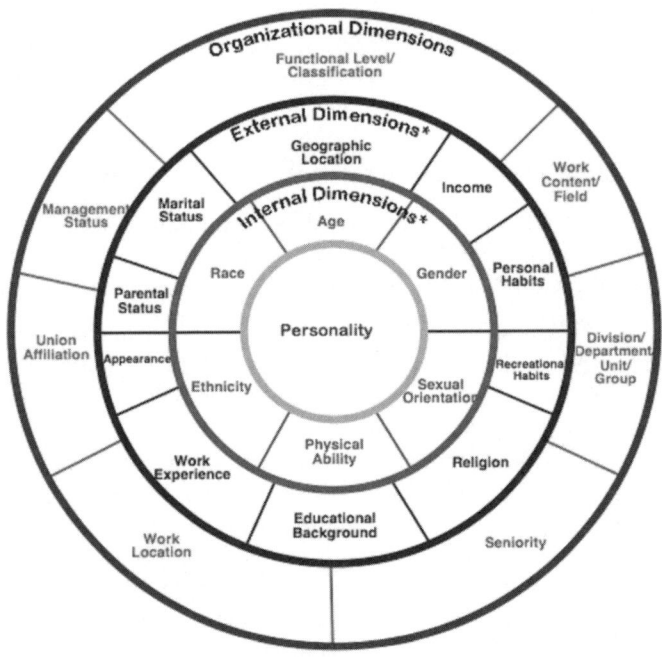

Diversität im Forschungsprozess zu berücksichtigen, umfasst auch die Vielfalt an Einstellungen, Verhalten und Handeln von Menschen zu beachten, deren Heterogenität dazu führt, dass Individuen in Interaktionen unterschiedlich aufeinander reagieren (vgl. Sickendiek 2007). Deshalb ist es wichtig, Vielfalt im Forschungsprozess nicht nur wahrzunehmen und anzuerkennen, sondern aktiv in diesen einzubeziehen und forschungsbegleitend zu reflektieren. Aus der psychosozialen Beratungsarbeit kommend eignet sich das ADRESSING-Modell von Hays (1996), um Diversity als reflexiven Bestandteil von Forschung zu verstehen. Die Begriffe

> „age, disability, religion, ethnicity, social status, sexual orientation, indigenous heritage, national origin, gender." (ebd., S. 265)

stehen einerseits für die verschiedenen Dimensionen von Vielfalt. Andererseits geben die jeweiligen Anfangsbuchstaben dem Modell seinen Namen.

Die neun aufgeführten Begriffe sind Ausgangspunkte einer Reflexionsfolie, anhand derer eine kritische Auseinandersetzung mit Diversity stattfinden kann.

Für die Kindheitsforschung impliziert die Arbeit mit dem Diversity-Ansatz, dass in Forschungszusammenhängen nicht von **den** Kindern ausgegangen werden kann. Das Wissen und Verstehen von Vielfalt ist einerseits die Basis für Kindheitsforschung, um an individuellen Kontexten, in denen Kinder leben, anzuschließen. Auf der anderen Seite müssen Forscherinnen und Forscher kontinuierlich an sich selbst arbeiten und sich mit ihren eigenen subjektiven Einstellungen und soziokulturell geprägten Sichtweisen in Bezug auf Kindheit, Familien, Kindsein etc. auseinandersetzen. Nicht vergessen werden darf, dass auch in Wissenschaft und Forschung „blinde Flecken" in der Wahrnehmung auftreten, die im Forschungsprozess den Umgang mit Vielfalt beeinträchtigen und eine ideologiefreie, offene Auseinandersetzung mit dem Untersuchungsgegenstand beschränken können:

> „Wissen ist kulturell verortet und entspringt zu großen Teilen den eigenen Erfahrungen. Auch professionelles Wissen wird durch eigene Erfahrungen und durch den eigenen kulturellen Standpunkt geprägt und gefiltert." (Sickendiek et al. 2002, S. 80)

Forschende selbst sind z. T. sowohl in einen spezifischen wissenschaftlich-disziplinären Kontext bzw. dominierende Wissenschaftsauffassungen eingebunden als auch von subjektiven Einflüssen (gesellschaftlichen Leitbildern, Normen, Wertmaßstäben etc.) beeinflusst, die auf den Erhebungs-, Auswertungs- und Analyseprozess wirken können. Wie die feministische Frauenforschung (u. a. Harding 1994) aufgezeigt hat, ist Wissenschaft per se nie wertneutral, unparteiisch oder nur progressiv. Wissenschaftliche Ansätze, Theorien, Konzepte etc. sind immer innerhalb eines soziokulturellen und zeitgeschichtlichen Kontextes und bestimmter wissenschaftlicher Trends verortet. Deshalb muss man sich als Forscherin bzw. als Forscher der eigenen wissenschaftlichen Verantwortung bewusst sein und sich selbst kontinuierlich reflektieren. Selbstreflexionen sind als qualitatives Merkmal in den Forschungsprozess explizit zu integrieren.

Vor diesem Hintergrund wird deutlich, dass diesen Prozessen und Fehlerquellen aufmerksam begegnet werden muss. Reflexion gilt dabei als ein begleitendes kritisches Arbeitsmittel während des gesamten Forschungsprozesses. Lenz und Böhnisch (1999, S. 27) formulieren bezogen auf die Familienforschung, dass als Gegenstrategie

> „nur ein hohes Maß wissenschaftlicher Selbstreflexion [hilft], um die mitgebrachten Selbstverständlichkeiten, die unreflektierte Selektion und Perspektivität dieser Relikte des Alltagsdenkens aufzudecken und durchbrechen zu können. Eine kritische Selbstreflexion hat die Familienforschung besonders nötig, da über Familie zu schreiben oder zu reden, ohne eigene Betroffenheit oder zumindest ohne Betroffenheit der Adressaten kaum möglich ist. Familienforschung bedarf jedoch – wie jeder Forschungsbereich – einer Nüchternheit in der Analyse."

Sich auf diese Gegenstrategie zu besinnen und sie in den Forschungsprozess kontinuierlich einzubinden, kann auch als eine zentrale Prämisse für progressive Forschungsleistungen im Bereich der Kindheitsforschung formuliert werden.

Übungs- und Reflexionsfragen

Warum müssen sich Kindheits-Forscherinnen und -Forscher immer wieder reflektierend mit dem Forschungsprozess auseinandersetzen?

Ist ein offen und neutral angelegter Forschungsprozess in der Kindheitsforschung möglich? Begründen Sie Ihre Meinung.

Die Forschungssituation innerhalb der Kindheitsforschung stellt u. a. aufgrund des Altersunterschieds eine asymmetrische Interaktion dar. Wie kann eine Forschungsbeziehung auf Augenhöhe gelingen?

Zunehmend wird von Kindheiten gesprochen. Worauf verweist diese sprachliche Betonung?

Literatur für das Selbststudium

Heinzel, Friederike (2000): Methoden der Kindheitsforschung. Ein Überblick über Forschungszugänge zur kindlichen Perspektive. Weinheim und München: Juventa.

Honig, Michael-Sebastian (1999 a): Forschung „vom Kinde aus"? Perspektivität in der Kindheitsforschung. In: Honig, Michael-Sebstian/Lange, Andreas/Leu, Hans

Rudolf (Hrsg.): Aus der Perspektive von Kindern? Zur Methodologie der Kindheitsforschung. Weinheim und München: Juventa. S. 33-50.

Oswald, Hans/Krappmann, Lothar (1995): Kinder. In: Flick, Uwe/Kardorff, Ernst von/Keupp, Heiner/Rosenstiehl, Lutz von/Wolff, Stephan (Hrsg.): Handbuch Qualitative Sozialforschung. München: Psychologie Verlags Union. S. 355-358.

Schäfer, Gerd E. (2005): Bildungsprozesse im Kindesalter. Selbstbildung, Erfahrung und Lernen in der frühen Kindheit. Weinheim und München: Juventa.

Zum Weiterlesen

Markefka, Manfred/Nauck, Bernhard (Hrsg.) (1993): Handbuch der Kindheitsforschung. Neuwied, Kriftel, Berlin: Luchterhand.

Mey, Günter (2003a): Zugänge zur kindlichen Perspektive. Methoden der Kindheitsforschung. In: Fthenakis, Wassilios E./Textor, Martin R. (Hrsg.): Das Online-Familienhandbuch. http://www.familienhandbuch.de

Roux, Susanna (2002): Wie sehen Kinder ihren Kindergarten? Theoretische und empirische Befunde zur Qualität von Kindertagesstätten. Weinheim und München: Juventa.

Völkel, Petra (2002): Kindliche Entwicklung aus konstruktivistischer Perspektive. In: Laewen, Hans-Joachim und Andres, Beate (Hrsg.): Bildung und Erziehung in der frühen Kindheit. Bausteine zum Bildungsauftrag von Kindertageseinrichtungen. Weinheim, Basel, Berlin: Beltz Verlag. S. 103-158.

5. Ausgewählte Datenerhebungsmethoden der Kindheitsforschung

■ In der qualitativen und quantitativen Sozialforschung mit Kindern kommen verschiedene Erhebungsmethoden zum Einsatz. Quantitative Methoden werden weitaus häufiger verwendet als qualitative. Heinzel (1997) betont jedoch einen deutlichen Bezug der Kindheitsforschung zur qualitativen Methodologie. Sie begründet diese Bezogenheit mit den unterschiedlichen Perspektiven, Denk- und Handlungsweisen von Erwachsenen und Kindern. Wenn es das Ziel von Kindheitsforschung ist, der subjektiven Lebenswelt von Kindern näher zu kommen, muss „im Forschungsprozess Offenheit für die Sinn- und Regelsysteme der Kinder hergestellt werden, um diese in ‚natürlichen Situationen' mit interpretativen Mitteln erschließen zu können" (Heinzel 1997, S. 399). Von zentraler Bedeutung für den jeweiligen Ansatz und die entsprechende Methodenwahl ist das Erkenntnisinteresse der Forschenden. Die Wahl der Methode richtet sich dementsprechend nach den forschungsmethodischen Fragestellungen, wobei durchaus quantitative und qualitative Methoden sinnvoll miteinander kombiniert werden können. Die häufig geforderte Verbindung quantitativer und qualitativer Herangehensweise lässt sich vergleichsweise selten finden (vgl. Heinzel 2000). Erhebungsinstrumente werden zum Teil aus dem Methodenrepertoire der Erwachsenenforschung übertragen und kindgerecht gestaltet, aber auch eigens für Kinder und ihre Lebenswelt entwickelt.

In den letzten Jahren erfuhren die qualitativen Methoden innerhalb der Sozialforschung eine erhebliche Wiederaufwertung. Insbesondere die Erkenntnis der Unzulänglichkeit quantitativer Forschungsmethoden führte zu einer Weiterentwicklung qualitativer Befragungs- und Beobachtungsmethoden. Qualitative Methoden sind flexibel, d.h. sie passen sich dem Untersuchungsgegenstand an und nicht umgekehrt. Ihre Offenheit ermöglicht es neue, bislang unerforschte Sachverhalte zu entdecken. Da den Untersuchungspersonen keine Vorgaben vorliegen, sind eher wahre und vollständige Informationen über deren Einstellung zu erwarten. Dadurch liegt der Fokus vor allem auf den für die Teilnehmerinnen und Teilnehmern relevanten Sachverhalten. Die nicht prädeterminierte Vorgehensweise ermöglicht zudem eine hohe inhaltliche Validität. Der Informationsgehalt ist durch die offene Befragung tiefer und die Ergebnisse sind subjektiver als bei einer quantitativen Untersuchung. Als nachteilig erweisen sich jedoch der hohe Kosten- und Zeitaufwand qualitativer Methoden. Die Ausführung stellt an die Qualifikation der Forscherinnen und Forscher hohe Anforderungen. Im Vergleich zu quantitativen Methoden ist die Auswertung der Daten sehr aufwendig und aus den qualitativen Daten sind keine zahlenmäßigen Mengenangaben ableitbar.

5.1 Psychologische Testverfahren

Als Verfahren zur Messung unter standardisierten Bedingungen kommen psychologische Testverfahren in der Psychologie fast ausschließlich in der Diagnostik zum Einsatz. Die psychologische Diagnostik ist eine wissenschaftliche Disziplin, die Methoden entwickelt und anwendet, um u.a. psychologisch relevante Charakteristika von Personen herauszufinden und zu Urteilsfindungen und Entscheidungen beizutragen. Nach Lienert (1969, S. 7) ist ein psychologischer Test

> „ein wissenschaftliches Routineverfahren zur Untersuchung eines oder mehrerer empirisch abgrenzbarer Persönlichkeitsmerkmale mit dem Ziel einer möglichst quantitativen Aussage über den relativen Grad der individuellen Merkmalsausprägung."

Ziel dieser Verfahren ist es u.a. Verhaltensweisen, Einstellungen, Persönlichkeitsmerkmale, Intelligenz ebenso wie Emotionen unter standardisierten Bedingungen zu erfassen. Brickenkamp (in Brähler et al. 2002) zufolge lassen sich psychologische Testverfahren sowohl formal (z.B. Einzel- oder Gruppentests, Art der Durchführung) als auch inhaltlich klassifizieren. Er unterteilt die Verfahren in Leistungs- und Persönlichkeitstests, wobei er die persönlichkeitsbezogenen Verfahren wiederum in psychometrische Persönlichkeitstests und Persönlichkeitsentfaltungsverfahren (projektive Verfahren) gliedert.

Psychologische Leistungstests erfassen unter standardisierten Bedingungen die Leistung in einem bestimmten Bereich. Unter diesen Testformen sind Entwicklungstests, Intelligenztests, Konzentrationstests etc. zu fassen. Bekannte Beispiele für Intelligenztests bei Kindern sind:

- der Hamburg Wechsler-Intelligenztest für Kinder (HAWIK),

- der Kramer-Test.

Der **Hamburg-Wechsler-Intelligenztest für Kinder** (HAWIK) basiert auf der „Wechsler-Bellevue-Intelligence-Scale", die in den 1930er Jahren von Wechsler (1939), einem US-amerikanischen Psychologen, entwickelt wurde. Für Wechsler (1944, S. 3) ist Intelligenz, „the aggregate or global capacity of the individual to act purposefully, to think rationally and to deal effectively with his environment". Intelligenz ist demzufolge keine spezifische Fähigkeit, sondern umfasst bestimmte Teilbereiche, die der Test erfasst. Der Test ist in einen Verbal- und einen Handlungsteil untergliedert, die sich in der Durchführung jedoch miteinander mischen, um den Test abwechslungsreicher zu machen. Im Verbalteil werden u. a. allgemeines Wissen, rechnerisches Denken und der Wortschatz erhoben. Im Handlungsteil haben Kinder die Aufgabe, Bilder zu ergänzen, Figuren zu legen und einen Zahlen-Symbol-Test zu absolvieren. Der Test besteht dementsprechend aus mehreren Skalen, die verschiedene Teilaspekte erfassen, jedoch in der Auswertung Rückschlüsse auf die allgemeinen geistigen Fähigkeiten ermöglichen (Brähler et al. 2002). ■

Die Qualität eines psychologischen Testverfahrens wird anhand der Gütekriterien Validität, Objektivität und Reliabilität bestimmt. Die Validität gibt Auskunft darüber, wie gut ein Instrument das misst, was es zu messen vorgibt. Oft wird auch von der ‚Gültigkeit' eines Erhebungsverfahrens gesprochen. Objektivität liegt dann vor, wenn die Testergebnisse von der Person, die den Test durchführt, auswertet und interpretiert, unabhängig sind. Das heißt, „verschiedene Testanwender (müssen) bei denselben Personen zu den gleichen Resultaten gelangen" (Bortz/Döring 2005, S. 194). Unter der Reliabilität eines Instruments wird seine Zuverlässigkeit verstanden. Reliabilitätsüberprüfungen dienen entsprechend dazu, herauszufinden, inwieweit wiederholte Messungen eines bestimmten Objekts zu gleichen Messwerten führen. Die Höhe der Reliabilität wird durch die Stärke des Zusammenhangs der gemessenen Werte mit den tatsächlichen Werten bestimmt. Die Durchführung psychologischer Testverfahren erfordert testtheoretische Kenntnisse ebenso wie Gesprächsführungskompetenzen. Zudem ist es notwendig, die Verfahren kritisch zu reflektieren.

Im Gegensatz zu psychologischen Leistungstests spielen bei Persönlichkeitstests objektive Beurteilungen keine Rolle. Psychometrische Persönlichkeitstests erfassen Persönlichkeitseigenschaften, beschreiben emotionale und motivationale Verhaltensaspekte bzw. versuchen diese einzuschätzen. Im Rahmen der klinischen Psychologie werden sie eingesetzt, um therapeutische Interventionen besser auf die Klientinnen und Klienten abzustimmen. Zudem finden sie im Kontext von Grundlagenforschung Anwendung, wenn es darum geht, interindividuelle Persönlichkeitsunterschiede zu erfassen.

Projektive Verfahren, die ursprünglich in der klinischen Psychologie als Untersuchungsinstrumentarium zur Persönlichkeitsdiagnose Anwendung fanden, haben zum Ziel, in Form einer indirekten Befragung unterdrückte, geleugnete oder schwer ermittelbare Einstellungen der Probandin bzw. des Probanden herauszuarbeiten (vgl. Rauchfleisch 1989). In der Diagnostik finden sie Anwendung, um Auskünfte über nichtbewusste Aspekte der Persönlichkeit zu erhalten. Den Untersuchungspersonen wird dabei mehrdeutiges Reizmaterial vorgelegt, das sie dazu bringt, in unbewusster Projektion eigene unbewusste und unterdrückte Bestrebungen, Gefühle, Gedanken, Eigenschaften in abgebildete Szenen, Figuren und Gestalten oder in Worte, Sätze, Geschichten etc. hineinzulegen. Die entsprechenden Reaktionen und ihre Deutung ermöglichen dann der Forscherin bzw. dem Forscher, diese abgewehrten und verdrängten Anteile der Untersuchungspersonen zu identifizieren und zu erkennen und hieraus auf ihre Persönlichkeit (oder bestimmte Persönlichkeitszüge) zu schließen (Fisseni 1990). Projektive Erhebungsverfahren haben den Vorteil, dass sie einen besonderen Zugang zur Probandin bzw. zum Probanden schaffen, wodurch auch unterdrückte oder schwer zugängliche Einstellungen der Befragten thematisierbar sind. Zudem bietet das mehrdeutige Reizmaterial den Befragten eine nahezu unendliche Menge an Antwortmöglichkeiten. Diese Methode eignet sich vor allem für die Arbeit mit Kindern, da sie den Erhebungsprozess aktiv mitgestalten und ihre eigenen Grenzen selbst festlegen können. Als „Eisbrecher" erleichtert sie den Kindern den Interviewbeginn und bietet eine sinnvolle Alternative zu hoch strukturierten Erhebungsverfahren.

Ein möglicher Kritikpunkt an projektiven Verfahren sind die noch unzureichend standardisierten Auswertungs- und Interpretationsprozesse. Positiv gedeutet, ermöglicht diese mangelnde Standardisierung jedoch die potentielle Offenheit der Ergebnisverarbeitung. Auswertung und Interpretation können sehr eng am Erhebungsmaterial erfolgen und somit den tatsächlichen Antworten der Befragten stärker gerecht werden. Beispiele für projektive Verfahren sind der Rorschach-Test (1921) und der thematische Apperzeptions-Test von Murray und Morgan (1935) zur Erfassung von Persönlichkeitsmerkmalen und Motiven. Der Rorschach-Test des Schweizer Psychiaters Hermann Rorschach ist einer der bekanntesten und am weitesten verbreiteten psychologischen Tests zur Erfassung der Persönlichkeit, der auch heute noch vor allem im Rahmen klinischer Diagnostik angewandt wird. Die Untersuchungspersonen werden dazu aufgefordert, Tintenklecksmuster zu deuten. Bereits während der Durchführung achtet der Versuchsleiter bzw. die Versuchsleiterin auf den Umgang der Testperson mit dem Material, seine Äußerungen und Reaktionen.

Der **Picture-Frustration-Test für Kinder** (PFT) basiert auf der 1945 entwickelten Picture-Association Method von Rosenzweig. Es handelt sich dabei um ein projektives Verfahren zur Erhebung von Frustrationstoleranz und sozialen Einstellungen von Kindern im Alter von sieben bis 14 Jahren. Zunächst als Forschungsinstrument entwickelt, fand es später in der klinischen Psychologie zunehmend

Einsatz als Diagnostikum. Der Test umfasst 24 skizzenartige Situationen, die jeweils zwei Akteure zeigt. Ein Akteur spricht eine weitere Person (ein Kind) an und lässt durch eine offene Sprechfahne schriftlich oder verbal reaktive Stellungnahmen des untersuchten Kindes zu. ■

Die Anwendung von Testverfahren bei unterschiedlichen Altersgruppen erfordert entwicklungs- und altersbezogene Normwerte und Interpretationsrichtlinien (Zimmermann 1994). In der Forschung mit Kindern werden sie überwiegend für entwicklungspsychologische Fragestellungen verwendet. Psychologische Tests werden vor allem wegen ethischer Bedenken und dem Vorwurf der Erwachsenenzentriertheit kritisiert (Heinzel 2000). Zudem wird ihnen durch die standardisierten Untersuchungsdurchführungen ein nur geringer Bezug zur individuellen kindlichen Lebenswelt unterstellt. Trotz dieser Kritik kommen sie in der Kindheitsforschung breit zur Anwendung und eignen sich vor allem in der Kombination mit anderen Erhebungsverfahren.

5.2 Standardisierte Befragungen

Standardisierte Befragungen sind als Erhebungsinstrumente weit verbreitet und haben vor allem in der Sozialforschung eine lange Tradition. Formen standardisierter Befragungen sind z. B. persönliche, telefonische bzw. computergestützte Befragungen. Sie zeichnen sich insbesondere durch festgelegte Fragen, klare Strukturierungen und häufig durch bereits entsprechende Antwortvorgaben aus. Standardisierte Verfahren eignen sich zur Untersuchung großer Stichproben und können demzufolge zu repräsentativen Ergebnissen führen. Zudem zeichnet sich diese Untersuchungsform durch kleine Kosten und einen geringeren Zeitaufwand aus. Im Gegensatz zu qualitativen Erhebungsverfahren besteht jedoch kaum Offenheit für individuelle Aussagen und spezifische Ausdrucksmöglichkeiten der befragten Personen. Standardisierte Erhebungen haben innerhalb der Forschung mit Kindern einen großen Stellenwert. Dabei kommen vor allem standardisierte Fragebögen zum Einsatz.

Innerhalb der Kindheitsforschung wurden standardisierte Erhebungsverfahren lange Zeit vor allem im entwicklungspsychologischen und pädagogischen Kontext eingesetzt. Jedoch erst seit etwa Ende der 1970er Jahre werden zunehmend Kinder selbst zu ihren Lebensbedingungen, Bedürfnissen und Erfahrungen befragt. Erst seit dieser Zeit kommen nicht ausschließlich Eltern oder andere Erziehungspersonen hinsichtlich der Lebenswirklichkeiten der Kinder als Auskunftspersonen zu Wort. Einen Grund für diesen veränderten Zugang sieht Zinnecker (1996) vor allem in der sich verändernden Sichtweise auf Kinder als gesellschaftliche Mitglieder. Auskünfte und Informationen „von" und nicht „über" Kinder werden zum Interessensschwerpunkt.

Kränzl-Nagl und Wilk (2000) stellen vor allem in den letzten Jahren eine Zunahme standardisierter Befragungen von Kindern im Rahmen repräsentativ angelegter Surveystudien fest. Diese können vor allem quantitative Aussagen zur sozialen Lage der Kinder und ihrer Familien geben.

Bereits 1985 befragte Lang (1985) neben Eltern auch deren Kinder zu ihren Lebensbedingungen und zu ihrer Lebensqualität. Sie befragte Mädchen und Jungen zu ihren Sichtweisen und stellte fest, dass Familie, Kindergarten und Schule für die subjektiv empfundene Lebensqualität der Befragten entscheidend sind, während ihr Wohnumfeld eine geringere Rolle dafür spielt.

Standardisierte Befragungen zielen darauf ab, vergleichbare Daten hervorzubringen. Noch immer wird davon ausgegangen, dass Kinder unter sechs Jahren aufgrund ihrer sprachlichen Entwicklung bzw. mangelnder sprachlicher Kompetenzen nicht befragt werden können. Werden Informationen über jüngere Kinder erhoben, werden Eltern oder weitere Bezugspersonen zur kindlichen Lebenssituation oder zum Verhalten der Kinder befragt. Standardisierte Methoden sind in ihrer Anwendung für Kinder unter sechs Jahren problematisch, wobei Verfahren, die sich explizit am Kind orientieren, auch schon in diesem Alter angewandt werden können. Werden ältere Kinder in standardisierter Form befragt, ist eine kindgerechte Abwandlung ebenfalls notwendig. Antwortkategorien müssen eindeutig sein und Inhalte entsprechend des Alters der Kinder vereinfacht werden. Zudem sollten die Skaleneinteilungen z.B. durch Motive oder Symbole ersetzt werden, die von den Kindern eindeutig verstanden werden. Standardisierte schriftliche Befragungen sind im Rahmen von Kindheitsforschung jedoch nur begrenzt einsetzbar. Vor allem Kinder mit Lernschwierigkeiten können beim Ausfüllen von Fragebögen Probleme haben.

Generell wird in Hinblick auf standardisierte Befragungen die Verlässlichkeit kindlicher Angaben z.B. bezogen auf statistische Angaben diskutiert. Lang und Breuer (1985) stellten jedoch fest, dass die Angaben acht- bis zehnjähriger Kinder zum Beruf des Vaters mit den Aussagen der Eltern übereinstimmten. Die gelieferten Daten der Kinder waren dementsprechend zuverlässig. Dennoch werden viele Untersuchungen mit Kindern durch Elternbefragungen ergänzt.

Standardisierte Befragungen mit Kindern finden oft entweder im Rahmen persönlicher Gespräche statt, wobei die Forschenden die Antworten in den Fragebogen übertragen (Zinnecker/Silbereisen 1996) oder Kinder den Fragebogen eigenständig ausfüllen (Büchner et al. 1996). Standardisierte Befragungen kommen im Kontext von Längsschnittstudien zum Einsatz, bei denen Personen zu unterschiedlichen Zeitpunkten wiederholt untersucht werden. Auf diese Weise sind altersbezogene Veränderungen z.B. in Einstellungen, Denk- und Handlungsmustern zu erkennen. Zudem werden standardisierte Methoden in Querschnittsuntersuchungen angewandt, wenn Kinder unterschiedlicher Altersgruppen einmalig befragt werden. Bei beiden Untersuchungsanlagen treten Probleme der Messäquivalenz auf. Bestimmte Begriffe können für Kinder unterschiedlichen Alters mannigfache Bedeutungen haben. Verschiedene alterbezogene Begrifflichkeiten sind in der Regel besser geeignet, um eine Vergleichbarkeit der Erhebungen zu ermöglichen. Längsschnittuntersuchungen bieten vor allem im entwicklungspsychologischen Kontext eine bedeutende Möglichkeit, entwicklungsbezogene Veränderungen über die Zeit zu erfassen.

Forschungsbeispiele für standardisierte Befragungen

Die Dresdner Kinderstudien

Im Jahr 2000 wurden mit der repräsentativen Dresdner Kinderstudie (Lenz et al. 2000), die fünf Jahre später wiederholt wurde, Daten vorgelegt, die Auskunft darüber geben, wie Mädchen und Jungen, die zum Erhebungszeitpunkt zwischen acht und 15 Jahre alt waren, ihr Leben in Dresden erfahren, erleben und bewerten. Zielstellung beider Untersuchungen war es aufzuzeigen, wie zufrieden die untersuchten Kinder mit ihrem Leben sind. Dazu wurden ihnen verschiedene Fragen gestellt, u. a. zu ihrem Selbstkonzept (sehen sich die befragten Mädchen und Jungen als Kinder oder eher als Jugendliche), zu Familie, Schule, Freizeit und Freizeitverhalten, zu finanziellen Ressourcen, aber auch zu sozialen Problemen, wie Arbeitslosigkeit der Eltern oder eigenen Gewalterfahrungen im sozialen Nahbereich. Zentrales Anliegen und damit großer Verdienst dieser Studie ist es, die Sicht der Kinder auf ihr Leben einzufangen und abzubilden.

■ Forschungsdesign

Die Befragung wurde im Klassenverband durchgeführt, was zum einen ökonomische Vorteile, wie geringe Kosten und Zeit, beinhaltete und zum anderen auch darauf fokussierte, vor allem jüngere Kinder bei der Arbeit mit dem Erhebungsinstrument unterstützen zu können. Die Forschungsgruppe setzte zwei unterschiedliche Fragebögen ein: für die jüngeren Kinder der dritten bis fünften Klasse eine kürzere, für die älteren Schülerinnen und Schüler der sechsten bis neunten Klassenstufen eine ausführlichere Version.

Die Stichprobenauswahl erfolgte nach dem Zufallsprinzip. Die betreffenden Schulklassen wurden, differenziert nach Ortsamtsbereichen und Schularten (Grundschule, Mittelschule, Gymnasium) mittels Losverfahren ausgewählt. Sowohl Schulleitung als auch Klassenlehrerinnen und Klassenlehrer wurden vom Erhebungsteam über Anliegen und Durchführung der Studie in persönlichen Gesprächen informiert. Die Eltern der betreffenden Kinder wurden durch einen Elternbrief über die Erhebung aufgeklärt und konnten letztendlich darüber entscheiden, ob ihr Kind teilnehmen darf oder nicht.

Von Oktober 1999 bis Dezember 1999 wurde die Erhebung in den Schulen durchgeführt. Jeweils zwei Personen bildeten ein Interviewteam und führten die Befragungen in den jeweiligen Klassen durch. Sowohl die Vorbereitung als auch die Durchführung wurde von den Befragungsteams in Form von Feldnotizen dokumentiert.

■ Die wichtigsten Ergebnisse

Die Ergebnisse zeigen u. a., dass die meisten der Befragten bei ihren leiblichen Eltern wohnen, 13 % in Einelternfamilien und 11 % in Stieffamilien leben, 72 % wohnen mit Geschwistern zusammen. Eltern, Freundinnen und Freunde sind für die Mädchen und Jungen zentrale Personen innerhalb ihres sozialen Netzwerks, mit denen sie auch über Probleme reden können. Mit steigendem Alter wird der Freundeskreis immer wichtiger. Viele Kinder sind in ein eher ausgeprägtes gemeinsames Familienleben eingebunden, dass sich durch gemeinsame Freizeitaktivitäten und ein umfangreiches Maß an kindlicher Partizipation auszeichnet. Je älter das Kind wird, desto geringer werden jedoch die gemeinsamen familiären Aktivitäten. Ein weiteres wesentliches Ergebnis verweist allerdings auch auf zum Teil prekäre ökonomische familiale Verhältnisse, in denen Dresdner Kinder leben, da immerhin jedes zehnte Kind von der Arbeitslosigkeit der Eltern betroffen ist.

Abbildung 6 stellt einen Ausschnitt aus dem Fragebogen der Zweiten Dresdner Kinderstudie (Lenz/Fücker et al. 2005) dar. Es handelt sich dabei um die Version des Fragebogens für die Kinder der dritten bis fünften Klassen.

Abbildung 6: Fragebogenauszug aus der 2. Dresdner Kinderstudie (Lenz/Fücker et al. 2005)

13. **Mit wem wohnst du zusammen?** (*Mehrere Antworten sind möglich!*)
   - ☐ Vater
   - ☐ Mutter
   - ☐ Stiefvater/Lebenspartner der Mutter
   - ☐ Stiefmutter/Lebenspartnerin des Vaters
   - ☐ Andere Personen (*Bitte nennen!*)
   - ☐ Geschwister
   - ☐ Großvater
   - ☐ Großmutter
   - ☐ Wohne im Heim

14. **Hast du ein eigenes Zimmer?**
   - ☐ Ja, für mich alleine
   - ☐ Ja, mit meiner Schwester/meinem Bruder zusammen
   - ☐ Nein

15. **Besitzt deine Familie ein Auto?**

☐ Nein ☐ Ja, 1 Auto ☐ Ja, 2 oder mehr Autos

16. **Wie häufig bist du mit deiner Familie in den letzten 12 Monaten in den Urlaub gefahren?**

☐ Überhaupt nicht ☐ Einmal ☐ Zweimal ☐ Mehr als zweimal

17. **Wie viele Computer besitzt deine Familie insgesamt?**
(Als Computer zählen auch Notebooks, aber keine Spielkonsolen.)

☐ Keinen ☐ Einen ☐ Zwei ☐ Mehr als zwei

18. **Wie viele Bücher gibt es ungefähr bei dir zu Hause?**
(Zähle keine Zeitschriften, Zeitungen oder Schulbücher mit.)

☐ Keine oder nur wenige (0 bis 10 Bücher)
☐ Etwa ein Bücherbrett (11 bis 24 Bücher)
☐ Etwa ein Regal (25 bis 100 Bücher)
☐ Etwa zwei Regale (101 bis 200 Bücher)
☐ Drei oder mehr Regale (mehr als 200 Bücher)

Das Kinderpanel des Deutschen Jugendinstituts (DJI)

Diese Längsschnittstudie, welche zwischen 2001 bis 2006 durchgeführt wurde, ging der Frage nach, wie Kinder heute in Deutschland, vor dem Hintergrund des gesellschaftlichen Wandels, der Auswirkungen auf ökonomische und familiale Strukturen hat, aufwachsen. Erforscht wurde, wie Lebenslagen als auch Lebensbedingungen auf die Persönlichkeitsentwicklung von Mädchen und Jungen wirken. Auch institutionelle Einflüsse, wie die von Kindertageseinrichtungen und Grundschulen, wurden in der Untersuchung berücksichtigt.

Forschungsleitend waren u. a. folgende Fragestellungen:

„Was fördert, was gefährdet Kinder in ihrer psychosozialen Entwicklung? Welche Schutz- und Risikofaktoren sind für die Kompetenzentwicklung von Kindern von Bedeutung? In welchen Entwicklungskontexten gelingt es ihnen, Anforderungen und Belastungen in ihrem Alltag konstruktiv zu bewältigen und eigene Interessen zu realisieren? Unter welchen Voraussetzungen entwickeln sie die Fähigkeiten, soziale Beziehungen aufzubauen und aufrecht zu erhalten, sich in Gruppen zu orientieren und zu positionieren, gemeinsam mit anderen Probleme zu lösen und Konflikte zu bewältigen, soziale Unterstützung zu geben oder zu nutzen? Welche Konstellationen bergen die Gefahr, dass Kinder in ihrer persönlichen und sozialen Entwicklung (z.B. Schulerfolg, persönliche Interessenvertretung) eingeschränkt werden oder Problemverhalten entwickeln (z.B. Aggressivität, Krankheiten, abweichendes Verhalten)?" (Alt 2005, S. 12)

Mittels standardisierter Erhebungsinstrumente wurden folgende Untersuchungsgruppen mündlich und schriftlich befragt:

■ Kinder, die zum Erhebungszeitpunkt einen Kindergarten besuchten,

■ Kinder, die sich zum Erhebungszeitpunkt in der Grundschule befanden und

■ Mütter und Väter.

Themen der Befragung waren neben soziodemographischen Aspekten u. a.

■ familiale Hintergründe (Struktur, Personen etc.),

■ erzieherische Ziele,

■ Infrastruktur (Wohnumfeld),

■ Gesundheit,

■ Probleme und Konflikte in der Familie,

■ Verhalten bei Problemen und Konflikten,

■ Interessen des Kindes,

■ soziale Kontakte des Kindes sowie

■ institutionelle Betreuung, Bildung und Erziehung des Kindes.

Die Befragungen fanden in drei Zeiträumen statt: in den Jahren 2002, 2004 und 2005. Der dritte Befragungszeitraum umfasste eine Stichprobe von 1293 Müttern, 1293 Kindern, die zwischen acht und 13 Jahren alt waren, und 720 Vätern. Vorgestellt wird der Fragebogen der dritten Erhebungswelle, der für elf- bis 13-jährige Kinder konzipiert wurde (→ Abb. 7).

Standardisierte Verfahren sind innerhalb der Kindheitsforschung von großer Bedeutung für die Erforschung von Einstellungen größerer Gruppen und für die Erkenntniserweiterung bezüglich bestimmter Merkmale z. B. im sozialstrukturellen Kontext. Kritisch anzumerken ist jedoch, dass ihnen die Offenheit qualitativer Erhebungsinstrumente fehlt, um die kindlichen Ausdrucksformen und Regelsysteme konkret und individuumsbezogen zu erfassen. Entsprechend notwendig ist es auch in der Kindheitsforschung quantitative und qualitative Forschungsmethoden komplementär einzusetzen. Ihre unterschiedlichen Zugangsweisen zur kindlichen Erlebniswelt können, miteinander verknüpft, ein umfassenderes Bild über die kindlichen Lebenswirklichkeiten geben.

Abbildung 7: Fragebogenauszug aus dem Kinder-Panel des DJI (2005)

Nr.		K 2	Weiter mit
1002. (*)	Zu Anfang sage mir bitte (noch einmal) wie du heißt. ☞ *Übereinstimmung mit dem Namen der Zielperson prüfen!* _____ 12-51		
1003. (*)	Ich lese dir nun ein paar Sätze vor, mit denen man sich selbst beschreiben kann. Bitte sage mir jeweils, ob das auf dich zutrifft. ☞ *Liste 1003 vorlegen!* ☞ *Vorgaben nacheinander vorlesen!*		

	Ja 1	Eher ja 2	Eher nein 3	Nein 4	
• Ich bin gern mit anderen zusammen	☐	☐	☐	☐	52
• Ich raufe gern	☐	☐	☐	☐	53
• Ich finde mich o.k.	☐	☐	☐	☐	54
• Ich bin durch nichts abzulenken, wenn ich mit etwas angefangen habe	☐	☐	☐	☐	55
• Ich habe Spaß, andere zu ärgern	☐	☐	☐	☐	56
• Ich merke, wenn es meinem Freund oder meiner Freundin schlecht geht	☐	☐	☐	☐	57
• Ich bin manchmal ängstlich	☐	☐	☐	☐	58
• Ich lache gern	☐	☐	☐	☐	59
• Ich falle gelegentlich anderen auf die Nerven	☐	☐	☐	☐	60
• Ich bin manchmal traurig	☐	☐	☐	☐	61
• Ich bin stolz auf das, was ich geschafft habe .	☐	☐	☐	☐	62
• Ich fühle mich manchmal allein.................	☐	☐	☐	☐	63
• Ich bin meist gut gelaunt......................	☐	☐	☐	☐	64
• Ich bin zappelig...............................	☐	☐	☐	☐	65
• Ich habe viele Ideen	☐	☐	☐	☐	66

5.3 Beobachtungsverfahren

Im Gegensatz zur Alltagsbeobachtung kennzeichnet die wissenschaftliche Beobachtung eine bestimmte Zielorientierung und methodische Vorgaben.

„Die Beobachtung als wissenschaftliche Methode verfolgt ein klar umrissenes, bewusst begrenztes und theoretisch begründetes Untersuchungsziel." (Martin/Wawrinowski 1993, S. 31)

Mit Gelegenheitsbeobachtung ist spontane Beobachtung gemeint. Diese zeichnet sich dadurch aus, dass Personen, Situationen, Interaktionen unvermittelt und zufällig beobachtet werden. Konträr steht dazu die systematische bzw. geplante Beobachtung, deren Zugang zum Beobachtungsfeld sich durch einen forschungstheoretischen und -methodischen Zuschnitt auszeichnet.

Beobachtungen können standardisiert oder nicht-standardisiert sein. Bei standardisierten Verfahren liegt ein präzises Beobachtungsschema mit eindeutigen Handlungsvorgaben vor. Diese Erhebungen sind tendenziell geschlossen und lassen wenig Spielraum für zusätzliche Informationen. Nicht-standardisierte Verfahren kommen in der Regel ohne stark strukturierte Schemata aus und sind durch eine tendenzielle Offenheit gekennzeichnet, die jede Beobachtungssituation zu einem individuellen Ereignis macht.

Zudem können Beobachtungen teilnehmend oder nicht-teilnehmend sein. Während bei der teilnehmenden Beobachtung die forschende Person auch Interaktionspartner ist, agiert sie bei der nicht-teilnehmenden Beobachtungsform lediglich als Protokollant. Die Bezeichnung nicht-teilnehmende Beobachtung ist zum Teil irreführend, da selbst die passive Teilnahme in der Regel mit Nicht-Teilnahme gleichgesetzt wird. Auch wenn die Unterteilung in teilnehmend bzw. nicht-teilnehmend im wissenschaftlichen Kontext verwendet wird, erscheint es sinnvoller von aktiv- oder passiv-teilnehmender Beobachtung zu sprechen. Auch bei der passiv-teilnehmenden Beobachtung sind Beobachtende Teil der Beobachtungssituation. Sie treten dabei nicht mit den zu Beobachtenden in Interaktion, allein ihre Anwesenheit kann jedoch Einfluss auf das Verhalten der Beobachteten nehmen. Die aktiv-teilnehmende Beobachtung kann diesen Beobachtereffekt verringern. Diese Form der Beobachtung lässt allerdings keine zeitgleiche Protokollierung des Wahrgenommenen zu, sondern ermöglicht lediglich eine Art Gedächtnisprotokoll im Anschluss an die Untersuchungssituation (ebd.).

Weiterhin wird zwischen technisch-vermittelter und unvermittelter Beobachtung differenziert (Schölmerich et al. 2003). Technisch-vermittelte Beobachtung heißt, dass Beobachtungssituationen mittels Technik aufgezeichnet werden, z. B. durch Video. Anschließend wird das filmische Material ausgewertet. Vorteil dabei ist, dass Beobachtungssequenzen mehrmals angesehen werden können und die Auswertung dadurch eine höhere Qualität erhält. Die unvermittelte Beobachtung wird im Gegensatz dazu sofort schriftlich festgehalten. Das hat den Effekt, dass Beobachtungen und Kontexteinflüsse umgehend protokolliert werden müssen, damit diese der Beobachterin bzw. dem Beobachter als Informationen nicht verloren gehen.

Eine weitere Unterscheidungsform bezieht sich auf das Wissen der beobachteten Personen um ihre Situation selbst. Eine Beobachtung kann offen oder verdeckt stattfinden. Jedoch muss bei verdeckten Beobachtungen immer auch die Frage nach der wissenschaftlichen Vertretbarkeit gestellt werden.

Beobachtungen können in künstlichen, extra dafür geschaffenen (Laborsituation) oder natürlichen Situationen (Feldsituation) (z. B. in der Lebenswelt des Probanden bzw. der Probandin) stattfinden. Vorteil von Beobachtungen unter Laborbedingungen ist, dass Rahmenbedingungen, Einflüsse und mögliche Fehlerquellen relativ gut kontrolliert werden können. Der Nachteil liegt jedoch darin, dass die Beobachtung den wichtigen Bezug zur Lebenswirklichkeit der Untersuchungsperson verliert und dementsprechend entkontextualisiert stattfindet.

Zudem existiert die Unterscheidung in Fremd- und Selbstbeobachtung, wobei in den Sozialwissenschaften die Fremdbeobachtung zentral ist. Mit Selbstbeobachtung wird darauf fokussiert, eigene personale Vorgänge festzuhalten. Währenddessen zielt Fremdbeobachtung darauf ab, das Verhalten anderer Menschen mittels Beobachtung zu erfassen.

Beobachtungen können sich hinsichtlich der Dauer, des Zeitraums oder der Verlaufsform unterscheiden. Sie können als Kurzzeitbeobachtung, Langzeitbeobachtung oder Dauerbeobachtung bzw. als kontinuierliche oder diskontinuierliche Beobachtung angelegt sein.

Von direkter Beobachtung wird gesprochen, wenn technische Hilfsmittel, wie Videokamera oder Fotoapparat, eingesetzt werden, aber auch, wenn eine Beobachtungsperson während des Beobachtungsprozesses anwesend ist. Die indirekte Beobachtung zielt stattdessen auf die Auswertung und Analyse von „Verhaltensspuren", die sich z. B. durch die Auswertung von Gegenständen oder Zeichnungen aufdecken lassen.

Differenziert wird auch zwischen Einzelfallbeobachtungen und Gruppenbeobachtungen. Werden einzelne Personen bzw. eine definierte Untersuchungseinheit (z. B. eine Familie oder eine Institution) beobachtet, handelt es sich um eine Einzelfallbeobachtung, da es um die Beobachtung individueller Prozesse und Verläufe geht. Eine Gruppenbeobachtung hingegen zielt darauf ab, Strukturen, Dynamiken, Interaktionen und komplexe Situationen innerhalb der Gruppe zu erfassen.

Da Beobachtung auf der Fähigkeit zur sozialen Wahrnehmung basiert und Wahrnehmung ein äußerst subjektiver Prozess ist, in welchem die Individuen unterschiedliche kognitive Deutungsschemata und Erklärungsmuster für sozial Wahrgenommenes entwickeln (Martin/Wawrinowski 1993), kann das Beobachterverhalten von Fehlerquellen beeinflusst werden. In Abbildung 8 sind die häufigsten Beobachtungsfehler aufgezeigt.

Abbildung 8: Mögliche Beobachtungsfehler
(Arbeitsgruppe zur Erstellung des Online-Trainings
im Programm PiK-Profis in Kitas, Standort Dresden 2007)

Aggravitations-Effekt	Benennbare Beobachtungen erfahren eine verstärkte Wirkung.
Ermüdung	Im Verlauf der Beobachtung nimmt die Aufmerksamkeit unbemerkt ab.
Erwartungseffekt/ Selbst erfüllende Prophezeiung	Die Beobachtungsperson neigt dazu, Situationen entsprechend ihrer Erwartungen zu bewerten, und zur Beobachtungsauslese in die erwartete Richtung.
Extremscheu/Tendenz zur Mitte-Effekt	Die Beobachtungsperson neigt dazu, Extremwerte zu vermeiden.
Halo-Effekt	Ein einziges Merkmal überstrahlt („Halo") alle anderen beobachtbaren Merkmale und verfälscht so den Gesamteindruck.
Kontrast-Effekt	Die Beobachtung eines Kindes kann durch eine vorangegangene Beobachtung eines anderen Kindes beeinflusst werden.
Logische Fehler	Man nimmt an, dass Zusammenhänge zwischen bestimmten Eigenschaften bestehen.
Milde-Effekt/ Distanzverlust	Die Beobachtungsperson neigt aufgrund von Sympathie zu positiven Urteilen.
Strenge-Effekt	Die Beobachtungsperson neigt aufgrund negativer Vorerfahrungen zu besonders kritischen Urteilen.
Primacy-Effect, Recency-Effect	Anfangs- und Schlussbeobachtung beeinflussen das Gesamturteil im stärkeren Maße als Beobachtungsszenen im mittleren Teil.
Projektion und Kontrastfehler	Deutungen, die auf eigenen Problemen basieren, werden in die Beobachtungssequenz projiziert.
Subjektivismus	Die Beobachtung wird durch die Persönlichkeit der Beobachtungsperson beeinflusst.
Typisierung	Das beobachtete Kind wird einem bestimmten Typ zugeordnet. Somit werden spezifische Verhaltensweisen erwartet.
Voreiligkeit	Schnelle Deutungen verhindern bei folgenden abweichenden Beurteilungen das Revidieren eines Urteils.

Anhand der beiden Dimensionen standardisiert/nicht-standardisiert und teilnehmend/nicht-teilnehmend lassen sich Beobachtungsverfahren tendenziell den qualitativen oder quantitativen Datenerhebungstechniken zuordnen. Die Kombination teilnehmend/nicht strukturiert (oder gering strukturiert) kennzeichnet die qualitative Beobachtung, während in der quantitativen Sozialforschung überwiegend strukturierte Beobachtungen mit einem Erhebungsinstrument angewandt werden. Grundgedanke der qualitativen Beobachtung ist, dass Forschende die Nähe zum Untersuchungsgegenstand suchen, um die Innenperspektive des Beobachtungsobjektes erschließen zu können.

Im Gegensatz zu vielen anderen Erhebungsmethoden sind Beobachtungsverfahren nicht an ein Mindestalter der Untersuchungspersonen gebunden und lassen sich bereits bei Säuglingen und Kleinkindern anwenden (vgl. Oswald/ Krappmann 1991, Beck/Scholz 2000). Beobachtungen sind nicht abhängig von den sprachlichen Fähigkeiten der Probandinnen und Probanden und können auch nonverbale Signale erfassen, die bei anderen Erhebungsmethoden nahezu unbeachtet bleiben. Die Anwesenheit einer beobachtenden Person kann jedoch, vor allem in Laborsituationen, Auswirkungen auf das Verhalten der Kinder haben. Das kann dazu führen, dass Kinder nicht wie gewohnt agieren, sondern sich sozial angepasst und erwünscht verhalten. Auch die Protokollierung der Kindesbeobachtungen durch eine erwachsene Person birgt die Gefahr von Verfälschungstendenzen. Die selektive Wahrnehmung der Forscherinnen und Forscher, deren eigene Erfahrungen mit Kindern und Erwartungen an Kinder spielen dabei eine zentrale Rolle. Erläuterungen im Vorfeld, Beobachtungstraining und technische Aufzeichnungen können diese Verzerrungseffekte jedoch verringern. Für Beobachtungen kindlichen Verhaltens in ihrer Lebenswelt eignen sich Heimlich (2001) zufolge besonders gut Spielsituationen, da sich im kindlichen Spielverhalten ihre eigene Lebenswirklichkeit widerspiegelt und Kinder in diesen Situationen die Anwesenheit von beobachtenden Personen besser ignorieren können.

In der Kindheitsforschung kommen Beobachtungsverfahren als alleinige Methode nur selten vor. Sie werden jedoch oft in Ergänzung zu anderen Erhebungsverfahren eingesetzt. Vor allem die Methode der teilnehmenden Beobachtung wird in der Regel kombiniert mit anderen Forschungsmethoden eingesetzt. Es handelt sich dabei um einen Zugang, der sich den Bedingungen des Untersuchungsfeldes anpasst und integriert damit einen ethnographischen, erkundenden Ansatz. Eine weitere Möglichkeit, um Verfälschungstendenzen zu vermeiden, ist die Aufzeichnung der Aussagen der Kinder per Tonband oder Video. Eine Auswertung im Team kann unter Rückbezug auf diese Materialien einseitige Interpretationen verhindern.

Um den Untersuchungsgegenstand näher bestimmen und konkretisieren zu können, empfehlen Schölmerich et al. (2003, S. 617) diesen durch gezielte Fragen einzugrenzen.

Welche Personen werden beobachtet (Personenstichprobe definieren)?

Welches Verhalten wird beobachtet (Verhaltensstichprobe definieren)?

Wann und wie lange wird beobachtet (Zeitstichprobe definieren)?

In welchen Situationen wird beobachtet (Situationsstichprobe definieren)?

Forschungsbeispiel für die Methode Beobachtung

Der britische Kinderpsychiater und Psychoanalytiker John Bowlby (1969) beschäftigte sich ab Ende der 1940er Jahre, von den Ergebnissen der Hospitalismusforschung ausgehend, mit den Beziehungen zwischen Kleinkindern und ihren primären Bezugspersonen. Er stellte die Frage, was passiert, wenn Kinder von den Eltern getrennt werden, und nahm an, dass das Bedürfnis nach emotionaler Sicherheit in zwischenmenschlichen Beziehungen angeboren sei. Er beschrieb einen Zusammenhang zwischen Bindungssicherheit und psychischer Gesundheit. Bowlby gilt anhand seiner theoretischen Auseinandersetzung als Begründer der Bindungstheorie. Mary Ainsworth arbeitete in Bowlbys Sinne weiter und entwickelte den Strange-Situation-Test, um die Bindungsqualität bei Kleinkindern zu untersuchen. Dieser Test (Ainsworth, Wittig 1969) gilt als eine der bekanntesten standardisierten Beobachtungsstudien im Bereich der Kleinkindforschung. Dabei beobachtete sie und ihr Team Mutter-Kind-Interaktionen unter Laborbedingungen und analysierten das Feingefühl der Mutter für die Bedürfnisse ihres Kindes. Mit dem Strange-Situation-Test wird geprüft, wie das zirka einjährige Kind auf eine zweimalige kurze Trennung von der Mutter und spätere Wiederbegegnung mit ihr reagiert. Die Kleinkinder befanden sich dabei in einem für sie untypischen Raum, konnten aber ihren gewohnten Tätigkeiten (Spielen) nachgehen.

Ablauf des Strange-Situation-Tests (nach Ainsworth et al. 1978): Wie reagieren einjährige Kinder auf kurze Trennungen von der Mutter?

Der Test verläuft in mehreren aufeinanderfolgenden, zirka dreiminütigen Sequenzen.

1. Sequenz:
Zu Beginn des Strange-Situation-Tests zeigt die Versuchsleiterin Mutter und Kind den Versuchsraum. Die Versuchsleiterin verlässt anschließend den Raum.

2. Sequenz:
Mutter und Kind sind allein im Raum. Das Kind erkundet den Raum. Die Mutter interagiert mit ihrem Kind und bringt es zum Alleinspiel.

3. Sequenz:
Eine fremde Person betritt den Raum, spricht mit der Mutter und anschließend mit dem Kind. Währenddessen verlässt die Mutter den Raum.

4. Sequenz:
Die fremde Person und das Kind sind alleine im Raum. Die fremde Person nimmt Kontakt zu dem Kind auf.

5. Sequenz:
Die Mutter betritt und die fremde Person verlässt den Raum. Es

kommt zu einer ersten Wiedervereinigung zwischen Mutter und Kind. Die Mutter begrüßt ihr Kind und spielt mit ihm.

6. Sequenz:
Die Mutter verabschiedet sich von ihrem Kind und verlässt wieder den Raum. Das Kind bleibt allein.

7. Sequenz:
Die fremde Person betritt wieder den Raum und interagiert mit dem Kind.

8. Sequenz:
Die Mutter betritt und die fremde Person verlässt wieder den Raum.

Der Untersuchungsverlauf wurde durch eine Einwegscheibe beobachtet, gefilmt und die Sequenzen anschließend ausgewertet. Anhand der Ergebnisse wurde ein Klassifikationssystem erstellt, das Auskunft über die Qualität der Bindung gibt und beschreibt, welche Bindungsmuster beobachtet wurden (→ Abb. 9).

Abbildung 9: Bindungsstile (nach Ainsworth et al. 1978)

Gruppe A	**Gruppe B**	**Gruppe C**
„unsicher-vermeidende Bindung"	„sichere Bindung"	„unsicher-ambivalente Bindung"
Verhalten der Kinder in der „strange situation":	Verhalten der Kinder in der „strange situation":	Verhalten der Kinder in der „strange situation":
▪ zeigen bei Trennung nur kurz Kummer, ▪ ist die Mutter weg, ist kein Kummer beobachtbar, ▪ kommt die Mutter zurück, nimmt das Kind keinen Kontakt zu ihr auf bzw. interagiert mit ihr, ▪ Kind sucht keine Nähe zu ihr, ▪ Kind spielt meist weiter, ▪ Kind vermeidet Kontakt zur Mutter, zeigt aber keine Gegenwehr, wenn Mutter Kind z. B. hochhebt, ▪ Kind zeigt wenig Emotionen, ▪ fremde Person wird ähnlich wie Mutter behandelt	▪ Kind spielt gern mit den vorhandenen Materialien, ▪ Kind ist bei Trennung von Mutter beunruhigt und weint, ▪ kommt Mutter zurück, zeigt Kind Freude und Erleichterung, Kind begrüßt Mutter freudig, ▪ Kind sucht aktiv Nähe zur Mutter, ▪ Kind ist interessierter an Kontakt mit Mutter als mit fremder Person	▪ Kind ist beunruhigt und weint bei Trennung von Mutter, ▪ Kind will nicht mehr spielen, ▪ Kind zeigt bei Rückkehr der Mutter ambivalente Gefühle: mal freut es sich, mal freut es sich nicht, sucht mal Nähe, mal sucht es keine Nähe zu ihr, ▪ zum Teil wird deutlicher Widerstand des Kindes gegen Kontakt und Nähe zur Mutter beobachtet: Kind quengelt dann oder wendet sich von Mutter ab, ▪ Kind ignoriert Mutter bei Rückkehr allerdings nicht

Mit den Ergebnissen ihrer Beobachtungsstudie haben Ainsworth et al. die Theorie John Bowlbys bestätigt und konnten nachweisen, dass Bindung (attachment) ein Prozess ist, der auf reziproken und feinfühligen Interaktionen zwischen miteinander vertrauten Personen beruht und ein Grundbedürfnis eines jeden Individuums ist. Später wurde ein vierter Bindungsstil (Gruppe D) beschrieben. Kennzeichnend für dieses Bindungsmuster sind Verhaltensweisen, die auf einen desorientierten, desorganisierten Bindungsstil des Kindes verweisen. Obwohl das Kind prinzipiell Bindungsverhalten zeigt, wurden weitere, unterschiedlich ausgeprägte, auffällige kindliche Verhaltensweisen beobachtet, die allerdings den o. g. drei Bindungsmustern nicht zugeordnet werden konnten. Vermutet wird, dass diese Kinder zwischen mehreren Bindungsmustern schwanken, Ängste haben, emotional belastet sind und deshalb Verhaltensauffälligkeiten entwickeln können (Hédervári 1995).

Übersicht über Beobachtungsverfahren

Die folgende Übersicht (→ Abb. 10) gibt einen Einblick in ausgewählte Beobachtungsinstrumente der Entwicklungspsychologie und Pädagogik. Diese Beobachtungsverfahren dienen der Erfassung und Analyse kindlicher Entwicklung und beziehen sich auf die frühe bis mittlere Kindheit.

Abbildung 10: Diagnostisch orientierte Beobachtungsinstrumente der Entwicklungspsychologie (Arbeitsgruppe zur Erstellung des Online-Trainings im Programm PiK-Profis in Kitas, Standort Dresden 2007)

Allgemeiner Entwicklungstest nach Holle (1993)	Für unter Ein- bis Siebenjährige; motorische Entwicklung (Grob- und Feinmotorik) und Entwicklung der Wahrnehmung (kinoästhetische, taktile Entwicklung), Selbstständigkeit (Essen, Anziehen, Hygiene).
HSET nach Grimm und Schöler (1998)	Heidelberger Sprachentwicklungstest; für drei- bis neunjährige Kinder; Sprachentwicklung und Spracherwerb – Verstehen und Sprechen.
ET 6-6 nach Petermann und Stein (2000)	es wird in 12 Altersgruppen unterschieden vom Säuglingsalter bis zur Schulreife; weit differenzierte Entwicklungsdimensionen erfassen die Sozial-, Sprach-, kognitive, emotionale und motorische Entwicklung des Kindes.

Abbildung 11: Entwicklungspsychologisch orientierte Beobachtungs-instrumente in der Pädagogik (Arbeitsgruppe zur Erstellung des Online-Trainings im Programm PiK-Profis in Kitas, Standort Dresden 2007)

Entwicklungstabelle nach Beller und Beller (2008)	Entwicklungsprofile der Kinder geben Aufschluss über deren Individualität und Kompetenzen, um individuelle Angebote zu schaffen; unterscheidet in 14 Phasen der Entwicklungsveränderung in den ersten sechs Lebensjahren.
Sensomotorisches Entwicklungsgitter nach Kiphard und Ohlmeier (Kiphard 2006)	Entwicklungsskala der ersten vier Lebensjahre über den augenblicklichen Entwicklungsstand des Kindes, um eine systematische Förderung zu ermöglichen.
Diagnostische Einschätzungsskala (DES)	Für Kinder ab fünf Jahren; ganzheitliche Wahrnehmung und Beurteilung des allgemeinen Entwicklungsstandes, um die Lernausgangslage eines Kindes in seiner aktuellen Entwicklungsphase im Übergang vom Kindergarten zur Grundschule zu erfassen.
Gelsenkirchener Entwicklungsbogen	Orientiert sich an empirisch feststellbaren Kompetenzfortschritten von Kindern in verschiedenen Entwicklungsbereichen, insbesondere der Motorik und Sprachentwicklung.
Beobachtungsbogen nach Lueger (2006)	Für Kinder zwischen zwei und sechs Jahren; zur Erfassung kindlichen Verhaltens und kindlicher Entwicklungen.
BEK	Für Kinder zwischen vier und sechs Jahren; Beobachtungsbogen zur Erfassung von Entwicklungsrückständen und Verhaltensauffälligkeiten bei Kindergartenkindern.
FEW nach Frostig (Seidel 2007)	Entwicklungstest der visuellen Wahrnehmung; für vier- bis neunjährige Kinder; die Grundfunktionen der Wahrnehmung, als Vorraussetzung für Lernen, werden getestet.
PAC	Pädagogische Analyse und Curriculum der sozialen und persönlichen Entwicklung; Beobachtungs- und Fördersystem für geistig behinderte Kinder; besonders Selbsthilfe, Verständigungsvermögen und Motorik werden betrachtet, um Fördermaßnahmen abzuleiten.

Abbildung 12: Lernpsychologisch orientierte Beobachtungsinstrumente in der Pädagogik (Arbeitsgruppe zur Erstellung des Online-Trainings im Programm PiK-Profis in Kitas, Standort Dresden 2007)

„Die Sieben Intelligenzen" nach Gardner (Laewen/Andres 2002)	Entwicklungsstand der Kinder wird in sieben Fähigkeiten unterschieden; Ziel ist die differenzierte Wahrnehmung der vom Kind bevorzugten Wege, um Kompetenzen zu erkennen, Bildungsprozesse zu verfolgen und zu unterstützen.
„Validierte Grenzsteine der Entwicklung" nach Michaelis (2003)	Für Kinder zwischen 15 Monaten und sechs Jahren; Grenzsteine als Entwicklungs- und Bildungsetappen, die ein Kind in seiner Entwicklung durchläuft; ist ein Frühwarnsystem, um Risiken in den Bildungsverläufen von Kindern frühzeitig zu erkennen.
Leuvener-Engagiertheits-Skala nach Laevers (1994)	Schätzt Wohlbefinden von Kindern und ihre ‚Engagiertheit' nach Alter und individuellem Entwicklungsstand in fünf Stufen ein.
„Bildungs- und Lerngeschichten" nach Carr (2001)	Fragt danach, wie Kinder in Alltagssituationen handeln; mittels Beobachtungsbögen werden fünf Lerndispositionen der Kinder benannt, um Bildungsprozesse gemeinsam mit den Kindern zu erkennen, zu dokumentieren und zu unterstützen; ein separater Bogen dient zur Einschätzung des Lernens der Kinder und zum kollegialen Austausch.
„Engagiertheit und emotionales Wohlbefinden bei Kindern in Tageseinrichtung"	Durch das Münchner Staatsinstituts für Frühpädagogik entwickeltes Instrument, das hinterfragt, wie Kinder auf individuelle Weise mit äußeren Anforderungen und Veränderungen umgehen.
Sprachverhalten und Interesse an Sprache bei Migrantenkindern im Kindergarten (SISMIK)	Für Kinder zwischen dreieinhalb bis sechs Jahren; bewertet nicht nur den Sprachstand, sondern auch die Sprachlernmotivation und den Lernprozess; statt eines Sprachtests, der punktuell angelegt ist, kann die Sprachentwicklung von Kindern mit Migrationshintergrund gezielt beobachtet und dokumentiert werden.
Sprachentwicklung und Literacy bei deutschsprachig aufwachsenden Kindern (SELDAK)	Zur längerfristigen, prozessorientierten Begleitung der Sprachentwicklung von Kindern; erfasst die sprachlichen Kompetenzen in zentralen Bereichen von Sprache und Literacy, um Entwicklung zu reflektieren und pädagogische Angebote zu erweitern; eignet sich für unterschiedliche Sprachniveaus.

Die in den Abbildungen 10 bis 12 aufgeführten Beobachtungsinstrumente unterscheiden sich in ihrer Qualität wesentlich. Einige sind für diagnostische Zwecke sehr gut geeignet (z. B. der allgemeine Entwicklungstest nach Holle 1993), andere dienen eher der elementarpädagogischen Praxis (z. B. „Die Sieben Intelligenzen" nach Gardner). Sie finden in Kindertageseinrichtungen Anwendung, um Bildungs- und Entwicklungsprozesse der Mädchen und Jungen im Kindesalter systematisch zu beobachten und auszuwerten.

5.4 Qualitative Interviews

Interviews werden sowohl im Kontext quantitativer als auch qualitativer Erhebungen eingesetzt. Während quantitative Interviewverfahren standardisiert sind, haben die Befragten in qualitativen Interviews einen weitaus größeren Antwortspielraum, d. h. sie können die Erhebung aktiv mitgestalten. Qualitative Interviews geben den befragten Personen die Möglichkeit, Einfluss auf die Struktur der Erhebung zu nehmen.

Definition „Interview"

„Als Interview wird eine verabredete Zusammenkunft bezeichnet, die sich in der Regel als direkte Interaktion zwischen zwei Personen gestaltet, die sich auf der Basis vorab getroffener Vereinbarungen und damit festgelegter Rollenvorgaben als Interviewender und Befragter begegnen." (Friebertshäuser 2003, S. 374)

Qualitative Interviews zeichnen sich durch eine spezifische soziale kommunikative Situation aus, die oftmals einen direkten Face-to-face-Kontakt beinhaltet und nach speziellen Regeln abläuft (Häder 2006). Sie gehören zum Standardinstrumentarium der qualitativen Sozialforschung. Formen des qualitativen Interviews sind u. a. das narrative Interview, problemzentrierte und Intensivinterview, die im Folgenden kurz dargestellt werden.

■ Das narrative Interview

Bei dem narrativen Interview handelt es sich um eine sehr offene und im Vergleich zu anderen qualitativen Interviewmethoden um eine in keiner Weise standardisierte Befragungsform. Narrative Interviews werden ohne Fragebogen oder Leitfaden, zum Teil auch ohne theoretisches Vorverständnis durchgeführt. Das narrative Interview in seiner Urform geht zurück auf den Soziologen Fritz Schütze, der durch diese Interviewform einen methodologischen Zugang zum Forschungsfeld und zur jeweiligen Untersuchungsperson konzipierte, der die lebens- und alltagsweltlichen und biographischen Kontexte des Individuums nicht nur berücksichtigt, sondern innerhalb derer die Befragung stattfinden muss. Narrative Interviews werden nach Schütze (1977, S. 1) definiert als

> „diejenigen vom thematisch interessierenden faktischen Handeln abgehobenen sprachlichen Texte, die diesem am nächsten stehen und die Orientierungsstrukturen des faktischen Handelns auch unter der Perspektive der Erfahrungsrekapitulation in beträchtlichem Maße rekonstruieren."

Narrationen sind lebensgeschichtliche (Nach-)Erzählungen aus einer Biographieperspektive heraus, die immer subjektiv geprägt sind. Durch den Begriff „Stegreiferzählung" wird der besondere Charakter des narrativen Interviews semantisch betont. Dabei ist es nicht Anliegen, bestimmte Variablen systematisch zu erheben. Es geht vielmehr darum, biographische (Re-) Konstruktionen, individuelle Einstellungen, Verhaltens- und Handlungsweisen aus der Perspektive der Untersuchungsperson zu erhalten und zu verstehen. Das narrative Interview fokussiert darauf, Personen anzuregen, über ihre individuellen biographischen Erfahrungen zu sprechen und diese dadurch retrospektiv aufzuarbeiten (Schnell et al. 2008).

Das narrative Interview setzt sich aus verschiedenen Etappen zusammen: Erklärungsphase, Einleitungsphase, Erzählphase, Nachfragephase und Bilanzierungsphase (ebd.). Der Interviewpartnerin bzw. dem Interviewpartner wird das Thema, worum es im Gespräch geht bzw. worüber sie oder er sprechen soll, nur grob skizziert. Um einen Erzählfluss in Gang zu setzen bzw. Gesprächsbereitschaft herzustellen, ist es natürlich wichtig, die Befragten **vor** Beginn des Interviews über methodische Besonderheiten des Instruments aufzuklären. In der Einleitungsphase geht es um ein erstes zwangloses Erzählen zum Thema. Dazu stellt der Interviewer bzw. die Interviewerin eine gut gewählte erzählgenerierende Einstiegsfrage, die so formuliert ist, dass das Gegenüber „ins Erzählen" kommt. Dadurch wird die so genannte Erzählphase eröffnet, in welcher die Befragten ihre Geschichte erzählen, ohne unterbrochen zu werden. Im Anschluss an diese Erzählung kann der Interviewleiter bzw. die Interviewleiterin einzelne Aspekte, die vielleicht widersprüchlich, unklar oder inhaltlich nicht vertiefend, aber für die Untersuchung wichtig sind, nachfragen und dadurch konkretisieren. Unklarheiten kann die Untersuchungsperson in der Bilanzierungsphase auch durch direktives Nachfragen aufgreifen und klären.

In diesem Kontext kommt der Rolle des Interviewers bzw. der Interviewerin eine besondere Bedeutung zu (ebd.). Er bzw. sie muss sowohl die Gesprächsbereitschaft als auch den Gesprächsfluss des Gegenübers „am Laufen halten". Das wird zum Beispiel über aktives Zuhören möglich, indem der interviewten Person Zuhörbereitschaft und Interesse an ihrer Geschichte gespiegelt wird. Erzählpassagen können durch nonverbale Reaktionen, z. B. durch Zunicken, Zustimmen, zugewandte Körperhaltung, interessierte Körpersprache, positiv verstärkt werden. Auch kurzes Nachfragen oder paraphrasieren von Erzählinhalten ist möglich, um zu signalisieren, dass man zuhört.

Vor diesem Hintergrund wird deutlich, dass das narrative Interview als Erhebungsinstrument eine Besonderheit innerhalb der qualitativen Sozialforschung darstellt. Da dieser methodische Zugang vor allem auf die sprachlichen Fähigkeiten und die Gesprächsbereitschaft der Untersuchungspersonen angewiesen ist, muss der Einsatz dieses Instruments eingehend geprüft werden, u. a. in Bezug darauf, welche Personen sich dafür eignen, wie das Setting gestaltet werden muss, um eine Stegreiferzählung zu ermöglichen.

■ Das problemzentrierte Interview

Das problemzentrierte Interview wird in seiner Anwendung oft mit anderen Methoden wie biographischer Methode, Gruppendiskussion oder Inhaltsanalyse kombiniert, kann allerdings auch als Einzelmethode eingesetzt werden. Im Unterschied zum narrativen Ansatz ist eine umfangreiche Theoriebildung zu Beginn des Forschungsprozesses Basis für ein problemzentriertes Interview. Die Theoriebildung erfolgt durch eingehende Analyse theoretischer und empirischer Ansätze und Zugänge zum Gegenstandsbereich, da der herausgearbeitete wissenschaftliche Zugang die Richtung der Befragung bestimmt. Wichtig ist allerdings, dass – trotz des theoretischen Konzeptes, welches die Untersuchungsrichtung konturiert – das Prinzip der Offenheit gewahrt bleibt, offene Fragen möglich sind – ohne durch den gewählten wissenschaftlichen Ansatz die Untersuchung sowohl theoretisch als auch empirisch zu beschränken.

Nach Lamnek (2005) unterteilt sich das problemzentrierte Interview in drei Phasen:

Einleitungsphase: Zu Beginn werden die Themen vorgestellt, die im Interview angesprochen werden, und auf spezifische Aspekte, die wichtig sind, hingewiesen. Oft wird ein standardisierter Kurzfragebogen in dieser Phase eingesetzt, der die Untersuchungspersonen zum Thema führt bzw. auf dieses gedanklich vorbereitet und zudem soziodemographische Angaben über die Befragten erfasst.

Sondierungsphase: Der erste Teil der Sondierung ist durch einen eher narrativen Zugang gekennzeichnet. Der Interviewleiter bzw. die Interviewleiterin stellt Einstiegsfragen, die die Gesprächsbereitschaft und den Erzählfluss stimulieren. Der zweite Teil dient der Verständnisgenerierung, um Gesprächspassagen nachvollziehen zu können und weitere Selbstauskünfte zu erhalten. Das wird möglich, indem Gesprächsinhalte verbalisiert oder paraphrasiert werden, um die Aussagen der Untersuchungsperson zu prüfen, zu konkretisieren oder Widersprüche aufzudecken.

Phase des direkten Fragens: In der letzten Phase des Interviews werden die Fragen gestellt, die für die Erhebung wichtig sind, aber bisher noch nicht angesprochen oder geklärt werden konnten. In diesem Abschnitt ist direktives Fragen möglich, um entsprechende Auskünfte zu erhalten.

Für das problemzentrierte Interview wird in der Regel ein halbstrukturierter Leitfaden entwickelt, der Themenkomplexe bzw. Fragen enthält, die während des Interviews bearbeitet werden und im Kontext der Theoriebildung entwickelt wurden.

■ Intensivinterviews

Auch Intensivinterviews werden vor dem Hintergrund einer bestimmten theoretischen Orientierung durchgeführt und ausgewertet. Das Prinzip der Offenheit wird dadurch zum Teil beschränkt, denn die erhobenen Daten werden auch in der Auswertungsphase in enger Anlehnung an den theoretischen Rahmen analysiert und interpretiert. Der Interviewleitfaden enthält vorab formulierte Fragen bzw. Themenkomplexe, die in ihrer Abfolge jedoch flexibel eingesetzt werden können, je nachdem, wie sich der Gesprächsverlauf gestaltet. Während des Interviewverlaufs kann bei Unklarheiten, Präzisierungswünschen etc. nachgefragt werden. Die subjektiven Bedeutungszuschreibungen zu bestimmten Themen des Gegenübers stehen im Mittelpunkt des Intensivinterviews. Die Fragen, die im Interview gestellt werden, müssen präzise und an der Lebens- und Alltagswelt des Gegenübers orientiert formuliert sein und verlangen eine einfache, klare und dennoch anspruchsvolle Semantik. Erst dadurch wird es möglich, über Fragen zu tieferliegenden Motiven und Bedürfnissen bzw. „eigentlichen" Themen der Befragten vorzudringen und Ursachen, Hintergründe, Einflüsse für subjektive Erlebensinhalte und jeweilige Verhaltens- und Handlungsweisen erhalten und aufzeigen zu können (Lamnek 2005).

Qualitative Interviews können sowohl als nicht-standardisierter Zugang zum Feld (z.B. in Form des narrativen Interviews) auftreten, als auch eine geringe Standardisierung – im Vergleich zu quantitativen Befragungsformen – z.B. durch einen Leitfaden aufweisen.

> „Ziel und Vorteil von Leitfadengesprächen werden im Allgemeinen darin gesehen, dass durch die offene Gesprächsführung und die Erweiterung von Antwortspielräumen der Bezugsrahmen des Befragten bei der Fragenbeantwortung miterfasst werden kann, um so einen Einblick in die Relevanzstrukturen und die Erfahrungshintergründe des Befragten zu erlangen." (Schnell et al. 2008, S. 387)

Die Entwicklung eines Leitfadens für qualitative Interviews gibt den Interviews zum einen während des Gesprächs inhaltliche Struktur und sorgt zum anderen dafür, eine relative Vergleichbarkeit von Daten zu gewährleisten.

Gleichzeitig bietet ein Leitfaden inhaltliche und zeitliche Gestaltungsmöglichkeiten während des Interviews, indem zum Beispiel Fragen bzw. Fragenkomplexe variabel eingesetzt und abgefragt werden können. Einem zu stark normierten und letztendlich routinierten Gespräch kann somit vorgebeugt werden. Auch ist es durch diese eher offene Gesprächskultur möglich, sich stärker auf sein Gegenüber einzulassen und einzustellen als durch einen standardisierten Zugang.

Die Verwendung qualitativer Interviewmethoden im Rahmen der Kindheitsforschung wird bereits seit langer Zeit diskutiert. Qualitative Interviews eignen sich als Erhebungsmethode vor allem dazu, kindliche Einstellungen und Sichtweisen zu erfassen. Nach Heinzel (1997) kommen sie im deutschsprachigen Raum in der Schul-, Kindheits- und Sozialisationsforschung besonders häufig zum Einsatz. Während die Schulforschung vor allem auf das alltägliche Handeln in der Schule als Sozialraum fokussiert, liegt der Schwerpunkt der Sozialisationsforschung in den Bereichen der Entwicklung der eigenen Identität und der Bedeutung zentraler Sozialisationsinstanzen. Im Vergleich dazu befasst sich die Kindheitsforschung u. a. mit den eigenen Sichtweisen der Kinder auf ihre Lebenswelten und -wirklichkeiten.

> „Die erwachsenen Kindheitsforscherinnen und -forscher, die mit Kindern in einen Dialog über deren Lebenswelt eintreten und Familie, Schule, Spielen, Streit, Strafe, Freundschaften oder Geheimnisse zum Thema werden lassen, erforschen nicht einen einfachen Gegenstand, sondern können als ‚Übersetzer‘ der kindlichen Lebenswelt für ein weites Publikum verstanden werden." (Fuhs 2000, S. 89)

Qualitative Interviews werden in den letzten Jahren im Rahmen der Kindheitsforschung überwiegend eingesetzt, um die Lebensbedingungen der Kinder vor dem Hintergrund gesellschaftlicher Veränderungstendenzen zu entschlüsseln (Honig et al. 1996, Zinnecker/Silbereisen 1996). Allerdings kann der Einsatz qualitativer Interviews nicht einfach so in seiner Anwendung auf Kinder als Untersuchungsgruppe übertragen werden, sondern muss methodologisch ausdifferenziert und spezifiziert werden.

> „So wünschenswert qualitative Interviews mit Kindern über ihre subjektive Lebenswelt sind, so schwierig gestaltet sich die methodische Umsetzung wissenschaftlicher Forschungsgespräche mit Kindern." (Fuhs 2000, S. 89)

Im Gegensatz zur Beobachtung sind bei dieser Erhebungsform bestimmte Verbalisierungsfähigkeiten der Kinder eine notwendige Voraussetzung. Vor allem durch die Fähigkeit, sich sprachlich ausdrücken zu können, gilt das qualitative Interview als kein einfach handhabbarer Erhebungsansatz in der Untersuchung mit Kindern, besonders je jünger sie sind. Die Sichtweise, dass aufgrund unzureichender sprachlicher Fähigkeiten keine Möglichkeit besteht, Kinder unter fünf Jahren zu interviewen, wird von vielen Autorinnen und Autoren geteilt. Narrative Interviews scheinen in ihrer Anwendung eher ungeeignet für Kinder unter zehn Jahren zu sein, da Kinder aus entwicklungstheoretischer Sicht in diesem Alter Biographie noch nicht als etwas Ganzes fassen und darüber berichten können. Ausschließlich narrative Interviews werden demzufolge mit älteren Kindern durchgeführt, sie finden jedoch im Kontext der Kindheitsforschung als alleinige Methode bislang nur selten Anwendung.

Sprachliche Fähigkeiten können nicht einfach als selbstverständlich vorausgesetzt werden bzw. unterscheiden sich Kinder in ihrer Sprache deutlich von Erwachsenen, so dass erwachsene Forscherinnen und Forscher Mädchen und Jungen im Kindesalter nicht zwangsläufig verstehen müssen:

> „Für Erwachsene ist beispielsweise die kindliche Sprache von Kleinkindern manchmal unverständlich. Auch wirken Kinder in ihrer Sprache auf Erwachsene oftmals niedlich oder auch unfreiwillig komisch, wenn sie etwas unbeholfen oder ‚falsch‘ ausdrücken. Auch ist Kommunikation zwischen Kindern und Erwachsenen nicht selten dadurch gekennzeichnet, daß die Erwachsenen den Sprachstil der Kinder nachahmen." (Fuhs 2000, S. 89)

Deshalb ist es wichtig, auch nonverbale Ausdrucksformen von Kindern in Interviews zu berücksichtigen bzw. diese in den Forschungsprozess zu integrieren. Zudem gehören Forscherinnen und Forscher einer anderen Alterskohorte an als Kinder, leben in Erwachsenenwelten, die sich von der kindlichen Lebenswelt in ihrer Symbolik, ihren Erfahrungen und Alltagsbezügen deutlich subkulturell unterscheiden. Auch verläuft die sprachliche Entwicklung der Kinder individuell unterschiedlich, lässt sich status- und milieuspezifische Vielfalt sowohl hinsichtlich des sprachlichen Vermögens als auch in Bezug auf semantische Ausprägungen (Slang, Babysprache, Dialekt etc.) feststellen.

Um den sprachlichen Ausdrucksmöglichkeiten der Kinder entgegen zu kommen, werden zunehmend möglichst kindgerechte Interviewmethoden entwickelt, die neben sprachlichen Äußerungen auch andere kindliche Ausdrucksformen (z. B. Zeichnen, Spielen) erfassen. Auf diese Weise ist es möglich, Kinder unterschiedlichen Alters zu verschiedenen Themenbereichen zu interviewen. Besonders wichtig ist es dabei, die alters- und entwicklungsbedingten Möglichkeiten und Grenzen der Kinder zu beachten (vgl. Lohaus 1989). Vor allem vor dem Hintergrund des heterogenen sprachlichen Vermögens von Mädchen und Jungen im Kindesalter reagierte die Kindheitsforschung, indem Methoden entwickelt wurden, die eine Gesprächssituation mit weiteren kindlichen Ausdrucksformen verbinden. So wurden gemalte oder gezeichnete Bilder, Spielfiguren, Filme oder Assoziationsspiele eingesetzt, um einerseits kindgerechte Untersuchungssettings zu schaffen und andererseits erzählauslösende Impulse zu setzen, die an den lebensaltertypischen Erfahrungen der Kinder anknüpfen und einen Einstieg ins Interview bzw. Erzählsequenzen auslösen (vgl. Fuhs 2000).

Abbildung 13: Ausschnitt aus einem Interviewleitfaden (Nestmann et al. 2008, S. 64 f.)

11. Wertschätzung/Bekräftigung/Lob/ Bewunderung (enhancement of worth)	Manchen Kindern sagt jemand: „Das hast du aber toll gemacht", manchen Kindern sagt das niemand.	
	Wie ist das bei dir? Sagt dir jemand, dass du etwas toll/gut gemacht hast? Wer? – Wie oft? (**Skala**)	Bist du damit zufrieden? Wer soll das (noch) sagen?
12. Streit	Manche Kinder streiten sich oft. Andere Kinder streiten sich nicht.	
	Streitest du dich mit jemandem? Mit wem? (Mit welchen *Kindern*? Mit welchen *Erwachsenen*?) Wie oft? (**Skala**)	
13. Angst	Manche Kinder haben vor jemandem, den sie kennen, Angst, andere nicht.	
	Hast du vor jemandem, den du kennst, Angst? Vor wem? – Wie oft? (**Skala**)	
14. Zuneigung(sgefühl) (affection)	Es gibt Kinder, die wissen nicht, ob sie jemand lieb hat. Andere Kinder wissen, dass sie jemand lieb hat.	
	Weißt du, ob dich jemand lieb hat? Wer?	Wer soll dich gern/ mehr lieb haben?
15. Unterstützung bei Schwierigkeiten mit anderen Personen	Es kommt ja vor, dass man mit anderen Menschen Ärger oder Schwierigkeiten hat. Manchen Kindern wird geholfen, wenn sie mit jemandem Ärger haben, manchen Kindern wird nicht geholfen.	
	Wie ist das bei dir, wenn du mit <u>Kindern</u> Ärger oder Schwierigkeiten hast? Hilft Dir dann jemand? Wer? – Wie oft? (**Skala**) Und wenn du mit <u>Erwachsenen</u> Ärger hast? Hilft Dir dann jemand Wer? – Wie oft? (Skala)	Bist du damit zufrieden? (Von wem) wünschst du dir, dass er/sie dir (mehr) dabei hilft?
16. Beschützung(sgefühl) (protection)	Manche Kinder haben jemanden, der aufpasst, dass ihnen nichts passiert, manche Kinder haben niemanden.	
	Passt jemand auf, dass dir nichts passiert? Wer ist das? – Beschützt die/der dich immer …? (**Skala**)	Möchtest du gerne jemanden haben, der aufpasst, dass dir nichts passiert? Wen?

Sehr häufig werden mit Kindern themenzentrierte Interviews durchgeführt, die in der Regel mit Bildern, Geschichten etc. verknüpft werden, um die Kinder zu Aussagen anzuregen. Die Methode des Tiefeninterviews dient dazu, in sensibler Art und Weise unbewusste Ängste, Bedürfnisse etc. zu thematisieren. Sie wird vor allem im Rahmen psychoanalytischer Überlegungen eingesetzt. Während eines Tiefeninterviews werden den Kindern anregende Stimuli gegeben, die ihre Phantasie aktivieren sollen. Auch Dilemmata-Interviews werden häufig mit Kindern durchgeführt, z. B. um ihr moralisches Empfinden oder ihre Fähigkeit der Perspektivübernahme zu erfassen. Dabei werden ihnen Dilemmasituationen gezeigt, auf die sie ihrem eigenen Empfinden folgend reagieren sollen. Neben diesen drei Interviewvarianten kommen im Rahmen der Kindheitsforschung vor allem teilstandardisierte Interviews zum Einsatz. Auch diese müssen anregend gestaltet sein, um es den Kindern möglichst leicht zu machen, aktiv am Geschehen teilzunehmen. Qualitative Interviews werden innerhalb der Kindheitsforschung häufig mit anderen Methoden kombiniert bzw. durch bestimmte anregende Materialien ergänzt.

Abbildung 13 zeigt exemplarisch einen Auszug aus dem Interviewleitfaden der Untersuchung „Soziale Netzwerke von Kindern in Heimerziehung. Eine vergleichende empirische Untersuchung", die in Kapitel 5.7 ausführlich dargestellt wird.

Generell wird die Frage thematisiert, ab welchem Alter es sinnvoll ist, Kinder zu befragen. Von wesentlichem Interesse ist dabei, neben der Schwierigkeit der intergenerationalen Forschungssituation, den Wahrheitsgehalt kindlicher Aussagen zu ermitteln. Diese Fragen müssen im Rahmen von Kindheitsforschung stets mitbedacht und reflektiert werden. Ein weiteres Problem wird mit der kindlichen Gedächtnisleistung beschrieben. Inwieweit können sich Kinder, in Abhängigkeit von ihrem Lebensalter und ihrer kognitiven Entwicklung, an bestimmte Sequenzen in ihrem Alltag erinnern und diese aus ihrer Erinnerung heraus rekonstruieren? Auch kann das Erinnerungsvermögen von Kindern während des Interviews durch emotionale bzw. affektive Zustände, wie z. B. Angst, Wut, Scham, beeinflusst werden. Unklare Formulierungen, schwierige Fragen und komplizierte Themen können es Kindern erschweren, sich zu erinnern bzw. ihre Erinnerungen zu strukturieren und zu ordnen. So wird es als hilfreich angesehen, bei Interviews mit Mädchen und Jungen im Vorschulalter Gedächtnishilfen einzusetzen, die ihnen während des Interviews eine Struktur und Erinnerungshilfe geben (Fuhs 2000).

Fuhs (2000, S. 94 f.) schlägt vor, dass die Wahl der Interviewform sich vorwiegend am Erinnerungsvermögen von Kindern orientiert:

> „Die Art des Erinnerns während eines Interviews wird von unterschiedlichen Faktoren bestimmt, so etwa von der Zeitspanne, die erinnert wird und von der räumlichen und zeitlichen Distanz zum Erinnerten. Das erzählende Erinnern kann begleitet werden, von verschiedenen Formen der Gedächtnishilfen und Gestalt in unterschiedlichen Ausdrucksformen finden, die nicht immer nur sprachlicherzählend sein müssen, sondern auch dingliche Erinnerungsformen (zum Beispiel Malen, Fotos) umfassen können."

Nach Fuhs (ebd.) können situationsnahe Interviewformen eingesetzt werden, in denen Kinder zu gerade eben vergangenen oder noch laufenden Aktivitäten und Alltagshandlungen befragt werden, z. B. während des Spielens oder kurz nachdem Kinder einen Film gesehen haben. Das Interview findet dann direkt vor Ort – ähnlich wie ethnographische Zugänge – im jeweiligen Setting statt. Kinder, die zu größeren Erinnerungsleistungen fähig sind, können in so genannten Sequenzinterviews ihren Tagesablauf rekonstruieren bzw. über bestimmte Abläufe an einem Tag Auskunft geben. Die Kinder können in die Erhebung beispielsweise sehr stark integriert werden, indem sie z. B. ihren Tagesablauf begleitend protokollieren, visualisieren und anhand ihrer Aufzeichnungen beschreiben. In biographisch angelegten Interviews werden Kinder gebeten, sich an ihr Leben oder an Ausschnitte aus ihrem Leben zu erinnern und daraus zu erzählen, wobei diese Interviews durch narrative Eröffnungsphasen eingeleitet werden können. Dieser methodische Zugang eignet sich in der Regel jedoch nur für ältere Kinder, sowohl hinsichtlich der Erinnerungsleistung als auch in Bezug auf die sprachlichen Kompetenzen. Auch anhand der Produkte, die Kinder geschaffen haben, z. B. Zeichnungen, Bauwerke, Rollenspiele etc. können Interviews mit Kindern durchgeführt werden. Diese symbolische Interviewform eignet sich besonders gut, um „die imaginären Kinderwelten zu erforschen" (ebd., S. 100).

Um Interviews mit Kindern durchzuführen, wird eine besonders umfangreiche und gut durchdachte Planung des Untersuchungssettings empfohlen. Berücksichtigt werden müssen im Vorfeld

- die Wirkung individueller Stereotypen, Vorurteile oder Leitbilder, die die eigene Forschungshaltung, den Forschungsverlauf und die Erwartungen an ein Mädchen oder einen Jungen im Kindesalter einschränken können,

- die jeweils individuelle Entwicklung und die individuellen Erfahrungen eines Kindes,

- die Gestaltung des Befragungssettings,

- die Gestaltung der Beziehung bzw. der Interaktion und Kommunikation zwischen Forschendem und Kind, die von Empathie, Wertschätzung, Akzeptanz und Bedingungslosigkeit geprägt sein muss,

- der Ablauf des Interviews und

- die lebensweltlichen Hintergründe, in die das Kind verortet ist (Fuhs 2000).

Resümierend kann festgehalten werden, dass qualitative Interviews einen wichtigen Zugang zur Erfassung kindlicher Lebenswelten darstellen. Dazu bedarf es jedoch einer verantwortungsbewussten, unvoreingenommenen und reflexiven Herangehensweisen an den „Untersuchungsgegenstand Kind".

5.5 Nicht-reaktive Erhebungsverfahren

Erhebungsverfahren werden als „nicht-reaktiv" bezeichnet, wenn die Materialgewinnung ohne anwesende Forscherinnen und Forscher stattfindet und mit bereits vorliegendem Material gearbeitet wird. Nach Bortz und Döring (2005, S. 325) werden darunter Methoden verstanden,

> „die im Zuge ihrer Durchführung keinerlei Einfluss auf die untersuchten Personen, Ereignisse oder Prozesse ausüben. Bei nonreaktiven Verfahren treten der Beobachter und die Untersuchungsobjekte nicht in Kontakt miteinander, so dass keine störenden Reaktionen wie Interviewer- oder Versuchsleitereffekte, bewusste Testverfälschung oder andere Antwortverzerrungen auftreten können."

Häufig werden diese Erhebungsverfahren als „Sonderformen der Beobachtung" bezeichnet, da indirekt Verhalten, Einstellungen etc. aus vorliegenden Dokumenten erfasst werden oder Beobachtungen verdeckt erfolgen, indem die Datenerhebung nicht bemerkt wird (ebd., S. 326).

Die Untersuchung von Tagebüchern, Briefen, Aufsätzen, freien Texten oder Kinderzeichnungen bietet für die Kindheitsforschung einen ganz besonderen Zugang zu Kindern und ihren Erlebens- und Erfahrungswelten. Selbstzeugnisse bieten eine große Nähe zu den Kindern, da sie selbst von den Kindern geschaffen wurden. Doch auch wenn die Bedeutung von selbst geschaffenem Material durch Kinder im Rahmen der Forschung betont wird, kommen nicht-reaktive Forschungsverfahren bislang nur selten zum Einsatz.

Selbstzeugnisse können einen unmittelbaren Einblick in die Lebenswelt der Kinder geben. Sie wurden vom Kind selbst geschaffen und weisen eine entsprechend große Nähe zu ihm auf. Vor allem in der Kindheit kommen neben sprachlichen auch schriftliche und visuelle Ausdrucksformen zum Einsatz. Diese im Alltag entstandenen Dokumente bieten einen besonderen Zugang zu den Wahrnehmungen und Sichtweisen der Mädchen und Jungen. Bei der Auswertung der Daten kann es jedoch zu starken Verzerrungen kommen, wenn die Dokumente ausschließlich der Interpretation der Untersucherinnen und Untersucher unterliegen. Die Auswertenden kennen die Kinder, deren Selbstzeugnisse sie analysieren, in der Regel nicht. Der subjektive Entstehungshintergrund darf aber nicht vernachlässigt werden, wenn ein Verstehen des produzierenden Kindes gewährleistet und die Daten nicht fehlinterpretiert werden sollen. Billmann-Mahecha (1994) betont die Notwendigkeit, sowohl Entwicklungs- und situative Entstehungskontexte als auch familiäre und kulturelle Kontexte in die Interpretation der Dokumente einzubeziehen.

Röhner (1997) untersuchte 1.000 freie Kindertexte zum Schulanfang. Für sie sind freie Texte als

> „Selbstzeugnisse kindlichen Ausdrucks zu verstehen, in denen die Kinder ihre persönlich bedeutsamen Erfahrungen, Empfindungen und Gedanken festhalten und symbolisieren. Sie stellen spontane,

von den Kindern selbst aufgebrachte Themen lebensweltlicher Erfahrungen und Entwicklungen dar." (Röhner 2003, S. 188)

Zentrale Ergebnisse ihrer Untersuchung waren, dass Kinder vor allem über andere Kinder schreiben, d. h. die Bedeutung der Peers auch in den Texten zum Vorschein kommt. Von ebenso großer Relevanz sind Erfahrungen und Erlebnisse im familiären Kontext (z. B. Unternehmungen, Feste). Kinder schreiben des Weiteren häufig über Natur und Tiere ebenso wie über den eigenen Körper. In den freien Texten werden auch die Wahrnehmungen der Kinder, ihre Denk- und Handlungsweisen deutlich.

Studien zu Kinderzeichnungen lassen sich bislang eher selten finden. Reiß (1996) untersuchte computergestützt etwa 35.000 Zeichnungen von Kindern im Alter zwischen sechs und 14 Jahren und kombinierte diese mit Längsschnittuntersuchungen und unterschiedlichen Gesprächsformen. Die Zeichnungen erfolgten themenbezogen in einem Wettbewerb, dessen Aufgabenstellung lautete:

> „Mal doch mal … wie wir Kinder heute leben. Du siehst die Welt mit deinen eigenen Augen. Du machst dir deine eigenen Gedanken darüber. Mal, was dir gefällt oder nicht gefällt. Zeig mit deinem Bild, wie Kinder heute leben. Mit Pinsel, Bleistift oder Tinte, ganz egal." (ebd., S. 137)

Die Erhebung ergab, dass die Themen Umweltzerstörung und Freizeit eine bedeutende Rolle einnehmen. Deutlich wurde zudem, dass ältere Kinder Sachverhalte kritischer beurteilen als jüngere. Reiß (2000, S. 235) bezeichnet Kinderzeichnungen als „Schlüssel zum Denken und Fühlen eines Kindes".

Nicht-reaktive Verfahren werden bislang in der sozialwissenschaftlichen Forschung eher selten angewandt. Vor allem in Verbindung mit anderen Methoden bieten sie jedoch die Möglichkeit, über eigens von Kindern geschaffenes Material, ihren Wahrnehmungen und Ansichten näher zu kommen. Verzerrungen durch die Erhebungssituation können bei dieser Methode nahezu ausgeschlossen werden.

5.6 Vignetten

Im sozialwissenschaftlichen Kontext handelt es sich bei Vignetten um ein Erhebungsinstrument, das mithilfe alltagsnaher Geschichtenanfänge oder skizzenartiger Abbildungen die befragten Personen zu situativen Einschätzungen bzw. Handlungsentwürfen animiert. Ziel ist es, über Identifikations- und Projektionsprozesse mit den Protagonisten der Geschichten und Skizzen eine soziale Wirklichkeit zu schaffen, in der die situativen Realitätserzeugungen der Befragten rekonstruiert werden können.

Forschungsbeispiel für den Einsatz von Vignetten:
Studie „Dresdner Bewältigungsvignetten"

Die „Dresdner Bewältigungsvignetten" wurden im Rahmen einer Untersuchung zu sozialen Netzwerken von Kindern in Heimerziehung von Werner, Stiehler und Nestmann (2006) entwickelt. Dabei handelt es sich um ein sozialwissenschaftliches Erhebungsverfahren, das eng an der kindlichen Lebens- und Erfahrungswelt orientiert ist und es ermöglicht, die Einstellungen von Kindern alltagsnah und komplex zu erfassen. Ziel war es, das Bewältigungsverhalten und das Hilfeverständnis in spezifischen Situationen zu erfassen. Im Zentrum der Untersuchung stand die Befragung **der Kinder selbst**. Das Erhebungsverfahren orientierte sich entsprechend an der „neuen Kindheitsforschung", die Kinder zu den eigentlichen Adressaten macht.

Das Erhebungsverfahren basiert auf einem interdisziplinären theoretischen Hintergrund, der sowohl tiefenpsychologische Konzepte der Projektion als auch sozialkonstruktivistische und kognitionspsychologische Ansätze umfasst (ausführlich Stiehler et al. 2008, Werner et al. 2006). Dabei ist zu beachten, dass erst die Integration dieser theoretischen Zugänge grundlegend für die Entwicklung der „Dresdner Bewältigungsvignetten" ist.

Über die verbalisierten Vignetten (Geschichtenanfänge) und die visualisierten Vignetten (Bildergeschichten) werden die subjektiven **Bewältigungsperspektiven** und das subjektive **Hilfeverständnis** der Kinder erhoben. Die Mädchen und Jungen wurden über Abbildungen und Geschichten alltagsnaher, bewältigungs- und unterstützungsträchtiger Anforderungs-, Belastungs- und Konfliktsituationen zur Identifikation mit einem dargestellten (weiblichen oder männlichen) Protagonisten zu einer Projektion eigener Be- und Verarbeitungstendenzen angeregt.

Insgesamt nahmen an der Studie 18 Kinder im Alter von sechs bis zwölf Jahren teil, die ebenfalls bei der Studie „Soziale Netzwerke von Kindern in Heimerziehung. Eine vergleichende empirische Untersuchung" mit dabei waren. Aus den drei Untersuchungsgruppen (Kinder in Heimerziehung, Pflegefamilien und Herkunftsfamilien) wurden jeweils drei Jungen und drei Mädchen in die Erhebung einbezogen.

■ Forschungsdesign

Eingebettet in eine umfassendere Untersuchung stellte die Vignettenbefragung eine Teilerhebung dar. Die Gestaltung der Vignettsituationen basiert auf dem Modell von Unterstützungsdimensionen nach House (1981). Er unterscheidet zwischen **emotionaler, instrumenteller, informativer** und **interpretativer Unterstützung**. Zu jeder Unterstützungsdimension wurden jeweils ein Geschichtenanfang und zwei visualisierte Bildgeschichten entwickelt. Zusätzlich gab eine visuelle Vignette darüber Auskunft, inwieweit die Kinder bereit sind, sich gegenüber anderen Personen zu offenbaren.

Als Auswertungsverfahren wurde eigens ein vignettenspezifisches Kategoriensystem entwickelt, das den Fragestellungen, den methodischen Zielsetzungen sowie dem qualitativen Potential der Vignettentechnik entsprach. Um die Auswertungskategorien zu bilden, wurden kategoriengenerierende und theoriegeleitete Auswertungsformen miteinander kombiniert.

Beispiele für Vignetten

Geschichtenanfang „Spiel":

„Martin hat ein neues tolles Spiel geschenkt bekommen und versteht einfach die Spielregeln nicht. Er will es aber unbedingt spielen. Martin …"

„Melanie hat ein neues tolles Spiel geschenkt bekommen und versteht einfach die Spielregeln nicht. Sie will es aber unbedingt spielen. Melanie …"

Geschichtenanfang „Meerschweinchen":

„Martin möchte seinem besten Freund Lukas zum Geburtstag unbedingt das Meerschweinchen für 10 Euro schenken. Der Geburtstag ist morgen und Martin hat nur 9 Euro. Er …"

„Melanie möchte ihrer besten Freundin Anna zum Geburtstag unbedingt das Meerschweinchen für 10 Euro schenken. Der Geburtstag ist morgen und Melanie hat nur 9 Euro. Sie …"

Bildgeschichte „Krank":   Bildgeschichte „Katze":

■ Zentrale Ergebnisse

Die **verbalisierten Vignetten** zur Erhebung der Bewältigungsstrategien von Kindern in Heim, Pflege und Familie erbrachten u. a. folgende Ergebnisse:

- In der Regel bewältigten die Kinder die vorgegebenen Situationen problemlöseorientiert und aktiv. Deutlich wurde, dass Kinder, die im Heim leben, vorgegebene Problemsituationen am häufigsten aktiv bewältigten. Die Jungen zeigten insgesamt häufiger aktive Problemlösungsstrategien als die Mädchen.

- Die Kinder gaben in der Mehrzahl der dargestellten Situationen an, Unterstützung (in unterschiedlicher Form) zu suchen.

- Es zeigte sich, dass Heimkinder am häufigsten Unterstützung nachfragten und sie ihre Unterstützungssuche überwiegend damit begründeten, dass sie ihre eigenen Interessen durchsetzen möchten. Familienkinder gaben diese Begründung am seltensten an.

- Von allen befragten Kindern wurde – insbesondere von Heimkindern – die Mutter am häufigsten als zentrale Unterstützungsperson benannt.

Insgesamt bewerteten die Kinder ihre Art der (Problem-)Bewältigung überwiegend positiv. Auffallend ist, dass die Heimkinder ihre Bewältigungsstrategien selten und die Familienkinder nie negativ einschätzten.

Die Erhebung des Hilfeverständnisses mithilfe der **visualisierten Vignetten** führte zu folgenden Ergebnissen:

- Die (in den Vignetten dargestellte) angebotene Unterstützung wurde von den Kindern überwiegend angenommen.

- Familienkinder nahmen mit Abstand am häufigsten und Pflegekinder am seltensten Hilfe an. Zwischen Mädchen und Jungen konnten diesbezüglich nur geringfügig Unterschiede festgestellt werden.

Insgesamt bewerteten die Kinder die in den Bildvignetten dargestellten Hilfen überwiegend positiv. Familienkinder schätzten die Unterstützung am häufigsten, Pflegekinder am seltensten positiv ein. Hinsichtlich des Hilfeverständnisses konnten keine deutlichen Geschlechterunterschiede festgestellt werden.

Die „Dresdner Bewältigungsvignetten" stellen eine Erhebungsmethode dar, die es ermöglicht, Kinder als aktiv handelnde Subjekte in den Forschungsprozess einzubeziehen. Dadurch wird es möglich, **ihre** Einstellungen zu Hilfe und Bewältigung zu erfassen. Die Vignetten eignen sich u. a. um qualitative Studien (Methodentriangulation) methodisch zu erweitern. Erhebungsmethoden wie qualitative Interviews oder Netzwerkanalysen können durch sie sinnvoll ergänzt werden. Vignettenbefragungen geben die Möglichkeit, Kinder aktiv am Forschungsprozess teilhaben und sie in Themen, die sie betreffen, selbst zu Wort kommen zu lassen (u. a. Behnken/Zinnecker 2001, Mey 2001, 2003).

5.7 Netzwerkanalysen

Soziale Netzwerke nehmen über alle Lebensalter hinweg in unterschiedlichen Dimensionen (strukturell, qualitativ, funktional) Einfluss auf die persönliche Entwicklung und Sozialisation von Individuen. Vor allem im Kindes- und Jugendalter begleiten sie unterstützend Entwicklungsprozesse und -übergänge (Nestmann et al. 2008 a).

Untersuchungen zu sozialen Netzwerken und sozialer Unterstützung kommen übereinstimmend zu dem Ergebnis, dass sozialer Rückhalt und alltägliche Hilfeleistungen durch zwischenmenschliche Beziehungen bedeutsam für das psychische und physische Wohlbefinden wie für den Erhalt physischer und psychischer Gesundheit sind. Sie helfen zudem dabei, verschiedene Formen von Anforderungen und Belastungen zu vermeiden bzw. zu bewältigen (u. a. Nestmann 1988).

Die meisten Studien beziehen sich bislang auf Erwachsene, jedoch wenden sich Forschende seit Ende der 1980er Jahre verstärkt auch den sozialen Netzwerken von Kindern und Jugendlichen zu. Von wesentlichem Interesse sind dabei die sozialisatorischen Funktionen von Netzwerken und die Bedeutung sozialer Unterstützung vor allem im Kontext von Krisen- und Übergangssituationen (vgl. Nestmann/Hurrelmann 1994). Ebenso wie bei Untersuchungen mit Erwachsenen kamen diese Studien zu dem Ergebnis, dass soziale Netzwerke und soziale Unterstützung bedeutsam für die persönliche Entwicklung sowie für die physische und psychische Gesundheit der Kinder und Jugendlichen sind. Gödde, Walper und Engfer (1996) konnten Zusammenhänge zwischen der Netzwerkbeschaffenheit und ihrer Funktionen und der sozialen, aber auch kognitiven und motorischen Kompetenz feststellen. Van Aken und Asendorpf (1997) fanden Wechselbeziehungen zwischen den Netzwerken von Kindern und Jugendlichen und ihrem Selbstkonzept. Einige Untersuchungen wandten sich den Zusammenhängen zwischen Netzwerkmerkmalen und dem Sozialverhalten von Kindern und Jugendlichen zu (u. a. Gödde/Engfer 1994; Gödde et al. 1996; Kashani et al. 1994; Svedhem 1994). Die Untersuchungen betonen übergreifend, dass soziale Netzwerke und soziale Unterstützung bedeutsame Aspekte der Sozialisation und Entwicklung von Kindern und Jugendlichen darstellen.

Eine geeignete Methode, soziale Netzwerke graphisch darzustellen, ist die Netzwerkkarte. Vor allem strukturelle Netzwerkcharakteristika können mit ihr erhoben werden (Straus 2002). Netzwerkkarten können sehr unterschiedlich gestaltet sein. Zudem existieren verschiedene Vorgehensweisen bei ihrer Erstellung. Häufig sind sie in bestimmte Sektoren eingeteilt, um eine Strukturierung des sozialen Netzwerks zu erreichen. Das folgende Beispiel zeigt eine Form der Netzwerkkarte, die auch im Rahmen der Forschung mit Kindern eingesetzt werden kann. Zur Veranschaulichung ist es möglich, die einzelnen Personen des Netzwerks durch Spielfiguren zu verdeutlichen. Netzwerkkarten können sowohl als alleinige Methode als auch als Grundlage für qualitative Interviews im Rahmen von Netzwerkanalysen eingesetzt werden (Hollstein/Straus 2006).

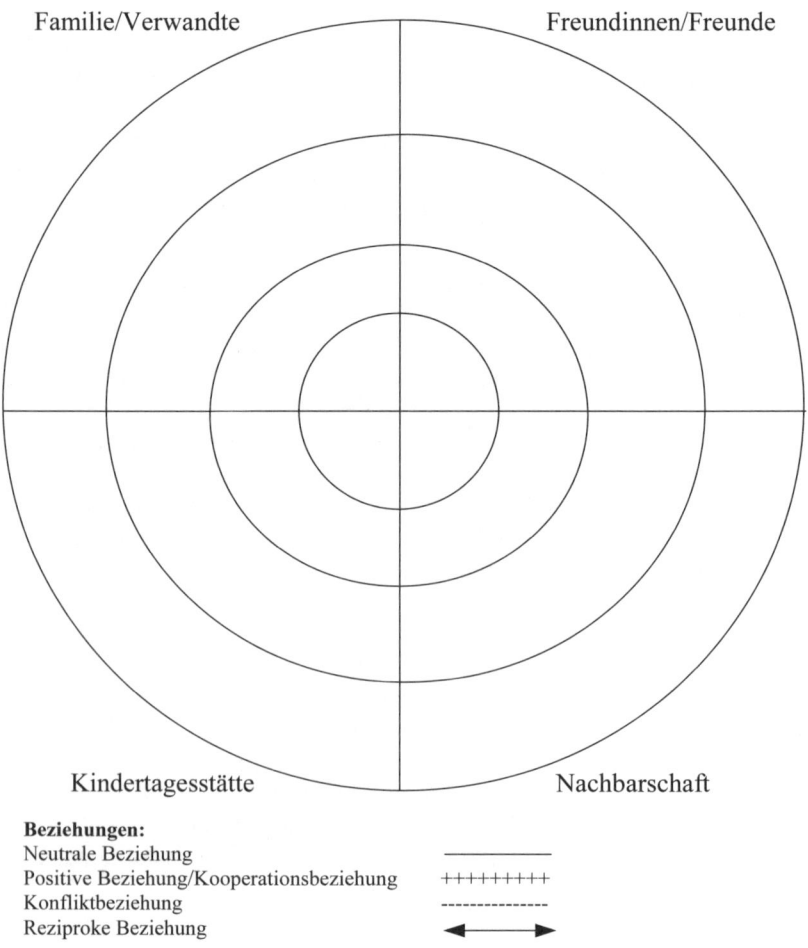

Vorlage einer Netzwerkkarte

Familie/Verwandte   Freundinnen/Freunde

Kindertagesstätte   Nachbarschaft

Beziehungen:
Neutrale Beziehung
Positive Beziehung/Kooperationsbeziehung   +++++++++
Konfliktbeziehung   ---------------
Reziproke Beziehung

Forschungsbeispiel für Netzwerkanalysen: „Soziale Netzwerke von Kindern in Heimerziehung. Eine vergleichende empirische Untersuchung"

Übergreifendes Ziel des Forschungsprojekts war es, die sozialen Netzwerke sechs- bis zwölfjähriger Kinder, die stationäre erzieherische Hilfe in (I) Heimen oder (II) Pflegefamilien erfahren und (III) in ihren Herkunftsfamilien leben und keine Hilfen zur Erziehung benötigen, in einem Vergleich zu untersuchen. Um die subjektiven Sichtweisen der Kinder zu erfassen, wurden sie selbst zu ihren sozialen Netzwerken befragt.

An der Untersuchung nahmen insgesamt 60 Kinder teil, die zwischen 6,3 und 12,7 Jahren alt waren. Davon lebten

- 10 Jungen und 10 Mädchen in Heimerziehung,

- 10 Jungen und 10 Mädchen in Pflegefamilien und

- 10 Jungen und 10 Mädchen in ihren Herkunftsfamilien.

Forschungsdesign

Zur umfassenden Erhebung der kindlichen Sichtweisen wurden in dem Projekt verschiedene Untersuchungsmethoden eingesetzt. Es handelte sich dabei um qualitative Verfahren, die jedoch zum Teil auch quantitative Aussagen erlauben. Im Zentrum stand die Befragung der Kinder mithilfe teilstandardisierter Interviews. Die Interviews wurden mit der Erstellung einer Netzwerkkarte und einem Beziehungskreis kombiniert. Zusätzlich wurden Fallvignetten (→ Kap. 5.6) eingesetzt und Aktenanalysen durchgeführt.

Aufbau und inhaltliche Gestaltung des Interviews orientierte sich an dem „Sozialen Beziehungsverfahren für Kinder" (SOBEKI), einem Verfahren zur Beschreibung und Analyse sozialer Beziehungen von Kindern im Grundschulalter, das am Virchow-Klinikum Berlin entwickelt wurde (vgl. Roos et al. 1995; Berger 1996).

Netzwerkkarte

Die visuelle Darstellung der sozialen Beziehungen der befragten Kinder mit einer Netzwerkkarte ermöglichte es, folgende Netzwerkmerkmale zu erfassen: **Netzwerkgröße, -dichte, -zusammensetzung, intersektoriale Verbundenheit, normativer Gehalt des Netzwerks** und **Qualität der Beziehungen zwischen den Netzwerkmitgliedern**. Zusätzlich konnte die Zusammensetzung der Netzwerke in unterschiedlichen Dimensionen z. B. hinsichtlich **Netzwerksektoren, Beziehungsrollen, Geschlecht** oder **differenziert nach Erwachsenen und Kindern** erhoben werden.

Teilstandardisierte Interviews

Im Zentrum der leitfadengestützten Einzelinterviews standen die Funktionen des sozialen Netzwerks. Bezogen auf die Funktionsbereiche **soziale Unterstützung, soziale Regulation und Kontrolle** sowie **soziale Konflikte und Belastungen** wurde erfasst, inwieweit die Netzwerkbeziehungen welche Funktionen in welchem Ausmaß und in welcher Intensität erfüllen. Um die Zufriedenheit hinsichtlich der einzelnen Bereiche zu ermitteln, wurden die Kinder nach den Wünschen in Bezug auf die einzelnen Funktionen befragt.

Beziehungskreis

Im Anschluss an die Befragung wurde den Kindern der so genannte „Beziehungskreis" vorgelegt. Dabei handelte es sich um ein Blatt mit sieben konzentrischen Kreisen, auf das die Kinder zunächst eine Kegelpuppe für sich selbst in den innersten Ring stellten und dann unter Verwendung der verbleibenden sechs Ringe alle Figuren der Netzwerkkarte nach dem Kriterium **emotionaler Nähe** auf dem Brett platzierten. Das Verfahren wurde in Anlehnung an das „Soziale Beziehungsverfahren für Kinder" (SOBEKI) (Berger 1996) und das „Familienbrett" entwickelt, um die emotionale Nähe und Distanz zu den Netzwerkmitgliedern zu erheben.

■ Aktenanalyse

Für ausgewählte Einzelfälle der Heim- und Pflegekinder wurden Jugendamtsakten ausgewertet, um eine weitere Sicht auf ihre eigenen Netzwerke zu erhalten. Auf diese Weise konnten die Wahrnehmungen der professionellen Mitarbeiterinnen und Mitarbeiter des Jugendamtes, aber auch andere objektive Kennzeichen der Lebens- und Beziehungssituation der Kinder im bisherigen Lebensverlauf erhoben werden.

■ Vignetten

Zusätzlich zu den beschriebenen Erhebungsverfahren wurden Fallvignetten zum Hilfeverständnis und Bewältigungsverhalten der Mädchen und Jungen entwickelt und durchgeführt. Das Forschungsdesign dieser Teilstudie wird ausführlich in Kapitel 5.6 dargestellt.

■ Zentrale Ergebnisse

Die Untersuchungsergebnisse verdeutlichen, dass es Unterschiede in den sozialen Netzwerken der Kinder sowohl in struktureller als auch funktionaler Hinsicht gibt. Weniger die Lebensform, sondern vor allem das Geschlecht der Kinder nimmt Einfluss auf die Netzwerkgröße. Mädchen benennen über alle drei Untersuchungsgruppen hinweg durchschnittlich deutlich mehr Personen, die zu ihrem sozialen Netzwerk gehören, als Jungen. Geschlechtsspezifische Unterschiede werden auch im Hinblick auf funktionelle Merkmale kindlicher Beziehungssysteme deutlich. Die Untersuchung zeigt, dass Mädchen etwas mehr soziale Unterstützung als Jungen erhalten, jedoch fühlen sie sich im Vergleich zu den Jungen weitaus häufiger belastenden Interaktionen mit Netzwerkangehörigen ausgesetzt. In allen drei Untersuchungsgruppen nennen Mädchen mehr Personen als Jungen, denen sie sich sehr verbunden fühlen. Geschlechtsbezogene Unterschiede in den sozialen Netzwerken und Netzwerkbeziehungen sind sowohl für Erwachsene als auch für Kinder nachgewiesen worden (z. B. Nestmann 1988, Belle 1989).

Im Hinblick auf die Netzwerkzusammensetzung werden Unterschiede hinsichtlich der Lebensform der Kinder deutlich. Die in Pflegefamilien lebenden Mädchen haben die größten sozialen Beziehungssysteme, während nicht fremdplatzierte Jungen die wenigsten sozialen Beziehungen aufweisen. Ebenso lassen sich in qualitativ-funktionaler Hinsicht Differenzen zwischen fremdplatzierten Kindern und Kindern in Herkunftsfamilien erkennen. Z.B. nehmen die Kinder das Ausmaß ihrer sozialen Unterstützung unterschiedlich wahr. Kinder in Herkunftsfamilien schätzen trotz kleinerer Beziehungsnetzwerke ihre (erhaltene) Unterstützung höher ein als Heim- und Pflegekinder. Mit Blick auf die emotionalen Unterstützungsdimensionen und Funktionen der Geborgenheit wurde bei Heimkindern, vor allem bei den Jungen, deutlich, dass diese als nicht ausreichend wahrgenommen werden. Hinsichtlich belastender netzwerkbezogener Aspekte zeigt die Untersuchung, dass Kinder, die im Heim leben, sich deutlich weniger durch ihr soziales Beziehungssystem belastet fühlen als Pflege- und vor allem nicht fremdplatzierte Kinder, auch wenn sie sich eigenen Aussagen zufolge von allen Gruppen am stärksten regulierenden und kontrollierenden Eingriffen durch Netzwerkangehörige ausgesetzt sehen.

Über alle Untersuchungsgruppen hinweg ist eine überwiegend geschlechtshomogene Zusammensetzung der sozialen Netzwerke der Kinder festzustellen. Bezogen auf die Anzahl an weiblichen Netzwerkpersonen sind zwischen den Beziehungssystemen der Mädchen und Jungen deutliche Unterschiede erkennbar. Die Mädchen zählen für ihre Netzwerke fast doppelt so viele weibliche wie männliche Personen auf. Gleichgeschlechtlichen Peers wird dabei eine zentrale Bedeutung in den kindlichen Netzwerken zugeschrieben.

Die **Schule** als Lebens- und Lernort spielt für die befragten Mädchen und Jungen aller drei Untersuchungsgruppen eine bedeutende Rolle für die Entstehung sozialer Beziehungen, vor allem zu gleichaltrigen Kindern. Hinsichtlich der Anzahl schulischer Kontaktpersonen konnten keine Gruppen- und Geschlechtsunterschiede identifiziert werden. Bezogen auf den **Freizeitbereich** wird deutlich, dass Kinder in Heimerziehung nur eine sehr geringe Anzahl an Freizeitbekanntschaften, etwa Vereinskameraden, haben. Kinder in Herkunftsfamilien benennen die meisten sozialen Kontakte im Freizeitsektor, jedoch nur geringfügig mehr als Kinder, die in einer Pflegefamilie leben.

In dieser Untersuchung wurden umfangreiche Netzwerkanalysen durchgeführt, deren Ergebnisse nur auszugsweise vorgestellt werden konnten. Erhebungsmethoden wie Interviews, Netzwerkkarten, Vignetten und Dokumentenanalysen wurden als sich ergänzend eingesetzt, um ein umfassendes Bild der kindlichen Netzwerke zu erhalten und die Netzwerksysteme der einzelnen Untersuchungsgruppen vergleichen zu können. Die Ergebnisse der Studie weisen zahlreiche Ansatzpunkte für eine netzwerkorientierte, ressourcen- und soziale Unterstützung fördernde Arbeit im Kontext der Kinder- und Jugendhilfe auf.

5.8 Gruppendiskussionen

Unter einer Gruppendiskussion wird ein Verfahren verstanden, mit dem bestimmte Themenfelder erörtert und Meinungen der Gruppe bzw. einzelner Gruppenmitglieder erfasst werden. Ein Ausgangspunkt dieser Erhebungsform wird in den Arbeiten des Psychologen Kurt Lewin (1936) gesehen, der im sozialpsychologischen Kontext Experimente mit kleineren Gruppen durchführte. Für ihn waren weniger die inhaltlichen Aussagen der Gruppe von Bedeutung, sondern vielmehr das Verhalten der Gruppenmitglieder untereinander. Sein Ziel war es u. a., Aspekte herauszuarbeiten, die z. B. für die Entwicklung gruppeninterner Normen und Regeln bedeutsam sind. Ebenfalls als Vorläufer dieser Erhebungsform sind Untersuchungen von Merton und Kendall (1956) hinsichtlich der Reaktionen von Zuschauerinnen und Zuschauern auf Propagandafilme während des Zweiten Weltkrieges zu sehen. Sie prägten den Begriff der „focus group", ein methodisches Verfahren, das in den 1950er Jahren vor allem in der Markt- und Konsumforschung eingesetzt wurde.

Gruppendiskussionen sind eng verwandt mit der Methode „Befragung" und beinhalten das „Gespräch einer Gruppe von Untersuchungspersonen zu einem bestimmten Thema." (Lamnek 2005, S. 413)

Zentral ist dabei die Annahme, dass Einzelmeinungen kontextuell bedingt sind. Demzufolge ist auch die gesamte Gruppe Adressat der Intervention, d. h. Fragen werden an die gesamte Gruppe gestellt und nicht auf einzelne Personen fokussiert (Bohnsack 2003 a).

Nach Metzinger (1999, S. 103) ist es „Aufgabe der Diskussion (...), ein Thema in freiem Wechselgespräch von allen Seiten durchzukämmen und das Für und Wider sachlich zu ergründen, die eigene Meinung zu äußern, zu Ansichten anderer Stellung zu nehmen, Unklarheiten zu beseitigen oder zu neuen, wesentlichen Erkenntnissen zu gelangen."

Lamnek (2005, S. 413) benennt folgende Ziele, die eine Gruppendiskussion haben kann:

- „Die Erkundung von Meinungen und Einstellungen der einzelnen Teilnehmer der Gruppendiskussion,

- die Ermittlung der Meinungen und Einstellungen der ganzen Gruppe,

- die Feststellung öffentlicher Meinungen und Einstellungen,

- die Erforschung gruppenspezifischer Verhaltensweisen,

- die Erkundung der den Meinungen und Einstellungen zugrunde liegenden Bewusstseinsstrukturen der Teilnehmer,

- die Gruppenprozesse, die zur Bildung einer bestimmten individuellen oder Gruppenmeinung führen,

- die empirische Erfassung ganzer gesellschaftlicher Teilbereiche (Krüger 1983) oder

- die Ermittlung kollektiver Orientierungsmuster (…)."

Abhängig von der jeweiligen Forschungsfrage und dem Untersuchungsziel werden bereits bestehende Gruppen in die Erhebung eingebunden oder eigens für den Untersuchungsauftrag Gruppen gebildet. Häufig wird eine Diskussionsleiterin bzw. ein Diskussionsleiter eingesetzt, die bzw. der Auskunft über das Vorhaben, das Thema und eventuelle Regeln gibt. Zudem hat diese Person die Möglichkeit, mit einer Diskussionsanregung, den Beginn des Gruppengesprächs zu erleichtern. Während der Diskussion übernimmt der Leiter bzw. die Leiterin untersuchungsabhängige Aufgaben, hält sich jedoch weitestgehend zurück. In der Auswertung von Gruppendiskussionen sind die Rolle der leitenden Personen und deren Einflüsse immer mit zu berücksichtigen. Um den Inhalt und Verlauf der Diskussion auswerten zu können, wird die Erhebungssituation durch Ton oder Bild-Ton-Aufnahmen festgehalten. Eine Stärke von Gruppendiskussionen besteht darin, latente Sinn- und Bedeutungsstrukturen der Teilnehmerinnen und Teilnehmer, die in Einzelinterviews nicht zu erfassen sind, aufzuspüren. Gruppendiskussionen ermöglichen einen besonderen Zugang zur sozialen Wirklichkeit der Personen, da in sozialen Situationen Gedanken, Gefühle und Handlungsweisen deutlicher zum Vorschein kommen.

In den Sozialwissenschaften wird ebenfalls dem prozessualen Verlauf der Diskussion und der Interaktion zwischen den Beteiligten Bedeutung geschenkt. Das heißt, es spielt eine Rolle, wie die Teilnehmenden mit bestimmten Themen und mit den jeweiligen Interaktionspartnerinnen und Interaktionspartnern umgehen. Eine Gruppendiskussion informiert dementsprechend nicht nur über Wissen und Einstellungen zu bestimmten Themenbereichen, sondern auch über kommunikatives Handeln und wechselseitige Verständigungsprozesse der Beteiligten.

> „Gespräche sind beobachtbar und verlaufen auf einer formalen nonverbalen Ebene und einer inhaltlich verbalen Ebene. Beide Ebenen sind zusammengehörig und dokumentieren Alltagsbewusstsein, das sich durch subjektive Zwecksetzungen und die Verarbeitung gesellschaftlich vermittelter Ansprüche bestimmt und gewohnheitsmäßige Handlungsroutinen repräsentiert." (Schmidt-Grunert 2005, S. 166)

Gruppendiskussionen ermöglichen entsprechend umfassende Informationen über die Teilnehmerinnen und Teilnehmer und ihre Sichtweisen.

In Untersuchungen mit Kindern kommen Gruppendiskussionen bislang selten zum Einsatz. Die Gründe dafür liegen in den scheinbar ungenügenden Verbalisierungsfähigkeiten von Kindern, ihrer antizipierten unzureichenden Diskussionskultur und eventuell auftretenden Hemmungen einzelner Kinder durch die Gruppensituation.

Heinzel (2000) wendet sich gegen Einwände dieser Art und betont die Vorzüge der Methode im Rahmen von Kindheitsforschung. Ihrer Ansicht nach können kindliche Einstellungen in Gruppendiskussionen sehr gut erfasst werden. Kinder kommen in ihrem Alltag in unterschiedlichen Situationen zusammen, tauschen sich aus und diskutieren. Diese Gespräche bezeichnet Heinzel (2000, S. 120) als „Dokumente ihrer kollektiven Erfahrungen". Am Beispiel von „Kreisgesprächen" in Grundschulen zeigt Heinzel, dass Kinder eigene Gesprächs- und Diskussionskulturen haben, die im Rahmen der Kindheitsforschung untersucht werden können. Gruppendiskussionen ermöglichen es, die dynamischen Kommunikationsprozesse zu erheben, Gruppenentwicklungen zu beobachten und zu dokumentieren. Zudem bietet dieser Ansatz die Möglichkeit, intergenerationale Forschungssituationen etwas aufzulösen, da Kinder die Mehrheit der beteiligten Personen am Untersuchungsgeschehen bilden. Sie benennt bereits existierende institutionalisierte Gesprächssituationen, die den Kindern bekannt sind.

Nentwig-Gesemann (2002) führte mit vier- bis neunjährigen Kindern in Spielsituationen Gruppendiskussionen durch, die sie per Video aufzeichnete. Am Beispiel von Pokémon-Spielen konnte sie deren Kommunikations- und Abstimmungsprozesse sowie ihre kollektive Spielpraxis erfassen. Die Autorin betont im Anschluss an diese qualitative Untersuchung, dass es notwendig ist, Gruppendiskussionen mit spielerischen Elementen anzuregen bzw. zu ergänzen.

Neuß (2003) untersuchte mit unterschiedlichen Methoden das Humorverständnis von Grundschulkindern. Ziel war es, u. a. zu erfassen, worüber Kinder im Alltag lachen, welche Witze sie sich erzählen und welche Fernsehsendungen sie lustig finden. Neben Elterntagebüchern und Kinderaufsätzen stellten Gruppendiskussionen in dieser Studie eine bedeutende Erhebungsform dar. Dabei wurden 30 Gruppendiskussionen mit insgesamt 173 Kindern geführt. Die Diskussionen fanden in Kleingruppen mit sechs bis acht Kindern und getrennt nach Jungen und Mädchen statt. Die Befragung in der Gruppe gliederte sich in drei Phasen und wurde durch einen Leitfaden strukturiert. Eingang in die qualitative wie quantitative Auswertung fanden ca. 1.400 Interviewpassagen. Die Untersuchungen ergaben, dass Grundschulkinder am häufigsten über kleine Missgeschicke anderer Personen, Tollpatschigkeit etc. lachen. Zudem finden sie es besonders lustig, wenn erwartbare Handlungen nicht eintreten, sich jemand entgegen einer Norm verhält oder etwas sehr übertrieben dargestellt wird. Den „Normbruch" bzw. das Nicht-Einhalten von Konventionen sieht Neuß als Schnittmenge des kindlichen Humors an. Weiterhin wurde bei Jungen und Mädchen ein unterschiedliches Humorverständnis erkennbar: Mädchen lachen eher über merkwürdiges Aussehen, komische Ausdrucksweisen (Stimme, Gesang etc.) und über Wort- und Sprachspiele, Jungen eher über Missgeschicke anderer Personen. Nach Neuß liegt ein wesentlicher Vorteil von Gruppendiskussionen darin, dass die Peer-to-peer-Kommunikation erhoben werden kann und ein anderer Verhaltensausschnitt als beim Einzelinterview erfasst wird. Als nachteilig bewertet er die gruppendynamischen Effekte (u. a. Gruppe erzeugt normativen Druck) und die Notwendigkeit, dass der Diskussionsleiter bzw. die Diskussionsleiterin in Erhebungen mit Kindern den Ablauf deutlich stärker strukturieren und steuern muss. Im Anschluss an seine Untersuchung betont Neuß, dass Gruppendiskussionen eine mögliche Methode im Kontext der Forschung mit Kindern sind, sie sich jedoch nicht für die Untersuchung sensibler Themenfelder eignen.

Wagner-Willi (2005) kombiniert in einer Erhebung Gruppendiskussionen, teilnehmende Beobachtung und Videoaufzeichnung, um kindliche Rituale beim Übergang von der Pause in den Unterricht zu erfassen. Sie kann feststellen, dass Kommunikationsrituale den Schulalltag prägen und dass die Peergroup eine entscheidende Bedeutung hat.

Gruppendiskussionen stellen im Rahmen der Kindheitsforschung eine Erhebungsmethode mit Potenzial dar (Heinzel 2000). Neben themenbezogenen Informationen können sie einen Einblick in kinderkulturelle Praxen und gruppendynamische Prozesse geben. Ebenso wie bei anderen Untersuchungsverfahren sind auch bei der Entwicklung, Durchführung und Auswertung von Gruppendiskussionen beständige Reflexionen der Forschenden notwendig.

Übungs- und Reflexionsfragen

Die moderne Kindheitsforschung geht von einem aktiven kompetenten Kind von Geburt an aus. Beobachten Sie in diesem Kontext ein Mädchen oder einen Jungen im Kindesalter in einer Spielsituation und beschreiben Sie, welche Bildungsprozesse Sie dabei wahrgenommen haben.

Vergleichen Sie qualitative Einzelinterviews mit Gruppendiskussionen. Welche Möglichkeiten für die Kindheitsforschung bieten diese Verfahren?

Führen Sie die Vignettenerhebung exemplarisch an einem der oben genannten Beispiele (Geschichtenanfang oder Bildgeschichte) mit einem Kind im Alter zwischen sechs und zehn Jahren durch.

Erstellen Sie gemeinsam mit einem Kind eine Netzwerkkarte, die seine persönlichen Beziehungen visualisiert. Achten Sie dabei auf die unterschiedlichen Qualitäten der Beziehungen.

Literatur für das Selbststudium

Krüger, Heinz-Hermann/Grunert, Cathleen (2001): Biographische Interviews mit Kindern. In: Behnken, Imbke/Zinnecker, Jürgen (Hrsg.): Kinder, Kindheit, Lebensgeschichte. Ein Handbuch. Seelze-Velber: Kallmeyer. S. 129-142.

Mey, Günter (2001): Den Kindern eine Stimme geben! Aber können wir sie hören? Zu den methodologischen Ansprüchen der neueren Kindheitsforschung. In: Forum Qualitative Sozialforschung [Online Journal], 2 (2).

Oswald, Hans/Krappmann, Lothar (1995): Kinder. In: Flick, Uwe/Kardorff, Ernst von/Keupp, Heiner/Rosenstiel, Lutz von/Wolff, Stephan (Hrsg.): Handbuch Qualitative Sozialforschung. München: Psychologie Verlags Union. S. 355-358.

Werner, Jillian/Stiehler, Steve/Nestmann, Frank (2006): „Dresdner Bewältigungsvignetten"- Ein qualitatives Erhebungsinstrument zur Erfassung kindlicher Hilfesuch- und Bewältigungsstrategien. In: Hollstein, Bettina/Straus, Florian (Hrsg.): Qualitative Netzwerkanalyse. Konzepte, Methoden, Anwendungen. Wiesbaden: VS Verlag für Sozialwissenschaften. S. 417-439.

Zum Weiterlesen

Keller, Heidi (Hrsg.) (2003): Handbuch der Kleinkindforschung. Bern, Göttingen, Toronto, Seattle: Hans Huber.

Krüger, Heinz-Hermann/Grunert, Cathleen (Hrsg.) (2002): Handbuch der Kindheits- und Jugendforschung. Opladen: VS Verlag für Sozialwissenschaften.

6. Mögliche Auswertungsmethoden

■ Innerhalb der Sozialforschung gibt es verschiedene Verfahren, um erhobene Daten quantitativ wie qualitativ auszuwerten. Zur Auswertung sind sämtliche Arbeiten zu zählen, die mit der Aufbereitung, Analyse und Interpretation des empirischen Materials zu tun haben. Dabei werden bereits existierende Auswertungsmethoden oft auch modifiziert, um dem vorliegenden Datenmaterial gerecht zu werden. Auch die Kindheitsforschung hat einige Auswertungsmethoden übernommen, sie teilweise jedoch ihrem Forschungsfeld entsprechend angepasst und geändert. Auswertungsmethoden werden dabei in der Regel miteinander im Sinne der Fragestellungen verbunden, um möglichst umfangreiche Informationen über die untersuchten Personen bzw. Personengruppen zu erhalten.

Egal ob es sich um quantitative oder qualitative Forschung handelt, am Ende ist jeweils ein Forschungsbericht zu verfassen. Ein wichtiger Bestandteil eines jeden Forschungsberichts ist die Darlegung der Vorgehensweise und der Forschungsmethode. Die Darstellung der Ergebnisse empirischer Untersuchung steht vor der Schwierigkeit, dass eine Vielzahl von Daten und Informationen beschrieben und analysiert werden muss. Notwendig ist es deshalb, relevante Ergebnisse auszuwählen. In quantitativen Studien ist es üblich, die Ergebnisse unterstützt durch Tabellen und Abbildungen zu präsentieren. In qualitativen Studien werden Interviewauszüge oder Auszüge aus anderen Materialien (z.B. Feldnotizen) zitiert.

Das folgende Kapitel stellt mögliche Auswertungsstrategien der qualitativen Sozialforschung dar. Zunächst wird jedoch auf die Auswertung im Rahmen der quantitativen Sozialforschung eingegangen.

6.1 Auswertung quantitativer Studien

Da es in der quantitativen Sozialforschung immer darum geht, empirische Relationen in numerische umzuwandeln, steht am Anfang der Auswertung immer ein computerlesbarer Datensatz. Es ist heute üblich, dass die Berechnungen mit Hilfe des Computers und mit einem dafür geeigneten Computerprogramm durchgeführt werden. Am verbreitetsten ist SPSS; diese Abkürzung steht für „Statistical Package for the Social Sciences". (Seit kurzem ist

SPSS nur noch der Firmenname und die Software hat den neuen Namen „PASW Statistics".) Für eine Reihe von Berechnungen ist es durchaus auch möglich, die Tabellenkalkulation eines Office-Programms zu nutzen.

Bei Online- bzw. Telefonbefragungen wird ein computerlesbarer Datensatz gleich während der Eingabe der Antworten erzeugt. Bei den herkömmlichen Papier-Fragebögen erfolgt dies erst hinterher. Das kann auch mit Hilfe eines Scanners erfolgen. Dafür ist es aber notwendig, dass der Fragebogen vorher maschinenlesbar gestaltet wurde. Die Daten der Fragebögen können ebenso manuell eingegeben werden. Egal auf welchem Weg der Datensatz erzeugt wird, in jedem Fall schließt sich eine Datenbereinigung an. Diese Phase dient dazu, den Datensatz auf Fehler zu kontrollieren und diese dann zu beseitigen.

Der erste Schritt der eigentlichen Auswertung ist eine Häufigkeitszählung zu jeder Frage bzw. jeder Variable. Vielfach fallen Frage und Variable zusammen. Dies ist aber nicht immer der Fall. Bei Fragen, die Mehrfachantworten zulassen – das muss von den Forschenden im Fragebogen ausgewiesen werden – ist eine jede Antwortvorgabe eine Variable. Das heißt, eine Frage mit Mehrfachantworten umfasst so viele Variablen wie Antwortvorgaben.

Bei der Häufigkeit wird in absolute und relative Häufigkeit unterschieden. Die absolute Häufigkeit gibt an, wie viele Personen eine bestimmte Antwortvorgabe gewählt haben. Bei der relativen Häufigkeit wird diese Anzahl auf die Gesamtzahl bezogen. Da es in Fragebogenerhebungen vorkommt, dass nicht alle Befragten alle Fragen beantworten, weist ein SPSS-Ausdruck immer auch so genannte „Missings" aus. Das ist die Anzahl der Personen, die diese Frage nicht beantwortet hat. Üblich ist es, die relative Häufigkeit auf die Gesamtzahl der Personen zu beziehen, die diese Frage beantwortet hat. Hilfreich kann bereits bei der univariaten Auswertung sein, neben einer Tabelle auch eine graphische Darstellung in Form eines Balken- oder Kreisdiagramms mittels des Computers zu erstellen.

Für die weitere Datenanalyse ist es wesentlich, das Skalenniveau der Daten zu beachten, da die möglichen statistischen Analyseverfahren vom Skalenniveau abhängen. Unterschieden wird zwischen Nominal-, Ordinal-, Intervall- und Verhältnisskalen.

Bei **nominalskalierten Daten** können nur Aussagen über Gleichheit oder Ungleichheit der Merkmalsausprägungen getroffen werden. Ein Beispiel dafür sind die Angaben darüber, von wem ein Kind aus der Kindertageseinrichtung abgeholt wird (z. B. Mutter, Vater, Großmutter, Geschwister).

Ordinalskalierte Daten weisen eine Rangfolge im Sinne von größer/kleiner, besser/schlechter usw. auf. Dazu zählen die Angaben über Zufriedenheit mit den Öffnungszeiten einer Einrichtung (z. B. mit den Antwortvorgaben „sehr zufrieden", „eher zufrieden", „eher unzufrieden", „sehr unzufrieden").

Bei **intervallskalierten Daten** ist die Differenz zwischen zwei beliebigen, aufeinander folgenden Werten gleich und verhältnisskalierte Daten haben zusätzlich einen Nullpunkt. Zusammengefasst werden diese beiden auch als metrische Daten bezeichnet. Beispiele dafür sind die Kinderzahl einer Familie oder auch die Betreuungsdauer in einer Einrichtung.

Neben der Häufigkeit können für univariate Darstellungen auch Mittelwerte und Streuungsmaße verwendet werden. Gängige Mittelwerte sind der Modus, das arithmetische Mittel und der Median. Der Modus ist der Zahlenwert, der in der Datenmenge am häufigsten vorkommt. Der Median ist der Zahlenwert, der eine aufsteigende Datensequenz in zwei gleich große Hälften teilt. Das arithmetische Mittel errechnet sich aus der Division der Summe aller Zahlenwerte einer Datenmenge durch die Anzahl der Elemente. Der Modus kann bereits bei Nominaldaten errechnet werden, der Median ab ordinalskalierten Daten und das arithmetische Mittel erst, wenn davon ausgegangen werden kann, dass die Abstände zwischen aufeinander folgenden Werten gleich sind. Das einfachste Streuungsmaß ist die Spannweite, verbreiteter sind die Standardabweichung und die Varianz.

Im nächsten Schritt der Datenanalyse werden Zusammenhänge zwischen zwei Variablen (z. B. Betreuungsdauer der Kinder und Arbeitszeit der Eltern) hergestellt. Dabei handelt es sich um so genannte bivariate Analysen. Es besteht die Möglichkeit, diese in Form von Kreuztabellen darzustellen, in der die Merkmalsausprägungen der Variable A in den Zeilen und die der Variable B in den Spalten aufgeführt werden. Möglich ist es ebenfalls zu berechnen, ob die vorhandenen Zusammenhänge „überzufällig", also signifikant, sind. Hierfür werden Signifikanztests genutzt. Eine weitere Möglichkeit ist es, die Stärke des Zusammenhangs, die so genannte Korrelation, zu berechnen. Je nach Skalenniveau gibt es unterschiedliche Korrelationskoeffizienten. Besteht zwischen zwei Variablen kein Zusammenhang, dann ist der Korrelationskoeffizient gleich null. Er ist gleich eins, wenn sich beide Variablen stets in die gleiche Richtung verändern, und minus eins, wenn sie stets entgegengesetzt variieren. In aller Regel schwankt ein Koeffizient zwischen eins und minus eins. Zu beachten ist ebenso, dass eine Korrelation nicht kausal interpretiert werden darf. Auch aus der unwahrscheinlichen Korrelation von eins kann nicht unmittelbar geschlossen werden, dass eine Variable die Ursache für die Veränderung der anderen ist.

Wenn mehr als zwei Variablen in die Analyse einbezogen werden, spricht man von einer multivariaten Auswertung. Möglich wird es dadurch zu zeigen, dass ein Teil des Zusammenhangs durch eine dritte bzw. weitere Variable hervorgerufen wird. Zu den wichtigen Verfahren zählen die Regressionsanalyse, Varianzanalyse und die Faktorenanalyse.

6.2 Grounded Theory

„Eine ‚**Grounded**‘ **Theory** ist eine gegenstandsverankerte Theorie, die induktiv aus der Untersuchung des Phänomens abgeleitet wird, welches sie abbildet. Sie wird durch systematisches Erheben und Analysieren von Daten, die sich auf das untersuchte Phänomen beziehen, entdeckt, ausgearbeitet und vorläufig bestätigt. Folglich stehen Datensammlung, Analyse und die Theorie in einer wechselseitigen Beziehung zueinander. Am Anfang steht nicht eine Theorie, die anschließend bewiesen werden soll. Am Anfang steht vielmehr ein Untersuchungsbereich – was in diesem Bereich relevant ist, wird sich erst im Forschungsprozess herausstellen." (Strauss/Corbin 1996, S. 7 f. – Herv. i. Orig.)

Dies impliziert, dass das theoretisch-methodische Vorgehen sich nicht nur beschränkt auf die Analyse und Interpretation erhobenen Datenmaterials, sondern dass der gesamte Untersuchungsrahmen von Anfang an als ein Prozess verstanden wird, der sich im Kontext weiterführender theoretischer und empirischer Auseinandersetzungen entwickelt und spezifiziert.

Grundsätzliches Ziel der grounded theory ist, eine engere Verbindung von theoretischer und empirischer Forschung im sozialwissenschaftlichen Kontext zu schaffen, d. h. Theorien weitestgehend aus der Realität zu generieren. Dadurch können Theorien basierend auf der forschungsmethodisch gegenstandsbezogenen Auseinandersetzung entstehen und sind weniger abstrakt. In Deutschland wird die Bezeichnung ‚grounded theory‘ in Ermangelung einer adäquaten Übersetzung verwendet. Am ehesten geeignet ist die deutsche Bezeichnung einer „gegenstandsbezogenen Theorie", wobei auch diese dem Umfang des Ansatzes nur unzureichend gerecht wird. Von den Autoren gab es zunächst nur wenige Vorgaben hinsichtlich Datenerhebung und -auswertung. Erst später entwickelte Strauss gemeinsam mit Corbin ein „Codier-Paradigma", das Hinweise zur Datenauswertung enthält. Glaser (1992) hingegen verwehrte sich gegen eine „Kodifizierung der Kodierung".

Kodieren bedeutet im Rahmen der grounded theory, während der Analyse Kategorien zu entwickeln und diesen die Daten zuzuordnen. Die Kategorien stehen demzufolge nicht vorher fest, sondern werden im Verlauf der Auswertung entwickelt und beständig modifiziert. Breidenstein und Kelle (1998) arbeiteten nach der grounded theory, um den Alltag von Mädchen und Jungen in Grundschulklassen zu erheben. Dabei analysierten sie Beobachtungsprotokolle und transkribierten ethnographische Interviews und verdichteten das Datenmaterial Schritt für Schritt zu Kategorien.

Die Arbeit mit der grounded theory (Strauss 1994, Strauss/Corbin 1996) ermöglicht es, erhobene Daten tiefgründig und reflexiv-überprüfend auszuwerten. Der Ansatz des Sich-in-Frage-Stellens wird während des gesamten Untersuchungsprozesses beibehalten, um die Forschungshaltung einschränkende subjektive, zensierende Konstruktionen und Vorurteile aktiv aufzufangen und zu „durchbrechen". **Fragen zu stellen und Vergleiche zu ziehen** ist auch **das** zentrale methodische Vorgehen, um Daten zu kodieren. Auskünfte der Untersuchungspersonen, ihre Einstellungen, ihr Verhalten und Handeln können dadurch intensiv analysiert werden.

Es werden drei Arten des Kodierens unterschieden (Strauss 1994):

- offenes Kodieren,
- selektives Kodieren und
- axiales Kodieren

■ Offenes Kodieren

Die Daten (z. B. Interviewtranskripte) werden gelesen und Schritt für Schritt durchgearbeitet. Dabei werden Textpassagen, Sätze, Zeilen, Worte, Interviewpausen oder nonverbales Verhalten inhaltlich benannt bzw. kategorisiert. Im Prinzip werden alle Selbstauskünfte kodiert, um wesentliche Informationen zu erhalten und einen intensiven Reflexionsprozess während der Datenauswertung auszulösen. Die kategoriale Benennung von Sätzen, Textpassagen und Wörtern etc. orientiert sich an Überlegungen im Kontext der theoretischen Sensibilität. Bezeichnungen für Kategorien können sich allerdings auch durch die Daten selbst entwickeln. So geben zum Beispiel „Schlüsselwörter" oder „Schlüsselsätze" relevante Auskünfte über Leben, Erfahrungen, Sichtweisen der Untersuchungspersonen und tiefliegende Motive und Ursachen für ihr Verhalten und Handeln. Diese wortwörtlichen Begriffe oder Passagen aus dem Datenmaterial werden zu so genannten „In-vivo-Kodes".

■ Axiales Kodieren

Durch das offene Kodieren sind spezifische Kategorien entstanden, die durch axiales Kodieren kontextualisiert werden. Hauptanliegen ist es nunmehr, die einzelnen und unterschiedlichen Kategorien miteinander zu verbinden. Dadurch entstehen Subkategorien, die über spezifische Eigenschaften, raumzeitliche, kulturelle, historische Kontexte und Settings, Interaktions- und Handlungsrepertoires Auskunft geben. Dadurch wird zum einen kategorisiertes Datenmaterial zusammengefasst und zum anderen ermöglicht, anhand der immer weiter voranschreitenden Datenanalyse Hauptkategorien zu identifizieren. Im Vordergrund steht dabei, die individuelle „Geschichte" der jeweiligen Untersuchungsperson mittels des vorliegenden Datenmaterials zu rekonstruieren und zu fokussieren.

■ Selektives Kodieren

Anhand der Kategorien und Subkategorien wird es mit diesem Auswertungsschritt nunmehr möglich, die Kernkategorie zu identifizieren, unter die alle anderen subsumiert werden können. Auf einer nunmehr abstrakten

Auswertungsstufe wird versucht, mittels dieser Kernkategorie dem rekonstruierten Fall einen individuellen Namen zu geben bzw. durch eine Überschrift inhaltlich zu bestimmen. Innerhalb einer Hauptkategorie werden alle inhaltlichen Phänomene bzw. aufgefundenen Kategorien miteinander in Beziehung gesetzt, um den „roten Faden der Geschichte" zu erhalten (Strauss/Corbin 1996, S. 94). Dieser rote Faden ermöglicht es, alle benannten Kategorien und Subkategorien unter der Hauptkategorie wiederzufinden. Die Kernkategorie zeichnet sich dadurch aus, dass die jeweils einzelnen Kodierschritte miteinander verbunden werden und so eine kontextgebundene Geschichte entstehen kann.

Wesentliches Anliegen der grounded theory ist es, subjektive Vorurteile und Einstellungen in den Blick zu nehmen, um einseitige Deutungen oder interpretative Verzerrungen zu minimieren bzw. zu vermeiden. Neben den den gesamten Forschungsprozess begleitenden reflexiven Fragen sowohl an sich als Forscherin bzw. Forscher als auch an das Datenmaterial benennt die grounded theory ein weiteres wichtiges Instrumentarium.

Die „Flip-Flop-Technik" hat zum Ziel, benannte Kategorien auf den „Kopf zu stellen und sich genau das Gegenteil vorzustellen" (Strauss/Corbin 1996, S. 64), damit ein Perspektivwechsel eintritt, Daten und Kodes aus zusätzlichen Blickwinkeln betrachtet, überprüft und analysiert werden. Diese Technik ist hilfreich, um einseitige Interpretationen aufzulösen und flexibles Denken zu ermöglichen.

In der Phase der Auswertung ist es ebenfalls wichtig, einen kontinuierlichen theoretischen und empirischen Austausch in einem Forschungskollegium zu pflegen. Durch vergleichendes Denken im Team können einseitige Textinterpretationen und Kodierungen überprüft und differenziert werden.

Die Arbeit mit grounded theory ist verbunden mit einem konsequent qualitativ ausgerichteten Forschungsdesign – von der Formulierung des Untersuchungsgegenstands bis hin zur Interpretation der Daten – mit dem Ziel der Theoriegenerierung. Grounded theory ist als Forschungsansatz äußerst komplex. Dementsprechend handelt es sich um keine einzelne Methode, sondern um ein methodisches Bündel ineinandergreifender Verfahren.

In der Phase der Erhebung ist besonders das Vorgehen nach dem „theoretical sampling" (Strauss/Corbin 1996) zentral. Theoretical sampling stellt eine Alternative zu klassischen Verfahren der Stichprobenziehung dar bzw. steht den Gütekriterien in quantitativ ausgerichteter Logik, wie Objektivität, Reliabilität und Validität, konträr gegenüber, indem während des Untersuchungsverlaufs bzw. der Erhebungsphase die Stichprobe immer wieder neu bestimmt wird bzw. die Kriterien für die Auswahl bestimmter Probandinnen und Probanden modifiziert werden. Hintergrund dieser Flexibilität ist, dass schon die Stichprobenziehung fest im Kontext der Theoriegenerierung verankert ist. Es geht darum, das Phänomen von Beginn an von innen heraus zu verstehen, die Daten einer tiefgründigen Analyse zu unterziehen, um letztendlich bedeutsame Ergebnisse erzielen zu können. Die Stichproben-ziehung orientiert sich deshalb nicht an repräsentativen Kriterien, da es nicht darum geht „die richtige Auswahl zu treffen, um den interessierenden Meinungsgegenstand wirklich und in all seinen Facetten abzubilden und zu begreifen" (Beck/Schaeppi 2006, S. 4). Die Probandinnen und Probanden werden stattdessen danach ausgewählt, „ob sie das **Wissen über den Un-tersuchungsgegenstand erweitern können oder nicht**" (ebd., S. 5 – Herv. i. Orig.).

Theoretical sampling konsequent angewandt beinhaltet auch, Hypothesen, theoretische Bezüge, Einschätzungen, Konstrukte erst im Verlauf des For-schungsprozesses bzw. anhand des Datenmaterials immer wieder (weiter) zu entwickeln, da die Theorie in den Daten selbst verankert ist. Wichtigstes Kriterium in diesem Sinne ist die Gegenstandsangemessenheit:

> „Es geht nicht um ein repräsentatives ‚Einfangen' von allen mögli-chen Variationen und Meinungen zu einem Forschungsthema, son-dern darum, ein tieferes Verständnis der bisher analysierten Fälle zu gewinnen und die gewonnenen Konzepte und den analytischen Rah-men des Forschungsprojekts weiterzuentwickeln." (ebd., S. 5)

Beck und Schaeppi (ebd.) weisen darauf hin, die Gegenstandsangemessen-heit immer wieder zu prüfen:

- Wie gut passen die im Forschungsprozess entwickelten Katego-rien, Memos, Erhebungsinstrumente, Aussagen, Theorien zu den jeweiligen Daten?

- Wie gut lassen sich die im Forschungsprozess entwickelten Kate-gorien, Memos, Erhebungsinstrumente, Aussagen, Theorien durch das Datenmaterial begründen?

Aufgrund der hohen Priorität der Gegenstandsangemessenheit können sich auch Erhebungsinstrumente während des Forschungsverlaufs ändern, da anhand der Erkenntnisse der den Forschungsprozess von Anfang an beglei-tenden Datenanalyse für die Theoriebildung wesentliche neue, relevante Aspekte und Theoriekonstrukte generiert werden, die ständig in die Ent-wicklung des Forschungsdesigns integriert werden.

Beispiel ‚theoretical sampling'

In einem Forschungsprojekt zum Thema „Gesundheitsverhalten von Kindern in Kindertageseinrichtungen" werden Mädchen und Jungen im Alter zwischen fünf und sechs Jahren, die einen Kindergarten be-suchen, interviewt. Mit der Auswertung der ersten transkribierten In-terviews wird deutlich, dass einige interviewte Kinder mehrfach äu-ßern, sich vor allem am Essverhalten älterer Kinder zu orientieren. In der Kindertageseinrichtung ist der Hortbereich untergebracht. Hort-

und Kindergartenkinder haben sehr häufig miteinander Kontakt und nehmen auch die Hauptmahlzeiten gemeinsam ein.

Anhand der ersten Erkenntnisse, die sich aus dem Datenmaterial ergeben, wird sowohl die Stichprobe vergrößert – ältere Kinder im Hortalter werden als Zielgruppe identifiziert und in die Stichprobe aufgenommen – als auch der Interviewleitfaden um Fragen zum Thema „Gesundheitsvorbilder", „Peereinflüsse" etc. erweitert. ∎

Die Arbeit mit grounded theory ist sehr umfassend, da der methodologische Zugang sehr komplex ist. Eigene Recherchen ergaben, dass im Bereich der Kindheitsforschung bisher kaum damit gearbeitet wird. Dieser Ansatz ist jedoch sehr gut geeignet, um Datenmaterial von Mädchen und Jungen einer tiefgründigen Analyse zu unterziehen und dabei vielfältige, auch subtil wirkende Einflüsse zu berücksichtigen.

6.3 Qualitative Inhaltsanalyse

Im Kontext qualitativer Ansätze dient die Inhaltsanalyse nach Lamnek (2005, S. 480) der „Interpretation symbolisch-kommunikativ vermittelter Interaktion in einem wissenschaftlichen Diskurs". Mayring (2002, S. 114) zufolge besteht die Stärke der Inhaltsanalyse darin, dass durch sie „streng methodisch kontrolliert das Material schrittweise analysiert" werden kann. Ziel ist die systematische Analyse von Datenmaterial. Grenzen des Ansatzes zeigen sich jedoch u. a. bei einer offenen, deutlich am Material orientierten Herangehensweise, wo ein regelgeleitetes strukturiertes Vorgehen eher hinderlich und einschränkend wirkt.

Eine weit verbreitete Form der qualitativen Inhaltsanalyse stammt von Philipp Mayring (1985, 2000). Es handelt sich dabei um ein Verfahren, das ein theoriegeleitetes Vorgehen ermöglicht, ohne explorative Anteile auszuschließen. Durch diese Auswertungsform ist es möglich, größere Materialmengen zu bearbeiten und quantitative Schritte in die Analyse einzubauen (vgl. Bortz/Döring 1995, Drees 1998). Das Verfahren hilft, erhobene Daten systematisch und regelgeleitet auszuwerten und zu interpretieren. Abbildung 14 stellt ein allgemeines Stufenmodell der Inhaltsanalyse nach Mayring dar.

Um das vorliegende Material inhaltsanalytisch zu analysieren, muss zunächst das Material exakt festgelegt werden. Lediglich die textlichen bzw. bildlichen Bestandteile, die für die Beantwortung der Forschungsfragen notwendig sind, werden ausgewählt. In einem zweiten Schritt werden Informationen zum Entstehungszusammenhang der Daten in die Analyse einbezogen, um notwendige Hintergrundinformationen zu erhalten. Daran anknüpfend „muss beschrieben werden, in welcher Form das Material vorliegt"

Abbildung 14: Allgemeines inhaltsanalytisches Ablaufmodell nach Mayring (2000, S. 54)

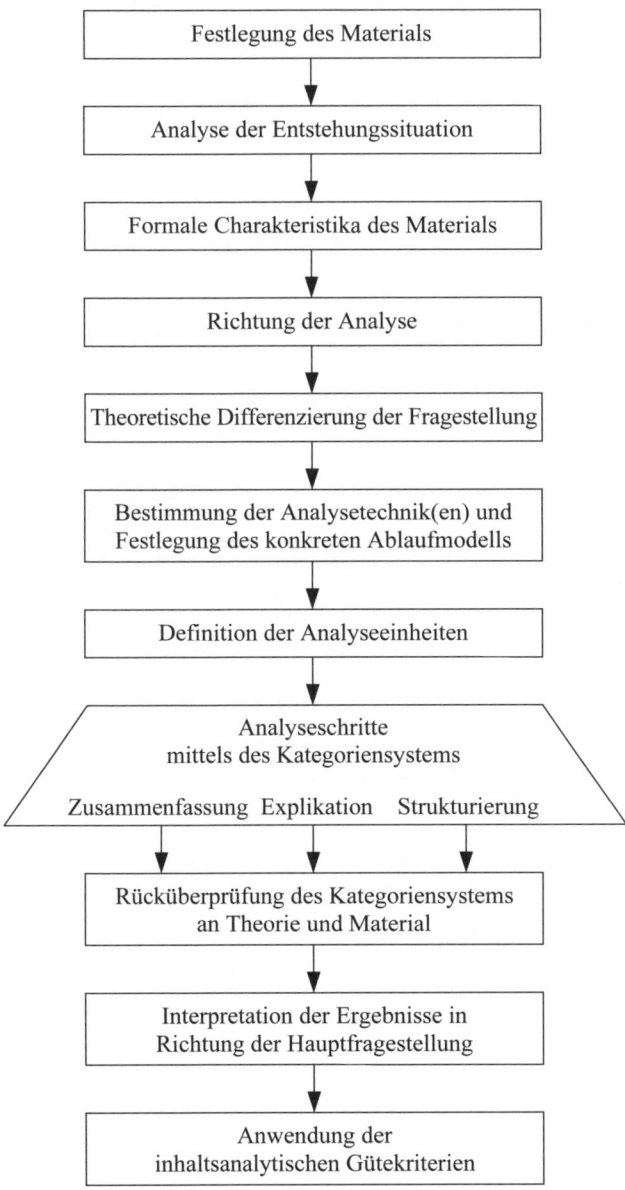

(Mayring 2000, S. 47), um im nächsten Schritt die Richtung der Analyse zu bestimmen. Zentral ist die Frage, was die Forschenden aus den Daten interpretieren bzw. wozu sie konkret Aussagen machen möchten. Der nächste Schritt verdeutlicht, „dass die Fragestellung der Analyse vorab genau geklärt sein muss, theoretisch an die bisherige Forschung über den Gegenstand angebunden und in aller Regel in Unterfragestellungen differenziert werden muss" (ebd., S. 52). Zudem müssen von den Auswertenden die Analysetechniken und die Analyseeinheiten festgelegt werden. Anschließend erfolgt die eigentliche Analyse des Datenmaterials. Dabei stehen unterschiedliche Analysetechniken zur Auswahl, die drei Grundformen des Interpretierens zugeordnet werden können:

- Zusammenfassung,
- Explikation und
- Strukturierung.

Ziel der **Zusammenfassung** ist die Reduktion des Gesamtmaterials auf einen überschaubaren und alle wesentlichen Inhalte wiedergebenden Kurztext. Um das zu erreichen, können Einzelaussagen paraphrasiert und anschließend unter einem (in der Forschungsgruppe) festgelegten Abstraktionsniveau generalisiert und gebündelt werden. Bei der **Explikation** wird versucht, unklare Textstellen durch Herantragen zusätzlichen Materials verständlich zu machen. Dabei kann auf zwei unterschiedliche Explikationsverfahren zurückgegriffen werden: die enge und die weite Kontextanalyse. Die erstgenannte greift ausschließlich auf Material aus dem Textkontext zurück, die zweite bezieht darüber hinausgehende Informationen ein. Ziel der **strukturierenden Analyse** ist es, „bestimmte Aspekte aus dem Material herauszufiltern, unter vorher festgelegten Ordnungskriterien einen Querschnitt durch das Material zu legen oder das Material aufgrund bestimmter Kriterien einzuschätzen" (Mayring 2002, S. 115). Abschließend werden die Ergebnisse mit Blick auf die Fragestellungen interpretiert und die Vorgehensweise bezüglich forschungsmethodischer Gütekriterien (u. a. Validität, Reliabilität, Objektivität, → 5.1) bewertet (Mayring 2000, S. 109 ff.).

Auch im Rahmen der Kindheitsforschung können inhaltsanalytische Auswertungsvorgehen gefunden werden (u. a. Röhner 1997, Zeiher/Zeiher 1994). Zeiher und Zeiher (1994) entwickelten ein eigenes qualitatives inhaltsanalytisches Verfahren, um von Kindern erstellte Tagesverlaufprotokolle zu erfassen und zu interpretieren. Neben den Protokollen wurden auch erklärende Aussagen der Kinder in die Auswertung einbezogen, die Aufschluss über die Gründe für den Wechsel von bestimmten Tätigkeiten geben. Auf diese Weise konnten die unterschiedlichen Tagesverläufe einzelner Kinder, aber auch die Unterschiede zwischen den Kindern erhoben werden.

6.4 Themenzentriert-komparative Verfahren

Das themenzentriert-komparative Auswertungsverfahren wurde im Rahmen der Erforschung jugendlicher Alltagswelten von Karl Lenz (1986) entwickelt. Dieses Verfahren hat sich gerade in der explorativen Untersuchung wenig beforschter Gegenstandsbereiche und Felder als äußerst ergiebig erwiesen. Das

Auswertungsverfahren orientiert sich an den Grundsätzen sozialwissenschaftlicher Hermeneutik, die von der Rekonstruktion tiefer liegender Sinn- und Bedeutungsgehalte aus Interviewinformationen ausgeht. Darauf basierend gehen Anregungen der ‚grounded theory' (Glaser/Strauss 2008) und der Analyse narrativer Interviews (Fischer-Rosenthal/Rosenthal 1997) in das themenzentriert-komparative Auswertungsverfahren ein. Die Auswertungsmethode kann für verschiedenartig erhobenes Datenmaterial verwendet werden.

Bezogen auf die Analyse von Interviews empfiehlt sich folgendes Vorgehen:

1. Transkription der Interviews: Basis für die Auswertung ist, dass die durchgeführten Interviews zunächst transkribiert und verschriftlicht werden.

2. Identifikation der Themenkomplexe: Basierend auf einem zweiten Lesevorgang werden den bereits identifizierten Themenschwerpunkten Interviewpassagen zugeordnet.

3. Themenanalyse: Der dritte Analyseschritt befasst sich mit der interpretativen Erschließung der Themenkomplexe anhand der entsprechenden Interviewpassagen. Für jeden Themenkomplex wird Schritt für Schritt versucht, den Hintergrund und Sinn bestimmter Aussagen zu rekonstruieren. Diese rekonstruierten Bedeutungsgehalte sind im Anschluss in Form von Substraten festzuhalten.

4. Fallübergreifende Bestimmung von Grundmustern: Dieser Auswertungsschritt geht der Frage nach: Sind bei fallübergreifender Betrachtung der Substrate zu einzelnen Themenkomplexen Grundmuster zu identifizieren? Ziel ist es, aus dem Vergleich der Substrate aller Interviews Kategorien zu gewinnen und Gemeinsamkeiten und Unterschiede zu erkennen.

5. Konstruktion deskriptiver Modelle: Auf der letzten Stufe werden typische Kombinationen von Grundmustern herausgearbeitet. Basierend auf diesen Typisierungen und entsprechenden grundlegenden wissenschaftlichen Theorien ist es möglich, die Hypothesen zu überprüfen.

Albert Lenz (2001) führte mit insgesamt 100 Kindern im Alter zwischen sechs und 13 Jahren Leitfadeninterviews, die durch Fragebögen ergänzt wurden, zu ihrer Sicht auf Erziehungsberatungsprozesse durch. Im Zentrum der Untersuchung standen die Fragen, wie Kinder die Beratung erleben, wie sie ihre Rolle und die Möglichkeiten ihrer Beteiligung in den Beratungssituationen bewerten und wie sie den Nutzen der Beratung einschätzen. Zur Datenauswertung wendete Lenz das themenzentriert-komparative Verfahren an. Die Ergebnisse zeigen, dass die befragten Kinder die Erziehungsberatung „skeptisch und zurückhaltend positiv beurteilen" (ebd., S. 127). Zirka zwei Drittel bewerten den Beratungsprozess positiv, jedoch fühlen sich ebenfalls etwa zwei Drittel im Kontext der Kontraktbildung nur unzureichend einbezogen. Veränderungen durch den Beratungsprozess sehen die Kinder vor allem im persönlichen und familiären Bereich. Wenn auch mit Vorbehalten sind 62% der Kinder mit der Beratung zufrieden und können sich vorstellen, erneut eine Beratung in Anspruch zu nehmen. Es wird deutlich, dass die positiven Einschätzungen und Bewertungen eng an eigene Partizipationsmöglichkeiten im Beratungsprozess geknüpft sind, während negative Bewertungen mit unzureichenden Gestaltungsmöglichkeiten verbunden werden. Zusammenfassend kann Albert Lenz (2001, S. 126) feststellen,

> „dass Kinder in den Altersstufen zwischen sechs und 13 Jahren von ihrem kognitiv-interaktionalen und emotionalen Entwicklungsstand her in der Lage sind, eigenständige Positionen einzunehmen und kritische, auch von der Erwachsenenperspektive abweichende Meinungen und Sichtweisen über Beratung, deren Verlauf, Arbeitsweisen und Ergebnisse zu äußern."

Die themenzentriert-komparative Auswertungsmethode stellt eine Möglichkeit dar, vorliegendes Datenmaterial intensiv und themenbezogen zu analysieren. Sie ermöglicht es zudem, insbesondere große (qualitativ erhobene) Datenmengen zu bearbeiten.

6.5 Dokumentarische Methode

Die dokumentarische Methode wurde von Bohnsack (1997, 2001) zunächst für die Auswertung von Gruppendiskussionen mit Bezug auf die Arbeiten des Wissenssoziologen Karl Mannheim (1980) entwickelt. Im Zentrum dieses rekonstruktiven Analyseverfahrens steht das Erkennen und Erfassen von Interaktionsregeln und -mustern sowie kollektiver Orientierungen. Gemeinsame (aber auch individuelle) Haltungen und Handlungsweisen während einer Diskussion werden auf diese Weise eruiert. Ziel dieses Auswertungsansatzes ist es, die soziale Welt aus der Perspektive der handelnden Personen zu sehen. Von entsprechend großer Bedeutung ist dabei die Analyse des handlungspraktischen Erfahrungswissens. Bohnsack (2002, S. 120) betont:

> „Es bedarf vielmehr des Einblicks in das handlungspraktische Wissen und in die Eigendynamik der Interaktion und der habitualisierten Praxis. Diese erschließen sich über die Analyse von Beschreibungen oder Erzählungen oder in direkter Beobachtung."

Diese Methode eignet sich jedoch nicht nur für die Auswertung von Diskussionen. Auch Interviews, Videos oder Bilder können damit ausgewertet werden. Während die dokumentarische Methode in der Jugendforschung bereits oft zum Einsatz kommt, wurde sie in der Kindheitsforschung bislang eher selten angewandt. Die Auswertung nach der dokumentarischen Methode erfolgt nach Bohnsack (2003) in vier aufeinander aufbauenden Schritten:

1. Formulierende Interpretation: Während dieses Auswertungsschrittes werden Themen und Unterthemen eines vorliegenden Textes herausgearbeitet. „Hierbei geht es darum, zunächst konsequent **innerhalb** des Relevanzsystems, des Rahmens der Gruppe zu bleiben" (Bohnsack 2003, S. 34, Herv. i. Orig.).

2. Reflektierende Interpretation: In einem zweiten Schritt werden die inhaltlichen Aussagen zu einem bestimmten Thema mit dem gesamten Grundmuster der Äußerungen z.B. in der Diskussion in Verbindung gebracht und komparativ herausgearbeitet, d.h. der eigentliche kollektive Orientierungsrahmen wird rekonstruiert und erfasst. Einzelne Textabschnitte werden miteinander verglichen, um die Bedeutung von Aussagen im Gesamtkontext erschließen zu können.

3. Diskurs- bzw. Fallbeschreibung: Nachfolgend wird der Verlauf des Diskurses inhaltlich und formal rekonstruiert und dargestellt. Von wesentlicher Bedeutung ist dabei, wie sich z.B. die Teilnehmenden einer Gruppendiskussion aufeinander beziehen, welche Themen sich innerhalb des Gesprächs ergeben und inwieweit sich im Gesamtkontext von inhaltlichen Bezügen und formaler Diskussionsleitung ein kollektiver Orientierungsrahmen rekonstruieren lässt.

4. Typenbildung: Der letzte Schritt der dokumentarischen Methode umfasst die Typenbildung. Gemeinsamkeiten und Unterschiede von Einzelfällen ermöglichen im Kontext eines kontrastierenden Vergleichs eine bestimmte Typik zu entwickeln.

Nentwig-Gesemann (2002) wendet für ihre Erhebung von Gruppendiskussionen mit Kindern beim Pokémon-Spiel die dokumentarische Methode als Auswertungsform an. Sie rekonstruiert die kollektiven Spielpraxen der Kinder und stellt fest, dass sich Spiel und Diskussion abwechseln, die Kinder in ihren kollektiven Handlungen ebenso nach vorgegebenen Regeln wie nach eigenen Regeln und Normen, die sich in der Spielgruppe entwickeln, agieren.

Übungs- und Reflexionsfragen

Wodurch zeichnet sich die Komplexität der Grounded Theory aus und wie ist es möglich, vorhandenes Datenmaterial einer tiefergehenden Analyse zu unterziehen?

Vergleichen Sie die qualitative Inhaltsanalyse mit der dokumentarischen Methode.

Worauf ist bei der Auswertung kindbezogener Daten Ihrer Meinung nach besonders zu achten?

Literatur für das Selbststudium

Bohnsack, Ralf (2003a): Gruppendiskussionsverfahren und Milieuforschung. In: Friebertshäuser, Barbara/Prengel, Annedore (Hrsg.): Handbuch qualitativer Forschungsmethoden in der Erziehungswissenschaft. Weinheim und München: Juventa. S. 492-502.

Lamnek, Siegfried (2005): Qualitative Sozialforschung. Lehrbuch. Weinheim und Basel: Beltz. Deutscher Studienverlag.

Mayring, Philipp (2002): Einführung in die qualitative Sozialforschung. Eine Anleitung zu qualitativem Denken. Weinheim und Basel: Beltz. Deutscher Studienverlag.

Strauss, Anselm/Corbin, Juliet (1996): Grounded Theory: Grundlagen Qualitativer Sozialforschung. Weinheim und Basel: Beltz. PVU.

Zum Weiterlesen

Bohnsack, Ralf (2003): Rekonstruktive Sozialforschung. Einführung in Methodologie und Praxis qualitativer Forschung. Opladen: Leske + Budrich.

Bortz, Jürgen/Döring, Nicola (2005): Forschungsmethoden und Evaluation für Human- und Sozialwissenschaftler. Heidelberg: Springer.

Kühnel, Steffen/Krebs, Dagmar (2006): Statistik für die Sozialwissenschaften. Grundlagen, Methoden, Anwendungen. Reinbek: Rowohlts Tb.

7. Forschungsschwerpunkte in der und für die Elementarpädagogik – eine Auswahl

■ Die Erforschung der frühen Kindheit steht zum jetzigen Zeitpunkt in ihrer *systematischen* Ausgestaltung noch am Anfang, was nicht bedeutet, dass keine Forschungen vorliegen, sondern im Gegenteil: Gerade für eine der wesentlichen Sozialisationsinstanzen in der frühen Kindheit – dem Kindergarten – liegen diese in überaus hohem Maße vor, wenn auch in unterschiedlichster empirischer Grundlegung und Kontextualisierung. Einzelne, aber wesentliche Entwicklungsschritte hin zu einer Institutionalisierung dieses Forschungsbereichs sind bereits vollzogen. Eine Etablierung steht jedoch bislang noch aus.

Forschungsschwerpunkte zur Kindheit waren bislang und notwendigerweise an der Ausgestaltung der Kindheit aufgrund gesellschaftlicher Entwicklungstendenzen orientiert. Ob also diese Ausgestaltungen im Sinne der Mädchen und Jungen erfolgen, ist wesentliche Frage und Ausgangspunkt der neuen Kindheitsforschung. Kinder sind dementsprechend als eigenständige und aktive Subjekte anzuerkennen, die innerhalb des Forschungsprozesses selbst zu Wort kommen und diesen mitgestalten. Für Forschung bleibt die Frage bestehen, ab wann Kinder dazu in der Lage sind. Zur Bedeutung des Alters von Kindern im Kontext von Forschung und Forschungsbeteiligung existieren unterschiedliche Ansichten. Von einigen Autorinnen und Autoren wird dabei immer wieder die Gefahr von Überforderung betont. Wenn jedoch der Ansatz der Forschung mit Kindern ernst genommen wird, muss Kindheitsforschung sich an dem Kind und seinen Fähigkeiten orientieren. Entsprechende entwicklungspsychologische Erkenntnisse müssen demzufolge dem Forschungsvorhaben voran gestellt werden, um die Kinder nicht zu überfordern und um jedem einzelnen Mädchen oder Jungen individuell gerecht zu werden. Vor allem qualitative Zugänge bieten die Möglichkeit, dass Kinder sowohl die Forschungssituation als auch die Methode bis zu einem gewissen Grad mitgestalten. Ein wesentliches Ziel für die Zukunft sollte die engere Verzahnung von Theorie, Forschung und elementarpädagogischer Praxis sein.

Die inhaltlichen Schwerpunktsetzungen der Kindheitsforschung orientieren sich – wie bereits ausgeführt – deutlich an gesellschaftlichen Entwicklungstendenzen. Von großem Interesse sind dabei die Veränderungen von Kindheit seit der Nachkriegszeit im Kontext modernisierungstheoretischer Überlegungen. Seit Beginn der 1990er ist eine Wendung hin zu qualitativen Methoden festzustellen, was auf einen Perspektivenwechsel innerhalb der Kindheitsforschung schließen lässt. Qualitative Methoden ermöglichen einen detaillierten Blick auf die Lebenswelt und den Alltag der Kinder. Sie geben die Möglichkeit, die Perspektiven von Kindern zu erfassen und erlauben Einzelfallbezüge. Mit dieser Sicht wurde die Unterschiedlichkeit von Kindern in ihrer Entwicklung bewusst. Es gibt weder die Kindheit noch die Kinder. Die folgenden fünf Bereiche stellen aktuelle Schwerpunkte der deutschsprachigen Kindheitsforschung dar. Wesentlicher Bezugspunkt für alle Schwerpunktbereiche sind gesellschaftliche Wandlungstendenzen, die allesamt Einfluss auf kindliche Entwicklung, Kinderalltag und kindliche Lebenswelten nehmen.

7.1 Kindheit im Kontext von Familien

In den letzten Jahren hat sich der forschende Blick auf die Familie verdichtet, gleichzeitig gibt es wohl kaum ein (bildungs-)politisches Statement, das nicht die Bedeutung der Familien als Orte der Bildung unterstreicht. Dabei wird von der Familie ausgegangen, die es offensichtlich angesichts verschiedener Familienformen so nicht gibt (und wohl auch nie gegeben hat). Und doch wird stillschweigend davon ausgegangen, dass Sicherheit über die Bestimmtheit des Begriffs besteht und augenscheinlich ist, was darunter verstanden wird. Dabei wird – in den Statements zur Familie – weitestgehend negiert, dass der Begriff der Familie kaum wertneutral verwendet werden kann und wird. Stattdessen sind in dem Begriff – oftmals unreflektiert – Auffassungen und Hoffnungen über eine „richtige Familie" oder ein „richtiges Familienleben" verortet (Lenz 2002, S. 147). So ist Familie für viele

> „immer noch der Ort, auf den sich Hoffnungen und Wünsche der Menschen richten; ein Ort, an dem Leben und Arbeiten, Lernen und Erziehung eng miteinander verknüpft und im Alltagshandeln eingebunden sind." (Fischer-Köhler 1992, S. 8)

In der These der Pluralisierung privater Lebensformen kommt zum Ausdruck, dass – vor dem Hintergrund eines engen Begriffs von „Normalfamilie" – eine größere Vielfalt unterschiedlicher Familienlebensformen nebeneinander besteht. Die familialen Lebensformen können dabei differenziert beschrieben werden:

- hinsichtlich ihrer Familienbildungsprozesse (z.B. durch Erstheirat, Scheidung, Wiederverheiratung oder auch Verwitwung),

- hinsichtlich ihrer Rollenzusammensetzung (Anzahl der Erwachsenen- und der Kinderrollen).

Die zunehmende Pluralisierung von Familienlebensformen geht einher mit einem Prozess der De-Institutionalisierung der „Normalfamilie" und beruht vor allem auf der Erweiterung von Handlungsoptionen: der Entkopplung von Sexualität und Fortpflanzung, von Liebe und Ehe, von Elternschaft und Ehe, von biologischer und sozialer Elternschaft (Kaufmann 1995). Allerdings zeigt sich diese Pluralisierung nicht im geltenden Rechts- und Steuersystem, dem als Normierung das Konstrukt der Normalfamilie zugrunde liegt.

Insgesamt kann deshalb von einem deutlich größeren familienkulturellen Variantenreichtum ausgegangen werden, als dieser so gängige Begriff Familie auf den ersten Blick vermuten lässt. Deshalb scheint es geboten, den Begriff auch in seiner Pluralform und in der Forschung reflektiert zu verwenden.

Was sind Merkmale, nach denen Familien – als entgrenztes Phänomen – überhaupt beschrieben werden können?

1. Die Zusammengehörigkeit von zwei (oder mehreren) aufeinander bezogenen Generationen, die zueinander in einer Elter-Kind-Beziehung stehen (Elter ist dabei kein Schreibfehler, sondern meint die alte gebräuchliche Singularform für Eltern aus dem frühneuhochdeutschen, um zu verdeutlichen, dass der heutige gebräuchliche Begriff Elternteil immer als Teil eines Ganzen – und damit als unvollständig – gesehen wird).

2. Familien bestimmen sich durch übernommene und wahrgenommene Elternschaft, die also über die biologische Elternschaft hinausreicht und auch alle sozialen Eltern erfasst.

3. Von einer Familie ist auch dann auszugehen, wenn die Mitglieder nicht zusammenleben und nicht zusammen wirtschaften (Lenz 2001).

Die Herausforderungen, vor denen Familien gegenwärtig stehen, sind historisch betrachtet ein Ergebnis von Modernisierungen, die eine „fluide Gesellschaft" hervorbringt, eine Gesellschaft, in der Grenzen in Fluss geraten und Konstanten zu Variablen werden. Dabei bringen Enttraditionalisierungen zwar mehr Freiräume zur Realisierung der eigenen Vorstellung von Normalität und Identität für die Individuen, gleichzeitig zwingt es sie dazu, sich selbst Grenzen zu setzen und Grenzmanagement zu betreiben. Individualisierung, Pluralisierung, Flexibilität und nicht zuletzt eine vermeintlich unbegrenzte Mobilität werden so immer mehr zu Normalerfahrungen. Tradierte Leitbilder, Normen und Werte sind kaum noch der Orientierung für die Gestaltung von Partnerschaften und Familie dienlich, so dass Erfahrungen zur Lebensgestaltung aus der Generation der Eltern von Kindern und Jugendlichen nicht so ohne weiteres übernommen werden können (Keupp 2008). Die Aufgabe der Eltern besteht darin, sich selbst und ihre Kinder, ob eigene oder auch soziale Kinder, darauf vorzubereiten, sich auf einer gesellschaftlichen Bühne darzustellen,

> „ohne dass ihnen fertige Drehbücher geliefert würden [...]. Die erforderlichen materiellen, sozialen und psychischen Ressourcen sind oft nicht vorhanden und dann wird die gesellschaftliche Norm der Selbstgestaltung zu einer schwer erträglichen Aufgabe, der man sich gern entziehen möchte." (Keupp 2008, S. 22)

Gestiegene Anforderungen an Familien resultieren demnach aus einer zunehmend unübersichtlich gewordenen Welt, die kaum klare Antworten vorgeben kann.

Und noch aus einem anderen Grund sind Familien wieder verstärkt in den Fokus von Forschung gerückt. Seit den Schulleistungsuntersuchungen – weitestgehend nur als PISA-Ergebnisse diskutiert – resultieren die Anforderungen auch aus manifestierten Befunden eines direkten Zusammenhangs von Herkunft und Bildungschancen, die an Familien abgeleitet werden (BMFSFJ 2002).

So hat sich auch das Familienleben selbst durch gesellschaftliche Modernisierungstendenzen über die Zeit stark verändert. Die zunehmende Individualisierung wirkt sich auf das familiale Zusammenleben deutlich aus, indem der Einzelne an Bedeutung gewinnt und diese Entwicklung mit dem familialen Netz verbunden werden muss. Individualisierung und Pluralisierung haben zudem Auswirkungen auf das interne Familienleben, indem sie die Art, miteinander umzugehen, entscheidend prägen.

Nach einer Untersuchung von Bois-Reymond (1994) wurde die traditionelle familiale Befehlsgemeinschaft zur Aushandlungsgemeinschaft. Einfluss auf die Eltern-Kind-Beziehungen nimmt u.a. die soziale Herkunft der Familie. Dies bestätigen auch die Befragungen Dresdner Mädchen und Jungen in den „Dresdner Kinderstudien" 2000 und 2005 (Lenz et al. 2000, Lenz/Fücker et al. 2005). Die Mädchen und Jungen gaben in diesen repräsentativen Studien zur Beteiligung an Familienentscheidungen an, dass sie in ein eher ausgeprägtes gemeinsames Familienleben eingebunden sind, das sich durch gemeinsame Freizeitaktivitäten auszeichnet, bei denen sie in einem hohen Grad mitbestimmen können, wobei die Teilnahme an gemeinsamen Unternehmungen mit steigendem Alter der Kinder sinkt. In der zweiten Erhebung ging allerdings der Anteil der gemeinsamen Freizeitaktivitäten deutlich zurück, besonders hinsichtlich des gemeinsamen Spiels, Kino-, Theater- oder Museumsbesuchs. Befragt nach den erzieherischen Folgen von Konflikten – hauptsächlich resultierend aus der Vernachlässigung eigener Pflichten im

Haushalt, dem Musik- und Fernsehverhalten, dem Nach-Hause-Kommen, Freundeskreis und Kleidungsstil – wurde deutlich, dass auch hier die Kommunikation zwischen Eltern und ihren Kindern im Vordergrund steht, das „Miteinander-Reden". In den Erhebungsjahren 2000 und 2005 gaben 71 % der befragten Kinder an, dass die Eltern mit ihnen reden, um Hintergründe und Ursachen für ein mögliches Fehlverhalten aufzuzeigen. Diese Art der Konfliktlösung nimmt mit dem Alter der Kinder deutlich zu. Dennoch werden auch elterliche Sanktionen benannt, wie „Beschimpfen" (38 % bzw. 46 %) oder das Aussprechen von Verboten (34 bzw. 44 %) sowie Taschengeldentzug. Damit reguliert ein Großteil der Eltern Konflikte jenseits von physischen Strafen, dennoch erlebten dies 7 % bzw. 8 % der Mädchen und Jungen, besonders in den Alterskohorten der Neun- bis Zwölfjährigen. Die Ergebnisse der Studie verweisen auch auf einen weiteren problematischen Aspekt in der Beziehung zwischen Kindern und Eltern: Zirka ein Viertel der befragten Kinder hat manchmal bzw. immer Angst vor seinen Eltern. Von den Schülerinnen und Schülern der dritten bis fünften Klassenstufe sagen dies sogar zirka 30 %.

Steht in soziologischer Orientierung vorwiegend das Gesamtsystem „Familie" im Forschungsfokus, werden aus psychologischer Perspektive in der Regel familiale Subsysteme in Bezug auf ihre Beziehungsqualität untersucht. Schon mit den empirischen Arbeiten der Bindungsforscherin Mary Ainsworth (Ainsworth, Wittig 1969) wurde deutlich, dass der Mutter-Kind-Interaktion eine hohe Bedeutung zugeschrieben wurde. Untersucht wurde die dyadische Beziehung zwischen Kind und Mutter. Die Bedeutung des Vaters für das Bindungsverhalten wurde ausgeklammert. Es galt lange das Theorem: „zuerst Mutter, dann Vater" (Scheer et al. 2003, S. 437).

Vater-Kind-Interaktionen wurden stattdessen lange Zeit vernachlässigt. Schon in der tiefenpsychologischen Auseinandersetzung und insbesondere durch die Arbeiten Sigmund Freuds galt der Vater als von Familie und vom Erziehungsgeschehen distanziert, da er – aufgrund seiner Rolle als Oberhaupt und Ernährer der Familie – beruflich abwesend war. Die ideologischen Ursprünge dafür liegen u. a. in der mit der Industrialisierung voranschreitenden Trennung von Produktion (einem Feld, für das der Mann verantwortlich ist) und Reproduktion (dem per biologischem Geschlecht zugeschriebenen Aufgabenfeld der Frau) und der Konstruktion eines tradierten und hierarchisch strukturierten Geschlechterverhältnisses in modernen Gesellschaften.

Verstärkt in den 1970er und 1980er Jahren wurde der Vater, in seiner Bedeutung für die Familie und das Kind, für die Forschung relevant. Vermutet werden kann, dass die „Entdeckung des Vaters" mit gesellschaftlichen Liberalisierungstendenzen, sich verändernden Genderkonstruktionen, Auflösung tradierter Vorstellungen von Familie, Mutterschaft und Vaterschaft einher geht und damit zu einer „Neubestimmung" der sozialen Konstrukte Vater und Vaterschaft führt.

Für den Bereich der Forschung unterteilen Eickhorst et al. (2003) den Umgang mit Vätern und Vaterschaft in drei Etappen:

1. Forschungsphase: Väter gelten als abwesend und für die Familie als nicht relevant. Er wird in Forschungszusammenhängen nicht berücksichtigt.

2. Forschungsphase: Ab den 1980er Jahren werden zunehmend Interaktionen zwischen Vater und Kind untersucht. Zuerst werden die Mütter über das väterliche Verhalten gegenüber den Kindern befragt. Später werden Väter in Interaktion mit ihrem Kind beobachtet.

3. Forschungsphase: Väter werden als gleichwertige Bezugspersonen für die Entwicklung ihres Kindes angesehen, jedoch unterscheidet sich die Vater-Kind-Interaktion von der Mutter-Kind-Interaktion. So verbringen Väter nicht nur mehr Zeit beim Spielen, sondern spielen wilder und ungestümer mit ihren Kindern als Frauen (Mütter) dies tun.

Auch die Untersuchung der Bedeutung von Geschwistern stand lange Zeit hinten an. Dies verwundert insofern, dass Geschwister zu den wichtigsten Interaktionspersonen von Kindern zählen (van Aken et al. 1996). Sie nehmen die zweite Position hinter der Mutter, noch vor dem Vater und den Peers ein. Kasten (o.J., S. 3) schreibt Geschwisterbeziehungen u.a. folgende Merkmale zu:

■ Geschwisterbeziehungen sind die am längsten dauernden sozialen Beziehungen im Leben eines Menschen.

■ Ein Mensch kann sie sich nicht aussuchen, sie sind qua Geburt gegeben.

■ Geschwisterbeziehungen sind unkündbar.

■ Die Intimität zwischen Geschwistern kann sehr hoch sein.

■ Sie sind meistens als emotional ambivalente Beziehungen zu sehen.

Schmidt-Denter (1993) betont die Pionier-Funktion, die ältere Geschwister innehaben. Sie erweitern durch das eigene Aushandeln und Austesten die Handlungsmöglichkeiten für ihre jüngeren Geschwister. Zudem haben sie Vorbildfunktion und tragen zur Erweiterung kognitiver und sozialer Kompetenzen bei. Die unterstützende Funktion von Geschwistern konnte in zahlreichen Untersuchungen bestätigt werden (u.a. Kasten 1993, Liegle 2000). Aber auch das Konfliktpotential von Geschwisterbeziehungen war bereits Gegenstand empirischer Forschung. So wurde die Möglichkeit,

Konflikte im familialen Rahmen unter Geschwistern auszutragen, nicht nur als negativ, sondern durchaus auch als entwicklungsförderlich eingeschätzt. Da Geschwisterbeziehungen unkündbar sind, müssen Konflikte ausgetragen und konstruktives Verhalten in schwierigen Situationen erprobt werden (Hartup 1978).

Eine Untersuchung von Teubner (2005) bestätigte ebenfalls die Bedeutung von Geschwistern im Kontext familialer Bindungen. Die meisten der befragten Kinder setzten ihre Geschwister innerhalb einer Rangfolge auf die dritte Position – hinter Mutter und Vater. Ihre Beziehung zu den Eltern sieht die Mehrheit der Befragten positiv und mit Geschwistern des eigenen Geschlechts verstehen die Kinder sich insgesamt besser. Deutliche Unterschiede zwischen Einzel- und Geschwisterkindern, z. B. bezogen auf das Wohlbefinden innerhalb der Familie oder die Integration in den Freundeskreis, konnte Teubner in seiner Untersuchung nicht feststellen.

Ein völlig neues Forschungsfeld zum Aufwachsen von Mädchen und Jungen in ihren Familien eröffnet sich in Hinblick auf gleichgeschlechtliche Partnerschaften – den so genannten Regenbogenfamilien. Erst seit kurzer Zeit wird diese Familienform berücksichtigt. Der Mikrozensus von 2006 weist überhaupt erst diese Familienform mit etwa 5.000 Familien aus, in denen 6.600 Kinder leben.

Mikrozensus

„Der Mikrozensus basiert auf einer Ein-Prozent-Stichprobe der deutschen Wohnbevölkerung. Er schätzt somit die Verteilung der Familien und ihrer Binnenstrukturen in Form von Hochrechnungen. Dies geschieht im Falle der gleichgeschlechtlichen Lebensgemeinschaften und insbesondere der Lebenspartnerschaften auf der Basis von relativ kleinen Stichproben. Bei bestimmten Angaben (einer zu geringen Zahl an verfügbaren Antworten) wird diese Grundlage als zu unsicher eingestuft, um für Schätzungen herangezogen zu werden." (Rupp/Bergold 2009, S. 281)

Eine erste rechtliche Regelung findet sich seit 2001 mit dem Gesetz zur Eingetragenen Lebenspartnerschaft, die in weiten Teilen die Ehe nachbildet, bspw. in der Verpflichtung zur gemeinsamen Lebensführung und zum gemeinsamen Beistand, auf Wunsch auch das Führen eines gemeinsamen Familiennamen zulässt oder auch die Verpflichtung zum lebenspartnerschaftlichen Unterhalt. Aber gerade in der Steuer- und Besoldungsfrage wird diese Familienform nicht berücksichtigt und damit eindeutig schlechter gestellt. Auch eine gemeinsame Adoption ist mit der Lebenspartnerin bzw. dem Lebenspartner nicht möglich. Diese kann nur durch ein Elter erfolgen, jedoch bedarf es der Zustimmung durch die Lebenspartnerin bzw. den Lebenspartner.

Gerade in den Auffassungen zum Aufwachsen von Mädchen und Jungen in dieser Familienform zeigen sich deutliche Ideologien. In diesem Zusammenhang ist die repräsentative Studie des Instituts für Familienforschung der Universität Bamberg hoch zu schätzen, in der Kinder unter anderem zu ihrer elterlichen Bindung und Beziehung, psychischer Anpassung und Befindlichkeit sowie Konflikten in der Familie befragt wurden. Die Forschungsgruppe kommt zu dem Schluss

„dass sich Kinder und Jugendliche in Regenbogenfamilien ebenso gut entwickeln wie Kinder in anderen Familienformen. Unabhängig von der Familienform wirken sehr ähnliche Einflussfaktoren. Entscheidend für die Entwicklung der Kinder ist nicht die Struktur der Familie, sondern die Qualität der innerfamilialen Beziehungen. Für die betrachteten Entwicklungsdimensionen von Kindern und Jugendlichen erwies es sich somit als nicht bedeutsam, ob sie bei einem allein erziehenden Elternteil, zwei Müttern oder Vätern oder bei Mutter und Vater aufwachsen, sondern wie die Beziehungsqualität in diesen Familien ist." (Rupp/Bergold 2009, S. 281)

7.2 Peerbeziehungen

In Peergroups agieren die Mädchen und Jungen auf Augenhöhe, da sie im gleichen Alter sind. In der Kindheitsforschung werden Gleichaltrigengruppen u.a. im Hinblick auf Interaktion und Kommunikation, Freundschaftsbeziehungen, Aufnahmerituale, Konfliktbewältigungsstrategien, Zusammenhalt und Aggression untersucht (Ahnert 2003).

Die Gleichaltrigengruppe gilt im Rahmen der Kindheitsforschung als wichtige Sozialisationsinstanz. Es handelt sich dabei um eine Gruppe von Kindern oder Jugendlichen, die zeitlich relativ stabil ist. Peers nehmen wesentlichen Einfluss auf die individuelle Entwicklung des Einzelnen. Im Gegensatz zu generationalen Beziehungen zeichnen sich Peer-Beziehungen durch wesentliche Ähnlichkeiten aus, z.B. hinsichtlich Alter, Wissen, sozialem Status und sind dementsprechend durch eine grundlegende Symmetrie gekennzeichnet. Symmetrische Beziehungen implizieren die Möglichkeit, Probleme ohne Machtungleichgewicht auszuhandeln. Alle Interaktionspartner müssen ihre Sichtweisen darlegen, Gegenargumente prüfen und eine akzeptable Lösung für alle finden. Youniss (1994) bezeichnet diese Prozesse als Ko Konstruktion. Demzufolge können Interaktionen zwischen Kindern nicht als bloße Nachahmung der Erwachseneninteraktionen gefasst werden, sondern als Ausdruck eigener kinderkultureller Praxen. Vor allem aus ethnographischer Perspektive versucht die qualitative Kindheitsforschung die Interaktionsprozesse zwischen Gleichaltrigen, deren Bedingungen und Funktionen zu erfassen. Eine Untersuchung von Krappmann und Oswald (1995) kam zu dem Ergebnis, dass Kinder in Gleichaltrigengruppen nicht lediglich Moralvorstellungen von erwachsenen Personen übernehmen, sondern diese abwandeln oder eigene schaffen. Peerbeziehungen sind ein wichtiges Thema der Kindheitsforschung. Vor allem unter dem Aspekt der zunehmenden Verselbstständigung von Kindern wird diesen Beziehungsformen eine entsprechend große Bedeutung zugesprochen.

Freundschaften unterscheiden sich von anderen sozialen Beziehungen, in die Personen eingebunden sind. Es handelt sich dabei um Beziehungen mit einer gewissen Stabilität. Sie basieren auf Freiwilligkeit, d. h. sie sind frei gewählt und sehr viel stärker am Individuum orientiert als viele andere soziale Bindungen. Freundschaften können Beziehungen sein, die u. a. emotionale, aber auch sozialintegrative Unterstützung bieten. Die Art der Beziehungsgestaltung ist individuell, unterliegt demzufolge kaum vorgegebenen Standards und gründet auf dem Prinzip der Gleichheit. Eine weitestgehend egalitäre Beziehung, unabhängig von Position, Wissen und Entwicklungsstand führt innerhalb von Freundschaften zu Möglichkeiten der Selbsteinschätzung. Dies kann sich sowohl unterstützend als auch belastend auf die jeweiligen Personen auswirken. Bei Freundschaften handelt es sich um Wahlbeziehungen, zu deren Aufrechterhaltung alle Beteiligten beizutragen haben. Es entsteht eine wechselseitige Verpflichtung und Bindung, die sich durch reziproke Verhaltensweisen auszeichnen sollte. Youniss (1982) bezeichnet diese Ausgangsbasis als **Norm der symmetrischen Reziprozität**.

Aus entwicklungspsychologischer Sicht ist das Eingehen und Aufrechterhalten von Freundschaften eine wesentliche Entwicklungsaufgabe von Kindern (u. a. Havighurst 1972). Bereits Sullivan (1953) bezeichnet die Interaktion gleichaltriger Kinder als wichtigen Antrieb der individuellen Persönlichkeitsentwicklung. Auch Ansätze von Piaget (1932) weisen auf den entwicklungsförderlichen Impetus von Kinderfreundschaftsbeziehungen hin. Interaktionen Gleichaltriger, die auf ein Ziel gerichtet sind, ermöglichen es, den Egozentrismus des frühen Lebensalters zu überwinden und die Subjektivität der eigenen Perspektive zu erkennen. Auch Youniss (1982) betont die Bedeutung von Gleichaltrigenbeziehungen für die Entwicklung des eigenen Selbst. Indem die Realität durch Erwachsene nicht nur vorgegeben, sondern in der symmetrischen Interaktion mit Gleichaltrigen in wechselseitigen Auseinandersetzungen konstruiert wird, kann sich das Selbst entwickeln. Kegan (1986) hält diese Beziehungsform im Kontext der persönlichen Entwicklung ebenfalls für zentral. In der Interaktion beschäftigen sich die Interagierenden mit entwicklungsrelevanten Anforderungen und erkennen die Subjektivität von Bedürfnissen. Auf diesem Wissen basierend müssen gemeinsam Regeln ausgehandelt werden. Selman, ein amerikanischer Entwicklungspsychologe, entwickelte ein Konzept, das die Vorstellungen von Freundschaften im Kindes- und Jugendalter in unterschiedlichen Stufen erfasst.

Freundschaftskonzepte (Selman 1984)

Stufe 0: Freundschaft als augenblicksbezogene Interaktion (Alter: 3 bis 7 Jahre)

Auf dieser Stufe ist die physische Anwesenheit entscheidend. Personen in räumlicher Nähe werden als Freundinnen und Freunde deklariert. Ursachen für Konflikte sind in der Regel nicht emotionsbasiert, sondern gründen auf materiellen Dingen z. B. Spielzeug. Subjektive Perspektiven von Personen können noch nicht angemessen differenziert werden.

Stufe 1: Freundschaft als einseitige Hilfeleistung (Alter: 4 bis 9 Jahre)

An Freundinnen und Freunde wird der Anspruch gestellt, dass diese die eigenen Interessen berücksichtigen. Eine Freundin bzw. ein Freund muss passen. Diesen Anspruch stellen die Kinder jedoch nicht an sich selbst. Konflikte können darin gründen, dass die andere Person die eigenen Vorstellungen nicht erfüllt. Subjektive Perspektiven beginnen sich basierend auf eigenen Interessen auszudifferenzieren.

Stufe 2: Freundschaft als Schönwetterkooperation (Alter: 6 bis 12 Jahre)

Personen werden nur dann als Freundinnen und Freunde bezeichnet, wenn es keine Konflikte gibt, d.h. die Freundschaftsbeziehung ist sehr störanfällig. Die individuellen Vorstellungen und Perspektiven werden beachtet.

Stufe 3: Freundschaft als intime und gegenseitig gestützte Beziehung (Alter: 9 bis 15 Jahre)

Zentraler Entwicklungsschritt in dieser Stufe ist die Erkenntnis der Individuen, dass Freundschaft eine stabile Beziehung ist. Nicht mehr die einzelnen Subjekte, sondern die Freundschaft selbst steht im Mittelpunkt. Die Beziehung ist nicht mehr so konfliktanfällig wie in der Stufe zuvor. Auch die emotionale Bindung wird bedeutsam. Die Fähigkeit, die Perspektive des Anderen einzunehmen, ist stark ausgeprägt. Jedoch können außen stehende Personen als bedrohlich für die enge Bindung angesehen werden.

Stufe 4: Freundschaft als autonome Interdependenz (Alter: 12 Jahre bis in das Erwachsenenalter)

Die Personen sprechen sich selbst und den Anderen Unabhängigkeit zu, ein Schritt, der eng mit der persönlichen Identitätsentwicklung verbunden ist. Andere soziale Beziehungen werden akzeptiert, das Vertrauen in den Anderen und sich selbst ist stark ausgeprägt. Eine ideale Freundin bzw. ein idealer Freund ist eine Person, die mit der eigenen Persönlichkeit kongruent ist. Die Fähigkeit, sich selbst zu reflektieren, ermöglicht eine kooperative Form der Konfliktlösung.

Freundinnen und Freunde haben für Kinder und Jugendliche eine hohe Bedeutung. Sie nehmen nach Zinnecker und Strzoda (1996), die Zehn- bis Dreizehnjährige befragten, den dritten Rang hinter Mutter und Vater ein. Zu einem ähnlichen Ergebnis kommt Freitag (1995) in einer Erhebung mit zwölf- bis 15-jährigen Kindern und Jugendlichen. Jungen setzen Freunde ebenfalls an die dritte Position hinter Mutter und Vater. Für Mädchen stehen die Freundinnen jedoch an zweiter Stelle, nach der Mutter.

Auch die befragten Mädchen und Jungen in den „Dresdner Kinderstudien" (Lenz et al. 2000, Lenz/Fücker et al. 2005) bestätigen diese Aussagen. Auch für sie sind die eigenen Eltern und Freundinnen und Freunde zentrale Personen in ihrem sozialen Netzwerk. Mütter, Väter sowie Freund und Freundin haben fast ähnlich hohe Bedeutung, so dass nahezu eine gleichwertige Doppelorientierung im personalen Netzwerk ersichtlich wird. Die Ergebnisse deuten ebenfalls darauf hin, dass Mädchen stärker peerorientiert zu sein scheinen als Jungen, da mehr Mädchen als Jungen ihre Freundin bzw. ihren Freund als wichtige Netzwerkperson bezeichnen. Mit steigendem Alter nimmt die Bedeutung des Freundeskreises zu. Eltern, Freundinnen und Freunde sind auch die Personen, mit denen die Befragten über Probleme reden können (Lenz et al. 2000, Lenz/Fücker et al. 2005). Die Bedeutung von Freundschaft im Kindes- und Jugendalter kann demzufolge im Kontext sozialer Beziehungen als hoch eingeschätzt werden.

Eine ältere Untersuchung verdeutlicht, dass bereits jüngere Kinder (Vier- bis Fünfjährige) Freundinnen bzw. Freunde als wichtige Unterstützung sehen. Sie wurden weniger bedeutsam als die Mutter, aber bedeutsamer als der Vater eingeschätzt (Zelkowitz 1989). Bei dieser Beurteilung wurde sich vor allem auf emotionale sowie interpretative Unterstützung und Geselligkeit bezogen.

Freundschaftsbeziehungen können auch im Kontext physischer und psychischer Gesundheit von Kindern und Jugendlichen betrachtet werden. So stellt Meeus (1994) fest, dass Freundschaften das Wohlbefinden positiv beeinflussen. Einflüsse auf das Sozialverhalten und die Entwicklung von Identität sind ebenfalls festzustellen (u.a. Poole 1989). Doch auch wenn Freundschaften eine große Rolle im Kindes- und Jugendalter spielen, so können sie nach einer Untersuchung von van Aken und Asendorpf (1997) fehlende familiale Unterstützung nicht ausgleichen. Als alleinige Sozialbeziehungen sind sie im supportiven Kontext vor allem in dieser Lebensphase als nicht ausreichend anzusehen.

Eine US-amerikanische Untersuchung von Kupersmidt et al. (1995) befasste sich mit dem möglichen Zusammenhang von Ähnlichkeiten und der Entwicklung von Kinderfreundschaften. Dafür wurden insgesamt 554 Kinder der dritten und vierten Klasse befragt. Sie kamen zu dem Ergebnis, je ähnlicher sich die Kinder hinsichtlich Geschlecht, Kultur, schulischem Erfolg und sozioökonomischem Status waren, desto höher ist die Wahrscheinlichkeit, befreundet zu sein. Die „Ähnlichkeit-Attraktivitäts-Hypothese" konnten sie durch ihre Erhebung unterstützen. Diese Hypothese besagt, dass sich Menschen, die sich in persönlichen Verhaltensweisen und Eigenschaften ähnlich sind, stärker freundschaftlich zueinander hingezogen fühlen. Demographische, verhaltensbezogene, schulische und soziale Charakteristika scheinen demzufolge auch bei der Entwicklung von Kinderfreundschaften eine wichtige Rolle zu spielen. Ein zentraler Faktor ist das Geschlecht. Die meisten Freundschaften existieren zwischen gleichgeschlechtlichen Kindern. Es konnten mehr interkulturelle als verschiedengeschlechtliche Kinderfreundschaften erfasst werden.

Uhlendorff (1996, 2000) untersuchte die Freundschaftsnetzwerke von Eltern und ihren Kindern und fand heraus, dass die Erfahrungen, die Kinder mit den Freundschaften der Eltern machen, als bedeutend angesehen werden können. Es konnte eine positive Beziehung zwischen der Netzwerkgröße der Eltern und der der Kinder herausgearbeitet werden. Ebenfalls wurde deutlich, je mehr Freundinnen bzw. Freunde die Eltern nannten, umso mehr benannten Kinder auch Freundinnen bzw. Freunde außerhalb ihrer Klasse und enge-reziproke klasseninterne Freundschaften. Uhlendorff weist demzufolge nach, dass zwischen der Größe und der Qualität der sozialen Netzwerke von Eltern und deren Kindern Zusammenhänge existieren. Auch der Einfluss der Elternfreundschaften auf die Entwicklung der Freundschaftskonzepte der befragten Kinder konnte gefunden werden. Diese Einflüsse sind jedoch immer als Teile einer komplexen Umwelt zu verstehen, in denen Kinder aktiv in Interaktionsprozessen ihre Vorstellungen entwickeln. Das Vorleben von Freundschaften der Eltern ist ein Aspekt, der – neben vielen anderen Faktoren – Einfluss auf die Freundschaftskonzepte der Kinder nimmt.

Freundschaftsbeziehungen benötigen im Kindes- wie im Erwachsenenalter zunächst Gelegenheiten, um zu entstehen, aber auch soziale Kompetenz, um sich zu entwickeln. Sie sind zudem abhängig von der Intension und der Aktivität der Beteiligten, diese erhalten zu wollen. Für Kinder und Jugendliche haben dabei Verhaltensmodelle eine wesentliche Orientierungsfunktion.

Die Untersuchung von Peerbeziehungen im Vorschul- und Schulalter stellen einen wichtigen Schwerpunkt der Kindheitsforschung dar. Gleichaltrigenbeziehungen jüngerer Kinder werden dagegen kaum untersucht. Vermutet werden zum einen konzeptuelle Ursachen, die Kleinkinder aus diesem Forschungszusammenhang ausklammern. Zum anderen werden methodologische Gründe antizipiert, da die Forschungsarbeit mit Kleinkindern als schwierig und aufwendig in der Umsetzung gilt (Ahnert 2003).

Vor allem durch die Etablierung der institutionellen Bildung und Erziehung von Kindern unter sieben Jahren ist die Peergruppe von Kleinkindern auch für die Forschung interessant. So werden neben der Gleichaltrigenbeziehung auch das Spiel- und Konfliktverhalten, die Entwicklung prosozialen und empathischen Verhaltens, der Einfluss von Erzieherinnen und Erziehern auf die Gleichaltrigengruppe untersucht (ebd.).

7.3 Alltag von Kindern

Der moderne Kinderalltag ist ebenfalls von den Veränderungen im Kontext von Individualisierungs- und Pluralisierungstendenzen geprägt. Verstädterung, zunehmende Mobilität, veränderte Familienstrukturen, Zunahme an Freizeitmöglichkeiten etc. nehmen Einfluss auf die kindliche Lebenswelt und das alltägliche Leben. Damit verbunden sind Veränderungen in den sozialen Netzwerkbeziehungen, die sich wiederum auf kindliche Alltagszusammenhänge auswirken.

Im Zentrum der Aufmerksamkeit steht dabei der Alltag von Kindern im Alter von acht bis zwölf Jahren, da erst ab diesem Zeitpunkt eigenständige Aktivitäten der Kinder vermutet werden. Der Ansatz zu diesem späten Zeitpunkt erscheint jedoch fragwürdig, da bereits der Alltag im früheren Alter wesentlich für die Entwicklung ist.

Untersuchungen zum Alltag jüngerer Kinder stehen jedoch bislang aus. Räume werden in der Sozialisationsforschung in ihrer schützenden, aber auch identitätsstiftenden Funktion und hinsichtlich der Förderung von Selbstwirksamkeit bei Kindern betrachtet. Zeiher (1983) untersuchte in einer qualitativen Studie das soziale Leben von Großstadtkindern und fand heraus, dass eine zunehmende „Verinselung" stattfindet. Das heißt, „der Lebensraum ist nicht ein Segment der realen räumlichen Welt, sondern besteht aus einzelnen, separaten Stücken, die wie Inseln verstreut in einem größer gewordenen Gesamtraum liegen, der als Ganzer unbekannt oder zumindest bedeutungslos ist" (Zeiher 1983, S. 187). Der kindliche Lebensraum zerfällt in einzelne Teilräume, so dass eine schrittweise Erkundung der eigenen Umwelt immer weniger möglich wird. Die Subräume können deshalb von Kindern nicht mehr multifunktional genutzt und nur noch mit Einzelaktivitäten in Verbindung gebracht werden. Doch diese Verinselungstendenzen treffen nicht für alle Kinder zu. Auch hier muss Kindheit unter dem Aspekt der Diversität betrachtet werden (Zeiher/Zeiher 1994).

Zum Beispiel betont Nissen (1990), dass die Verinselungstendenzen eher für Mädchen als für Jungen zutreffen. Herzberg und Hössl (1996) konstatieren stattdessen, dass diese geschlechtsbezogenen Unterschiede nicht auf Kinder aus den östlichen Bundesländern zutreffen. Verinselung als Merkmal der modernen Kindheit variiert demzufolge entlang verschiedener Faktoren wie Geschlecht, Alter und kulturellem Gefüge (Wilk 1996).

Büchner und Fuhs (1996) stellen eine zunehmende Institutionalisierung des Kinderalltags vor allem bei Kindern aus sozial besser gestellten Familien fest. Ihren Alltag kennzeichnen feste Termine und klare Zeitstrukturen.

Kinderleben heißt demzufolge ein Leben nach Terminplan, was sich wiederum auf soziale Beziehungen u. a. zu Gleichaltrigen auswirkt. Der Alltag dieser Kinder ähnelt entsprechend zunehmend dem Alltag erwachsener Menschen dieser sozialen Schicht.

7.4 Kindheit im Kontext pädagogischer Institutionen

Kindheit in pädagogischen Institutionen scheint heute – bis auf den kontrovers diskutierten Besuch der Kinderkrippen – zur „Normalbiographie" von Mädchen und Jungen zu gehören. Das Aufwachsen in „öffentlicher Verantwortung", wie es der 11. Kinder- und Jugendbericht beschreibt, fordert ein Neu-Denken der beteiligten Erziehungsinstanzen, um Mädchen und Jungen in ihrem Aufwachsen in einer fluiden Gesellschaft zu unterstützen, die klare Wege und eindeutige Ergebnisse vorenthält. Das heißt, an die Stelle eines additiven Nebeneinanders tritt ein kooperatives Miteinander, das Mütter und Väter, pädagogische Fachkräfte in Kindertageseinrichtungen und Schulen sowie anderer Einrichtungen der Kinder- und Jugendhilfe und das Gemeinwesen einbezieht.

Diese weite Sichtweise erfordert also mindestens die Erforschung dreier Ebenen, um sich der Kindheit im Kontext von Institutionen zu nähern, die jedoch immer wieder in historische, sozialpolitische, ausbildungs- und berufspolitische, familien- und frauenpolitische sowie bildungspolitische Kontexte eingebunden werden müssen. Eine Betrachtung der Ergebnisse auch in Bezug auf die Lebenslagen von Mädchen und Jungen und ihren Familien sowie eine gendersensible Deutung sollte sich von selbst verstehen. Erforderlich wäre die Sicht auf

1. die Ebene der Interaktionen zwischen Mädchen und Jungen mit den pädagogischen Fachkräften,

2. die Ebene der Interaktion zwischen Müttern und Vätern und den pädagogischen Fachkräften, und damit letztlich wieder die Kommunikation mit den bzw. über die Mädchen und Jungen und

3. die Ebene der Gestaltung der Institution.

**Untersuchung der Interaktionen zwischen Mädchen und
Jungen mit den pädagogischen Fachkräften**

Obwohl erwartet werden könnte, dass sich Forschung in einem breiten Ausmaß der Interaktion zwischen Erzieherinnen bzw. Erziehern und Mädchen und Jungen widmen würde, ist dies bislang in Deutschland eher in einem überschaubaren Rahmen geschehen. Die meisten Forschungsergebnisse stammen aus dem angloamerikanischen Raum und bieten gute Erkenntnisse, die jedoch aufgrund der Unterschiedlichkeit der Betreuungs- und Bildungssysteme nur bedingt Berücksichtigung finden können.

Obwohl die Forschung im Bereich der Kinder- und Jugendhilfe expandiert und sich als Forschungsbereich in der Sozialpädagogik ausdifferenziert (Schweppe/Thole 2005), ist die Frage nach einem Miteinander der Personengruppen in Kindertageseinrichtungen, die dort einen gemeinsamen Alltag verbringen – die einen an ihrem Arbeitsort, die anderen an einem ihrer Bildungs- und Sozialisationsorte – nur selten als zentrales Forschungsthema aufgegriffen worden. Für die Untersuchung der Beziehung zwischen Mädchen und Jungen und Erzieherinnen und Erziehern weist Martin Textor (2009) zu Recht darauf hin, dass die Gestaltung dieser Beziehung in Betreuung, Erziehung und Bildung zu beachten ist – auch in Bezug auf das Alter der Kinder. Unstrittig ist ebenso, dass die Erforschung dieser Beziehung umso relevanter wird, je mehr Zeit Mädchen und Jungen dort verbringen (ebd.). Zu ergänzen wäre dieser Einwand noch dahingehend, dass alle Forschungsergebnisse an Kindertageseinrichtungen als Orte sozialer Dienstleistung mit eigenen Arbeits- und Organisationsaufgaben und deren realer Ausgestaltung rückgebunden sein müssen.

Pädagogische (und politische) Forderungen beinhalten seit längerem, in Deutschland eine vernünftige Relation von Erzieherinnen bzw. Erziehern und Kindern zu realisieren, so dass verlässliche und sichere Bindungen gerade im Kleinkindalter als Voraussetzungen für Bildungsprozesse aufgebaut werden können. Internationale Forderungen gehen für diese frühe Kindheit von einem Verhältnis von 1:3 bei bis zu einem Alter der Kinder von 24 Monaten aus, von 1:4 bis zum 30. Monat, von 1:5 zwischen dem 31. und 35. Monat und dann ab dem dritten Lebensjahr von einer Person, die sieben Kinder erzieht, betreut und bildet (DJI 2009, S. 22). Real ist dagegen in Deutschland eher ein Verhältnis von 1:6, wobei dieser nominelle Wert nur bedingt aussagefähig ist, denn er berücksichtigt nicht eine notwendige Bereinigung von Kalenderzeiten und ebenso nicht die Zeiten für Urlaub, Fortbildungen, Vor- und Nachbereitungen, Elternarbeit usw. Eine ähnliche Differenz zwischen Anspruch und Realität ist auch in der Betreuung von Kindern im Kindergarten und im Hort zu konstatieren.

So verwundert es auch nicht, dass in einer Studie nur ein geringer Teil der befragten Kindergartenkinder angibt, manchmal mit der Erzieherin zu spielen. Dagegen berichten 53 % der Kinder, dass sie manchmal in einem Raum spielen würden, in dem sich keine Erzieherin aufhält (Roux 2002). Eine weitere Untersuchung, in der ein Vergleich von häuslichen und in Kindertageseinrichtungen betreuten Kindern vorgenommen wurde, kommt zu dem Ergebnis, dass die emotionalen Bedürfnisse bzw. der Bedarf des Kindes an Zuwendung in den Kindertageseinrichtungen nur begrenzt befriedigt werde, aber auch Mütter und Väter nur teilweise kompensatorisch wirken. Diese Ergebnisse dürften für eine deutliche Verbesserung der Betreuungsverhältnisse sprechen. So wird ausgeführt,

> „dass hausbetreute Kinder über den Tag verteilt ein etwa gleiches Ausmaß an Zuwendung erhielten, während die KiTa-Kinder weit

weniger Zuwendung in der KiTa, dafür aber mehr Zuwendung bekamen, wenn sie mit ihren Eltern vor und nach der KiTa zusammen waren. (...) Während die hausbetreuten Kinder nach der kurzen Zeit am Morgen im Tagesablauf hin und wieder mal quengelten, quengelten die KiTa-Kinder kaum während der KiTa-Betreuung, allerdings dann ausgiebig, wenn sie von ihren Eltern abgeholt wurden. Dabei haben wir feststellen müssen, dass die Eltern leider wenig angemessen auf die Stress-Signale ihrer Kinder reagierten." (Ahnert 2006, S. 8)

Eine andere Untersuchung kommt hinsichtlich des erzieherischen Verhaltens der pädagogischen Fachkräfte dennoch zu dem Ergebnis, dass die Kinder bei ihren Erzieherinnen bzw. Erziehern ein überwiegend positives Verhalten wahrnehmen, indem diese Trost und Hilfe anbieten, ihre Ideen annehmen und sie bei deren Umsetzung bestärken. Nur selten würden die Kinder ihrer Aussage nach Zurückweisung, Einschränkungen oder Repressionen erfahren.

„Bezüglich der Erzieherinnen kann festgehalten werden, dass – wie bei den Eltern – aus kindlicher Sicht die unterstützenden Verhaltensweisen überwiegen. Interessanterweise liegen die Mittelwerte der Erzieherinnen bei allen Verhaltenseigenschaften unterhalb der Werte der Eltern." (Sturzbecher et al. 2001, S. 63)

In Bezug auf ihre Mitbestimmungsrechte berichtete die überwiegende Mehrheit der Kinder (71%), dass sie sich weitgehend selbst ihre Aktivitäten aussuchen können. Jedes fünfte Kinder gab an, manchmal Vorgaben zu bekommen und annähernd jedes siebte, dass die Erziehungsperson die Tätigkeiten vorgibt. In Konfliktfällen erwarten 80% der Kinder Hilfe von der pädagogischen Fachkraft und 55% von anderen Kindern. Allerdings – und das muss einschränkend festgehalten werden – würden die Erzieherinnen und Erzieher nicht immer merken, wenn sich Kinder streiten und eher selten bei Konflikten vermitteln. So reagiert das pädagogische Personal auf Konflikte, indem sie schimpfen (38%), festlegen, was zu tun sei (30%) oder die beteiligten Kinder bestrafen (23%). Nur jedes vierte Kind gab an, dass die Erzieherin bzw. der Erzieher eine Konfliktlösung anstrebte (Roux 2002).

Untersuchung der Interaktion zwischen Müttern und Vätern und den pädagogischen Fachkräften

Die Pflege- und Erziehungspflicht obliegt in Deutschland nach dem Grundgesetz den Eltern. Daraus resultiert die Bestimmung für den Bereich der Kindertageseinrichtungen, § 22 SGB VIII, S. 215, dass sich „das Leistungsangebot der Institutionen (...) pädagogisch und organisatorisch an den Bedürfnissen der Kinder und der Familien orientieren [soll]."

Anhand dessen wird deutlich, dass Interaktionen in privaten und öffentlichen Betreuungs- und Erziehungssettings stattfinden, wodurch sich Ausgangspunkte für die Forschung im Kontext einer für Mädchen und Jungen bedürfnisgerechten und befriedigenden Interaktionsgestaltung ergeben. Dazu finden sich – auch wieder in überschaubarem Rahmen – Untersuchungen zu zwei wesentlichen Prämissen:

1. Die gemeinsame Gestaltung des Übergangs vom Elternhaus in eine Kindertageseinrichtung, also zu der Frage, wie die Eingewöhnungszeit gelingen kann.

2. Die Arbeit mit den Eltern, also der Frage, wie Eltern in ihren Rechten und Pflichten wahrgenommen werden und wie sie diese realisieren können.

Die Übergangsforschung beschäftigt sich mit normativen Ereignissen im Leben eines Menschen. Übergänge beinhalten Chancen und Belastungen, die bewältigt werden müssen und gelten damit als Entwicklungsaufgaben (Niesel 2004). Die frühe Kindheit ist von Übergängen u. a. zwischen Familie und Erziehungs- und Bildungseinrichtung gekennzeichnet. Dazu zählen Übergänge von der Familie in die Krippe, von der Krippe in den Kindergarten, vom Kindergarten in die Grundschule. Frühe Übergänge in der Biographie eines Kindes stehen seit längerem im Blickpunkt der Forschung, vor allem in der Transitionsforschung.

Transitionsforschung (Welzer 1993)

untersucht die Schnittstelle zwischen
- individuellem Handlungs- und Bewältigungsvermögen und
- gesellschaftlichen Handlungsvorgaben und Anforderungen.

Innerhalb eines Transitionsprozesses agiert das Individuum aktiv handelnd.

Transitionsforschung thematisiert die Bewältigung von Diskontinuität und berücksichtigt, dass nicht nur die Kinder, sondern auch die Eltern Übergänge bewältigen müssen. Dabei speisen sich die Erkenntnisse für das Übergangsmodell aus verschiedenen Disziplinen: aus der Familienentwicklungspsychologie (zu verschiedenen familialen Übergängen), der Stressforschung (zur Erklärung von Belastungsreaktionen) und aus der Motivationspsychologie (Berücksichtigung von Vorfreude oder Befürchtung hinsichtlich bevorstehender Veränderungen). Es handelt sich jeweils um Diskontinuitäten in den Erfahrungen des Kindes, die es bewältigen muss. Da die Anpassungsleistungen in relativ kurzer Zeit geleistet und verdichtete Lernprozesse als Entwicklungsstimuli gesehen werden, sind diese Anforderungen als Entwicklungsaufgaben zu sehen (Griebel 2004, Griebel/Niesel 2004).

Der Übergang vom Elternhaus in eine Form außerhäuslicher Betreuung bildet für Mädchen und Jungen eine der ersten Herausforderungen, die sie unterschiedlich bewältigen und die nicht zuletzt vom bislang erlebten Bindungsverhalten bestimmt werden. Nach Bowlby (1969) ist eine der Grundvoraussetzungen für die Sicherheit der Kinder, sich neuen Personen, Dingen und Relationen zuzuwenden, die sichere Bindung,

> „damit sich das Kind mit gelöster Aufnahmebereitschaft der Welt zuwendet. Sicher gebundene Kinder besitzen eine hohe emotionale Stabilität. Dadurch sind sie in der Lage, altersangemessene Formen der Autonomie und des Sozialverhaltens zu entwickeln. Sie können ihre kognitiven und kreativen Potenziale entfalten und ihre Kompetenzen ideal einsetzen. So lösen sie z. B. selbstständig Konflikte. Sie entwickeln beim Spiel Fantasie und Ausdauer, sie spielen erfindungsreich und tolerant. Wenn sie verloren haben, strengen sie sich in der nächsten Runde stärker an und holen sich Hilfe, wenn sie alleine nicht weiter kommen." (Ostermayer 2006, S. 52)

Dieser Übergang ist kein zeitlich festgelegter. So kann ein Kind bereits vor seinem ersten Geburtstag in eine Einrichtung aufgenommen werden, diesen Übergang aber auch erst nach seinem dritten Geburtstag vollziehen. In der pädagogischen Diskussion wird gerade die Gestaltung dieses Übergangs in den Qualitätsdebatten fokussiert (Tietze/Viernickel 2003).

Übergänge bringen (auf mindestens) drei Ebenen Veränderungen für die Mädchen und Jungen und ihre Eltern mit sich:

1. auf der **Ebene des Individuums:** Veränderung der Identität, Bewältigung starker Emotionen, Kompetenzerwerb,

2. auf der **Ebene der persönlichen Beziehungen:** Aufnahme neuer Beziehungen bzw. Veränderung bzw. Verlust bestehender Beziehungen und Rollenzuwachs, sowie

3. auf der **Ebene der Lebensumwelten:** Integration zweier Lebensbereiche, Wechsel des Curriculums.

Das Berliner Krippenmodell

Als ein Untersuchungsbeispiel wird exemplarisch das Berliner Krippenmodell, ein Forschungsprojekt an der Freien Universität Berlin, gewählt. Dieses folgt dem Grundgedanken, dass Übergänge von den Mädchen und Jungen und ihren Müttern und Vätern sowie den Erzieherinnen und Erziehern zu bewältigen sind. Sie stehen in einem Beziehungsdreieck zueinander. Das heißt, alle Bezugspersonen und das Kind sind aktiv einbezogen und erst, wenn von einer verlässlichen Bindung des Kindes an eine neue Bezugsperson ausgegangen werden kann, wird die Übergangsphase als bewältigt angesehen. Dazu werden von dem Forschungsteam relativ hohe Standards für die Übergangsgestaltung bzw. als Eingewöhnungszeit deklarierte Übergangsphase konzipiert (vgl. Laewen et al. 2000). ■

Eltern als Interaktionspartner werden nach der Forschungslage in einem Kontinuum wahrgenommen, das sich zwischen Elternbildung und Elternpartizipation bewegt. Beide Pole stehen für eine bestimmte Wahrnehmung der fachlichen und der elterlichen Erziehungskompetenz. In der Elternbildung zeigt sich diese in einer kompensatorisch angedachten Leistungserfüllung der pädagogischen Fachkräfte gegenüber den Familien, die hier einen weniger aktiven Part zugedacht bekommen und statt dessen Rat, Hilfe und Anregungen für ihre eigene Erziehungsarbeit erhalten sollen. Einen aktiveren Anteil können Mütter und Väter im partizipativen Modell einnehmen, allerdings auch nur dann, wenn dieser nicht als bloße organisatorische Aufgabenteilung, z. B. für Feste, Ausflüge, Gartengestaltung u. Ä. angedacht ist, sondern wenn es um Fragen der pädagogischen Gestaltung in Familie und Kindertageseinrichtung geht (Hoffmann 1992; Kahle 1997; Textor 1994; Wolf 2002).

Ein weiterer Bereich der Kindheitsforschung befasst sich mit dem Kindsein im Kontext schulischer Zusammenhänge. Schule ist in erster Linie ein zentrales Handlungsfeld, ein Lebens- und Bildungsort für Kinder und Jugendliche. Von Interesse sind dabei vor allem die Beziehungen der Schülerinnen und Schüler untereinander, die Beziehung zwischen Schülerinnen bzw. Schülern und Lehrenden, Lern- und Arbeitsweisen der Kinder, Lernresultate etc. Ziegler (1996) fand in einer Untersuchung heraus, dass Schule von Kindern häufig als Quelle von Belastungen genannt wird. Schule wird in engem Zusammenhang mit Stress gesehen, der auf den Freizeitbereich der Kinder ausstrahlen kann. Auch die schulischen Leistungen von Kindern spielen neben dem sozialen Leben im Schulalltag im Rahmen der Kindheitsforschung eine Rolle (u. a. Bos 2004 et al.).

Untersuchung zur Gestaltung der Institution

Für den im Zuge der Novellierung des Kinder- und Jugendhilfegesetzes 1996 bundesweit einheitlich geregelten Anspruch auf einen Kindergartenplatz für drei- bis sechsjährige Kinder waren nicht nur pädagogische Beweggründe entscheidend. Mit dieser Gesetzesnovelle wurden auch Antworten auf die Fragen der Vereinbarkeit von Familie und Beruf – insbesondere für Frauen als „stille Arbeitskraftreserve" – gesucht (Colberg-Schrader/ Krug 1999, Liegle 2001).

In der Kinderbetreuungsstudie des Deutschen Jugendinstituts (2004) wurden neben den Fragen zur Qualität und Organisation von Kindertageseinrichtungen auch die Aspekte der Betreuungszeiten vor dem Hintergrund der Vereinbarkeit von Beruf und Familie nachgefragt. Die Ergebnisse zeigen, dass Mütter und Väter Kindertageseinrichtungen zeitlich sehr variabel nutzen und überwiegend die Kita-Betreuung nicht so lang wie möglich, sondern so kurz wie nötig in Anspruch nehmen (Riedel 2007). Deutlich wurde aber auch, dass sich Eltern eine höhere Flexibilität hinsichtlich der Öffnungszeiten von Kindertageseinrichtungen einerseits wünschen und andererseits benötigen, denn zu sehr ist die gegenwärtig praktizierte Öffnungszeit auf einen „Normalarbeitstag" ausgerichtet, die der heterogenen Berufs- und Arbeitswelt nicht mehr gerecht wird. Dabei, so ein Fazit der Studie, geht es nicht darum, Kindertageseinrichtungen noch früher und noch länger zu öffnen, sondern „passgenaue" Öffnungszeiten anzubieten, die die Eltern punktuell und relativ flexibel nutzen können (Bien et al. 2007).

Vor allem die Öffnungszeiten der Kindertageseinrichtungen in Westdeutschland werden von den befragten Eltern als unzureichend eingeschätzt. Dieser Befund identifiziert große Lücken besonders in der Betreuung von Kindern unter drei Jahren und verweist darauf, dass in den westlichen Bundesländern ganztags bzw. durchgängig geöffnete Einrichtungen für Kinder im Vorschulalter in der Minderheit sind bzw. gegenwärtig immer noch nicht ausreichen. Von Seiten der Arbeitgeber sahen sich die wenigsten der befragten Mütter und Väter unterstützt. Sie schaffen sich private Betreuungsarrangements und greifen auf personelle Ressourcen im sozialen Netzwerk zurück, wobei vor allem die Großeltern bzw. insbesondere die Großmutter eine wichtige Unterstützungsfunktion inne hat. Kritisiert wird anhand der Ergebnisse der Studie eine tendenziell anhaltende „Familienunfreundlichkeit" der Arbeitgeber.

Eine repräsentative Studie zum Thema Kinderbetreuung in Thüringen (Stickelmann/Will 2008) kommt zu einem ähnlichen Ergebnis. In Thüringen sind 75% der Eltern, deren Kinder einen Platz in Kindertageseinrichtungen haben, berufstätig. Deshalb ist für sie das Thema der Öffnungszeiten sehr wichtig. Die Ergebnisse der Untersuchung zeigen, dass sich ein Viertel der Befragten längere Öffnungszeiten erhofft. Über ein Drittel benötigt eine Betreuungszeit ihres Kindes bis zu zehn Stunden und mehr.

Eine Unternehmensbefragung (Kalveram et al. 2005) wurde in Jena durchgeführt. In dieser wurden Arbeitnehmerinnen und Arbeitnehmer sowie Vertreterinnen und Vertreter der Geschäftsführung, der Abteilungs- und Personalleitung mit Themen zur Vereinbarkeit von Familie, Beruf und Freizeit konfrontiert. Untersucht wurden u. a. die Nutzung familienfreundlicher Angebote, die Rolle der Geschäftsführung und betriebliche Rahmenbedingungen. Um Familien zu unterstützen, bieten die befragten Unternehmen in einer Rangfolge die Möglichkeit flexibler Arbeitszeitgestaltung (ca. 80%) an, gefolgt von Arbeitszeitkonten (70%), Gleitzeitarbeit mit fester Kernarbeitszeit (47%), Gleitzeit ohne feste Kernarbeitszeit (24%), Jahresarbeitszeitkonten (21%), Jobsharing (6%) und anderen Möglichkeiten (2%). Informelle Absprachen bei Betreuungsengpässen sind in vier von fünf Unternehmen möglich, indem die Arbeitnehmerinnen und Arbeitnehmer ihre

Pause flexibel gestalten können. In diesen Situationen können Mitarbeiterinnen und Mitarbeiter sich auch unbezahlt freistellen lassen, Sonderurlaub nutzen oder von zu Hause aus arbeiten.

Zu dem Ergebnis, dass es immer viel Engagement und Einsatzbereitschaft braucht, wenn beide Partner sowohl beruflich als auch familiär aktiv sein wollen, kommt eine weitere Studie (Walther/Lukoschat 2008), die den Karriere- und Familienverlauf von so genannten „neuen" Paaren untersucht – Frauen und Männer, die hohe Führungspositionen in der Privatwirtschaft und Kinder haben. Auch dort zeigt sich deutlich, dass flexible Arbeitszeiten mit einer der wichtigsten Aspekte sind, um berufliches und familiäres Leben in Einklang zu bringen – und dass viele Unternehmen diesem auch schon Rechnung tragen –, aber dies ohne ein Höchstmaß an privatem Engagement und sozialen Unterstützungsnetzwerken nicht realisierbar ist. Die Studie benennt zudem einen Gender-Aspekt, der eine deutliche Konzentration auf die Unterstützung der Mütter, weniger jedoch der Väter zeigt: „Vor diesem Hintergrund halten 91 % der Befragten Unterstützungsangebote der Unternehmen für dringlich, die sich explizit an Väter richten." (Ebd., S. 5)

Die quantitative „Trierer Kindergartenstudie" (Honig et al. 2004) beschäftigte sich mit pädagogischer Qualität in Kindertageseinrichtungen. Befragt wurden dazu Eltern sowie Erzieherinnen und Erzieher. Auch hier wird deutlich, dass das „Zusammenspiel von privater und öffentlicher Kinderbetreuung" (ebd., S. 118) in den Diskursen zum Öffnungszeitenbedarf nicht vernachlässigt oder übersehen werden darf. Der Bedarf an öffentlicher Kinderbetreuung korreliert mit der Berufstätigkeit der Mutter. Allerdings müssen Mütter, die beruflich sehr stark beansprucht sind, ihr Kind zusätzlich zur Aufenthaltszeit in der Einrichtung auch privat betreuen lassen, da die Öffnungszeiten des Kindergartens nicht ausreichend mit ihren Arbeitszeiten korrespondieren. Allerdings konstatiert das Forschungsteam, dass eine ganztägige Betreuungszeit bis in die späten Nachmittagsstunden nur von einem Fünftel der Befragten benötigt wird und benennt damit einen Widerspruch zu o. g. Diskussionen zu diesem Thema. Da zur Stichprobe allerdings auch viele nichtberufstätige Frauen gehörten (z. B. waren 44 % der befragten Mütter Hausfrauen bzw. in Teilzeit arbeitende Frauen), relativieren sich diese Ergebnisse sehr schnell.

In der Studie „Öffnungszeitenbedarf in Kindertageseinrichtungen in der Stadt Dresden" (Wustmann et al. 2008) wurden u. a. folgende Forschungsfragen untersucht:

■ Welche Wünsche hinsichtlich des Öffnungszeitenbedarfs haben Mütter und Väter?

■ Welche lebensweltlichen Strategien müssen Familien anwenden, um ihre Kinder auch über das bisher bestehende Öffnungszeitenangebot der Einrichtungen hinaus betreuen lassen zu können, damit sie ihren beruflichen Tätigkeiten nachgehen können?

Aus der Perspektive der pädagogischen Fachkräfte (Erzieherinnen und Erzieher, Vertreterinnen und Vertreter der Trägerverbände) wurde erfasst,

- wie längere bzw. passgenau gestaltete Öffnungszeiten umgesetzt werden,

- wie Kinder auf eine längere Aufenthaltsdauer in den Einrichtungen reagieren können,

- welche Chancen und Probleme damit antizipiert werden und

- welche Auswirkungen veränderte Öffnungszeiten auf die berufliche Tätigkeit des pädagogischen Personals haben.

Die meisten Eltern (77%) sind im Ergebnis mit den derzeitigen Öffnungszeiten zufrieden. Mehr als die Hälfte der Mütter und Väter geben allerdings an, dass sie sich mehr Flexibilisierung wünschen. Dass die Eltern dafür auch bezahlen würden, zeigt die Nachdrücklichkeit ihrer Bedürfnisse.

„Notwendig erscheint keine flächendeckende Erweiterung der Öffnungszeiten, als vielmehr zu passgenauen Angeboten zu kommen. Passgenauigkeit bedeutet eine Abstimmung der gesamten Öffnungszeiten auf die Wünsche der Eltern und Angebote für eine hohe Flexibilität hinsichtlich des Bringens und Abholens zu schaffen. Für ein passgenaues Angebot wird es wichtig sein, viel stärker als bisher die Möglichkeiten der Vernetzung zu nutzen. Eine erhebliche Verstärkung der Zusammenarbeit der Einrichtungen untereinander und mit anderen Einrichtungen der Kinder- und Jugendhilfe im Gemeinwesen bildet die zentrale Ressource, um eine stärkere bedarfsgerechte Flexibilisierung der Öffnungszeiten zu ermöglichen." (Wustmann et al. 2008, S. 6)

Fast 60% der befragten Eltern formulieren einen zusätzlichen Betreuungsbedarf ihrer Kinder, der über die angebotenen Öffnungszeiten hinausgeht und fast ausschließlich durch private Betreuungsarrangements (vor allem durch Großeltern) abgedeckt wird. Besonders in diesem Aspekt wird die fehlende Unterstützung durch den Arbeitgeber deutlich. Über ein Drittel der Eltern erklärt, dass derzeit keine Unterstützungsangebote existieren und wenn doch, sich diese vor allem innerhalb eines konventionellen Spektrums abspielen: So geben u.a. 35% an, dass flexible Arbeitszeiten existieren, für 27% die Möglichkeit zur Teilzeitarbeit besteht und 24% flexible Urlaubsregelungen nutzen können – allerdings sind das alles Maßnahmen, die in der Regel in akuten Fällen nicht greifen.

Die befragten Erzieherinnen und Erzieher sind durchaus bereit, bestehende Öffnungszeiten zu verändern und zu flexibilisieren. So kann sich zirka die Hälfte vorstellen, die Einrichtung auch nach 18 Uhr zu öffnen, ein Drittel, die Kita während der gesamten Ferienzeit zu öffnen und knapp ein Viertel der Befragten auch eine Öffnung über Nacht. Allerdings werden von den

Trägern die größten Vorbehalte gegen veränderte Öffnungszeitenmodelle formuliert, die vor allem mit personellen, finanziellen und strukturellen Zwängen begründet werden. Um eine notwendige Passgenauigkeit und Flexibilität von Öffnungszeiten umzusetzen, sei vor allem eine gute Personalpolitik und ein kluges Kita-Management Voraussetzung.

7.5 Kindheit und Lebenslagen

Die Frage, wie sich gesellschaftliche Modernisierungstendenzen auf kindliche Biographieverläufe auswirken, ist für die heutige Kindheitsforschung von großer Bedeutung. Im Zentrum des Interesses stehen dabei die Veränderungen von Kindheit und wie Kinder selbst mit diesen Einflüssen umgehen. Zudem wird der Übergang in die Jugendphase untersucht. Doch die Vermutung eines früheren Übergangs in die Jugendphase konnte nur für einzelne Kinder, nicht jedoch für den Großteil bestätigt werden. In der modernen Gesellschaft existieren unterschiedliche Formen von Kindheit. Grunert und Krüger (2006) sprechen dabei von dem Phänomen der „Gleichzeitigkeit von Ungleichzeitigkeiten". Diese Kindheitsformen reichen von traditionellen bis modernen Kindheiten und beinhalten verschiedene Zwischenvarianten. Der Einfluss von Modernisierung auf Kindheit wird zunehmend auch hinsichtlich negativer Auswirkungen auf Kinderbiographien diskutiert (z. B. frühe Selbstständigkeit, problematische Ausbildungssituation).

In einer sich immer weiter ausdifferenzierten Gesellschaft werden die Kindheiten immer pluraler. Das Theorem der „Risikogesellschaft" von Beck (1986) bezieht sich auf Menschen aller Lebensalter und wird auch in der Kindheitsforschung thematisiert. Dabei geht es u. a. um die Auswirkungen von Modernisierungstendenzen auf die Lebensphase Kindheit. Neben den sich verändernden Lebenswelten (Familie, Peers, Freizeit, Schule etc.) und Alltagszusammenhängen von Kindern rückt auch die gesellschaftliche Betrachtung der Lebenslagen von Mädchen und Jungen im Kindesalter stärker in das Zentrum des Interesses.

So ist der 10. Kinder- und Jugendbericht der Bundesregierung von 1998 Ausdruck dieser neuen Sichtweise, da zum ersten Mal ein Bericht zur Lebenssituation von Kindern erstellt wurde.

Definition Lebenslage

Den Begriff der Lebenslage formuliert Otto Neurath Anfang der 1920er Jahre, um den Status quo eines Individuums innerhalb einer Gesellschaft geltend zu machen. Er wendet sich kritisch gegen die Arbeit des Vereins für Sozialpolitik und ihrer einseitigen Betrachtung von Geldzahlungen, die nicht die Lebenswirklichkeit der Menschen widerspiegelt. Lebenslage ist für ihn „der Inbegriff aller Umstände, die verhältnismäßig unmittelbar die Verhaltensweisen eines Menschen, seinen Schmerz, seine Freude bedingen. Wohnung, Nahrung, Kleidung, Gesundheitspflege, Bücher, Theater, freundliche menschliche Umgebung, all das gehört zur Lebenslage" (zitiert nach Haller/Höfer 1981, S. 512).

Eine Weiterentwicklung des Konzepts der Lebenslage nahm Ingeborg Nahnsen in den 1970er Jahren vor. Sie ergänzt die Auffassung um fünf „Spielräume", durch die menschliche Lebensbereiche operationalisiert werden, um Lebenslagen zu erfassen, die vor allem Armutslagen sind. Zu diesen Spielräumen zählt sie den:

1. Einkommens- und Versorgungsspielraum, mit dem ermittelt werden kann, welche materiellen Güter vorhanden bzw. verfügbar sind.
2. Lern- und Erfahrungsspielraum, mit dem ermittelt werden kann, welche Denk- und Bildungsmöglichkeiten, Phantasien und Vorstellungen entwickelt sind.
3. Kontakt- und Kooperationsspielraum, mit dem ermittelt werden kann, ob soziale Kontakte und Kooperationen wahrgenommen, genutzt werden und wie dauerhaft diese sind.
4. Muße- und Regenerationsspielraum, mit dem ermittelt werden kann, welche Möglichkeiten zur Erholung vorhanden sind und sein müssen und den
5. Entscheidungs- und Dispositionsspielraum, mit dem ermittelt werden kann, ob und in welchem Umfang eigenverantwortlich Einfluss auf die Lebenssituation genommen werden kann und ob eine gesellschaftliche Partizipation möglich ist (Chassé et al. 2007).

Dieses Konzept kann als Folie zur Untersuchung verschiedenster Lebenslagen dienen und wesentlich dazu beitragen, Denkkonventionen wissenschaftlich fundiert zu überwinden und die Sicht auf bestimmte Lebenslagen zu erweitern. Drei besondere Lebenslagen werden in diesem Kontext exemplarisch illustriert: Migration, Behinderung und Armut.

■ Migration

Migration ist eine hohe Herausforderung, denn je „größer die soziale und kulturelle Distanz zwischen Herkunfts- und Aufnahmegesellschaft ist, desto größer sind die Aufgaben der Alltagsbewältigung" (Nauck 2002, S. 72). Dass dies erhebliche Forderungen nach sich zieht, die bislang nicht sehr erfolgreich beantwortet wurden, zeigt sich im Entwurf der neuen Integrationspolitik, die einen „erheblichen nachholenden Integrationsbedarf gerade in Teilen der zweiten und dritten Generation" konstatiert (vgl. Deutscher Bundestag 2007, S. 25). Trotz dieser Herausforderungen gilt es auch hier Denkbarrieren zu überwinden, wenn beispielsweise von vornherein konstruiert wird, dass Migration gleichzusetzen ist mit Armut und Sozialtransfers und/oder einem ungenügenden Erwerb der deutschen Sprache. Hier auch bewusst andere Spielräume auszuloten und anzuerkennen, könnte die Sicht auf diese Lebenslage ausdifferenzieren und den bisher defizitären Blick dahingehend öffnen, dass Migrantinnen und Migranten über vielfältige Ressourcen verfügen. Sie sind z.B. in der Lage ihren Lebensunterhalt zu bestreiten, haben als Selbstständige auch Arbeitgeberfunktion inne. Nicht wenige ihrer Kinder erwerben einen Berufsabschluss oder absolvieren ein Studium.

■ Behinderung

Als zweites Beispiel wird die besondere Lebenslage von behinderten bzw. von Behinderung bedrohten Mädchen und Jungen skizziert. Diskutiert wird diese Lebenslage im Bereich der Elementarpädagogik vor allem in Bezug auf Inklusion, Integration und Unterstützung von Mädchen und Jungen mit besonderem Hilfebedarf in sozialen Gemeinschaften, damit diese ihre individuellen Möglichkeiten entfalten können. Auch hier ist es notwendig, den forschenden Blick von einer Defizitperspektive auf die Stärken und Ressourcen eines jeden einzelnen Individuums zu werfen. Forschungsfragen, die hier gestellt werden könnten, wären beispielsweise: Gibt es für Mädchen und Jungen mit einem besonderen Hilfebedarf spezifische Lern- und Erfahrungsspielräume, die ihnen Denk- und Bildungsmöglichkeiten zusichern? Gelten Curricula auch für sie im Bereich von Kindertageseinrichtung und Schule? Haben sie die Chance, mit anderen Kooperationen einzugehen? Inwieweit wird ihnen überhaupt ein Entscheidungsspielraum zugestanden?

■ Armut

Eine dritte Lebenslage wird im Folgenden tiefgründiger betrachtet, weil sie zunehmend mehr für das Aufwachsen von Mädchen und Jungen konstatiert werden muss: ein Aufwachsen in Armut. Kinderarmut ist mittlerweile eine verbreitete Armutsform in der BRD, die sich jedoch nur schwer fassen lässt und immer an familiäre Gegebenheiten geknüpft wird. Dabei ist die Entwicklung der Armut, so die Bremer Kinderarmutsstudie (Butterwegge 2000), zwar abhängig vom sozialen und soziokulturellen Wandel einer Gesellschaft, unterliegt jedoch in gleichfalls steigendem Maße wirtschafts-, verteilungs- und sozialpolitischen Weichenstellungen und ist heute besonders wirksam im Kinderleben. Außerdem wird festgestellt, dass neben den „zentralen Lebensereignissen" wie bspw. Trennung oder Scheidung auch „soziologische Risikofaktoren" dabei über Ausmaß und Dauer der Armut bestimmen. Mädchen und Jungen sind von solchen Risikolagen deswegen besonders betroffen, weil sie nicht direkt unterstützt werden können, sondern abhängig sind von der jeweiligen Familienform und Erwerbsbiographie ihrer Mütter und Väter. Dies bedeutet, dass sich die Rechte eines Kindes nicht aus der eigenen Identität als Kind, Mädchen oder Junge unterschiedlichen Alters und mit unterschiedlichen Bedarfen und Bedürfnissen, sondern aus der Beziehung zu einem anspruchsberechtigten Elternteil respektive Personensorgeberechtigten begründen.

Kinderarmut gehört mittlerweile zu den Begriffen, die zwar fest im Alltagsbewusstsein verankert sind, unter denen aber jede/jeder etwas anderes versteht und die sich auch zeitgeschichtlich wandeln. Ein Beispiel verdeutlicht dies: Wurde semantisch der Begriff „Kinderarmut" noch Mitte der 1970er Jahre als Armut an Kindern gefasst – Familien mit weniger als zwei Kindern galten als „kinderarm" – sind es gegenwärtig die Kinder selbst, die „arm" sind. Seit den 1980er Jahren geriet mit Kindern zum ersten Mal eine Betroffenengruppe ins Blickfeld, die man nicht selbst für ihr Schicksal verantwortlich machen und der man schwerlich Leistungsmissbrauch vorwerfen kann. Hintergrund für diese Entwicklung war die Spaltung zwischen Beschäftigten und Erwerbslosen, die hauptsächlich im Gewerkschaftsbereich registriert und mit dem Begriff „Neue Armut" beschrieben wurde. Eine Folge dieser Entwicklung war die Tendenz zur „Verjüngung" der Betroffenen: War zuvor die Population der „alten Armut" vor allem dadurch gekennzeichnet, dass sie arbeitsunfähig, krank und/oder alt war, so bezog die „neue" Armut eben auch arbeitsfähige, arbeitslose und zum großen Teil junge Menschen, mit einem deutlichen Schwerpunkt auf Seiten der Frauen, ein. Hauser (1997, S. 76) prägte im Zuge der deutlichen Zunahme der Armut von Kindern den Begriff der „Infantilisierung der Armut". Immer mehr Kinder wachsen seit diesem Zeitpunkt in von Arbeitslosigkeit und Sozialhilfebezug betroffenen Familien auf. Dies gilt ganz besonders für alleinerziehende junge Frauen mit Kindern unter drei Jahren – insgesamt rund 150.000. Dabei schwanken die Daten zum Aufwachsen von Mädchen und Jungen erheblich. Nach dem dritten Armuts- und Reichtumsbericht der Bundesregierung von 2008 wird tendenziell von bis zu zwei Millionen armen Kindern ausgegangen. Werden die Dunkelziffern und die „verschämten Armen", z. B. in ländlichen Regionen, noch hinzugezählt, so dürfte die Anzahl sich zusätzlich erhöhen. Damit sind Kinder die am häufigsten von Armut betroffene Bevölkerungsgruppe (u. a. Holz et al. 2005). Nach Angaben des BMFSJ liegt das Armutsrisiko der unter 18-Jährigen bei 17,3 %. Eine UNICEF-Studie kommt zu dem Ergebnis, dass in Deutschland jedes zehnte Kind in relativer Armut lebt.

Diese unterschiedlichen Aussagen verwundern dahingehend, als dass es – wie bereits ausgeführt – einen sozialpolitischen Auftrag im Kinder- und Jugendhilfegesetz gibt, der eine regelmäßige Kinder- und Jugendberichterstattung des Bundes pro Legislaturperiode vorschreibt. Diese arbeitet mit vorliegenden Daten und hat dennoch bis heute nicht erreicht, niedrig aggregierte Daten, die die unmittelbar für Kinder erlebbaren Armutssituationen erkennbar und nachvollziehbar machen, zu produzieren, um dann in der Lage zu sein, Handlungsansätze im direkten Lebensumfeld der Mädchen und Jungen zu ermöglichen oder diese sogar direkt herauszufordern.

▌ Ein Beispiel zur Illustration

Es wird durchaus berechnet, wie viele Kinder unter den Bedingungen von Sozialhilfe/Hartz IV leben, nicht aber, dass dies bedeutet, dass für ein Kind pro Tag zwischen 1,80 Euro und 2,40 Euro (je nach zu Grunde gelegtem Rechenmodell) für die Nahrung zur Verfügung stehen, was faktisch eine gesunde und gehaltvolle Ernährung unmöglich macht. ■

Etwa seit den 1990er Jahren befassen sich Studien unterschiedlicher Fachrichtungen mit dem Thema Kinder- bzw. Jugendarmut. Untersuchungen, die exemplarisch Folgen der Armut für Kinder erfassen, zeigen deutlich, dass Kinder nicht nur besonders und in spezifischer Weise Einschränkungen hinnehmen müssen, sondern auch viel mehr als Erwachsene an der zunehmenden Polarisierung einer Gesellschaft leiden, die noch für lange Zeit ihren Lebens- und Gestaltungsraum darstellt. Die Analysen gehen von einem Auseinanderdriften und einer „Auseinanderentwicklung der Lebensbedingungen der heranwachsenden Generation" aus, die erhebliche Auswirkung auf Wohlbefinden sowie Partizipationsmöglichkeiten und Lebenschancen benachteiligter Kinder habe (Klocke/Hurrelmann 2001). Armut bezieht sich dabei nicht nur auf das Einkommen, sondern auch auf die damit verbundenen Benachteiligungen und Ausgrenzungen. Es handelt sich demzufolge um eine „mehrdimensionale Problemlage" (Chassé et al. 2007, S. 18). Nicht nur ein unzureichendes finanzielles Einkommen, sondern auch Probleme in den Bereichen, Arbeit, Wohnen, Bildung, Erziehung, Gesundheit etc. werden mit Armut verbunden.

In einer qualitativen Untersuchung befasst sich Richter (2000) mit den Belastungen, die aus Unterversorgungslagen resultieren und dem darauf orientierten Bewältigungsverhalten von Grundschulkindern in ländlicher Region. Basis ihrer Erhebung sind vor allem die subjektiven Sichtweisen der Kinder selbst (gekoppelt mit Aussagen von Müttern). Richter interpretiert ihre Ergebnisse u. a. mit Blick auf das Geschlecht der befragten Kinder, um eventuelle Unterschiede herauszuarbeiten. Im Umgang mit Unterversorgungslagen konnten vier Bewältigungsstrategien festgestellt werden:

- „Mit sich selbst ausmachen", darunter werden internalisierende, selbstbezogene Bewältigungsanstrengungen gefasst, die überwiegend durch die Steuerung und Regulierung der eigenen Einstellungen und Emotionen zu beschreiben sind.

- „Anstatt-Handlungen" sind Mechanismen der Selbsttäuschung, durch die das Empfinden verändert bzw. reguliert wird. Darunter sind alle Bewältigungsformen zu verstehen wie Verdrängung oder auch Negierung und Tabuisierung eines Konfliktes. Belastungen werden so abgewehrt, vermieden, nicht erinnert, inhaltlich verformt oder ersatzweise befriedigt.

- „Emotionale Unterstützung suchen bzw. gewähren". In diesem Bewältigungsversuch geht es darum, die Situation aktiv handelnd zu beeinflussen und nicht etwa resignierend hinzunehmen. Die Bewältigungsformen unter dieser Kategorie enthalten ein verbindendes kommunikatives Element. Belastungserfahrungen werden mitgeteilt, ebenso die Auswirkungen, die belastende Ereignisse auf die eigene Befindlichkeit haben.

- „An die Umwelt weitergeben" meint den externalisierenden Aspekt von Bewältigung. Es geht vor allem um ein Ausagieren von Konflikten, das häufig in destruktivem Handeln mündet. Es wird dadurch keine langfristig befriedigende Lösung herbeigeführt, sondern ein kurzfristiger „Druckausgleich", im Sinne einer zumindest vorübergehenden Reduktion von Spannungszuständen, bewirkt.

Die Bewältigungsform „mit sich selbst ausmachen" dominierte bei den befragten Kindern. Sowohl die meisten Jungen als auch die meisten Mädchen agierten nach dieser Form. „Anstatt-Handlungen" kamen bei Mädchen häufiger als bei Jungen vor. Bezogen auf die Kategorie „emotionale Unterstützung suchen bzw. gewähren" überwogen deutlich die Mädchen. Ähnlich viele Jungen und Mädchen würden externalisiert („an die Umwelt weitergeben") bewältigen. Kinder, die auf diese Weise mit Armut umgehen, waren jedoch insgesamt die Minderheit (Richter 2000, S. 92 ff.).

Hock, Holz und Wüstendörfer (2000) untersuchten u.a. Auswirkungen und Folgen von Armut im Kindesalter. Dafür wurden Kinder zu ihren Lebenssituationen befragt. Die Autoren bildeten aus dem Erhebungsmaterial heraus unterschiedliche Lebenslagentypen:

- Typ 1: „Wohlergehen des Kindes trotz eingeschränkter materieller Ressourcen",

- Typ 2: „Armut als Nebenproblem einer gravierenden sozio-emotionalen Belastung",

- Typ 3: „Armut als aktuell begrenzte Benachteiligung und latente Gefahr",

- Typ 4: „Armut als massive materielle und kulturelle Benachteiligung (Soziale Ausgrenzung)",

- Typ 5: „Armut als multiple Deprivation" (Hock et al. 2000, S. 38 ff.).

Die Auswirkungen von Armut auf Kinder können demzufolge auf einem Kontinuum angeordnet werden. Als kindbezogene Dimensionen der Lebenslage gelten materielle Grundversorgung, soziale Lage, kulturelle Lage und gesundheitliche Lage. „Wohlergehen" bedeutet, dass das Wohl des Kindes außer Gefahr ist und von einer positiven Zukunftsentwicklung ausgegangen werden kann. Ein Kind gilt als „benachteiligt", wenn in einzelnen Dimensionen Auffälligkeiten feststellbar sind und die weitere Entwicklung des Kindes als eingeschränkt bezeichnet werden kann. „Multiple Deprivation" beinhaltet, dass das Kind in mindestens drei der vier Dimensionen Auffälligkeiten aufweist. Die für eine positive Entwicklung notwendigen Ressourcen sind dann nur unzureichend vorhanden (Holz/Hock 2006, S. 79 f.). Die Untersuchenden betonen die Notwendigkeit, zwischen elterlicher und kindlicher Lebenslage zu unterscheiden. Sozialwissenschaftliche Forschung mit und für Kinder wird dabei immer bedeutsamer, da nur auf diese Weise die subjektive Wahrnehmung der Lebenssituationen der Kinder möglich wird. Die Befragung der Eltern oder anderer betreuender Personen kann in Kombination ebenfalls zu einem umfassenden Bild der Lebenslagen von Kindern beitragen.

Übungs- und Reflexionsfragen

Beschreiben Sie, wie sich aufgrund gesellschaftlicher Modernisierungsprozesse (Individualisierung, Pluralisierung, Entstrukturierung) Vorstellungen von Familie ausdifferenziert haben und wie diese den Alltag und die Lebenswelten von Kindern verändern.

Erinnern Sie sich an Ihre Kindheit und reflektieren Sie, welche Rolle dabei Gleichaltrigenbeziehungen gespielt haben.

Analysieren Sie vor dem Hintergrund des aktuellen Diskurses der Elementarpädagogik, wie sich Einstellungen zu und Leitbilder von Kindertageseinrichtungen verändert haben. Was lässt sich für die Kindheitsforschung daraus schließen?

Welche Aspekte finden sich zur Erforschung von Kindheit im Lebenslagenkonzept?

Welche Auswirkungen von Armut können bei Mädchen und Jungen beobachtet werden?

Literatur für das Selbststudium

Ahnert, Lieselotte/Roßbach, Hans-Günther/Neumann, Ursula/Heinrich, Joachim/ Koletzko, Berthold (2005): Bildung, Betreuung und Erziehung von Kindern unter sechs Jahren. München: DJI.

Böhnisch, Lothar/Lenz, Karl (Hrsg.) (1999): Familien. Eine interdisziplinäre Einführung. Weinheim und München: Juventa.

Holz, Gerda/Richter, Antje/Wüstendörfer, Werner/Giering, Dietrich (2005): Zukunftschancen für Kinder!? – Wirkung von Armut bis zum Ende der Grundschulzeit. Zusammenfassung des Endberichts der 3. Phase der AWO-ISS-Studie. Bonn.

World Vision Deutschland e.V. (Hrsg.) (2007): Kinder in Deutschland 2007 – 1. World Vision Kinderstudie. 1. Auflage, Frankfurt a. M.: Fischer Taschenbuch Verlag.

Zum Weiterlesen

Büchner, Peter/Brake, Anna (Hrsg.) (2006): Bildungsort Familie. Transmission von Bildung und Kultur im Alltag von Mehrgenerationenfamilien. Wiesbaden: VS Verlag für Sozialwissenschaften.

Butterwegge, Christoph (Hrsg.) (2000): Kinderarmut in Deutschland. Ursachen, Erscheinungsformen und Gegenmaßnahmen. Frankfurt a. M.: Campus.

Leu, Hans-Joachim (2000): Sozialberichterstattung zu Lebenslagen von Kindern. Opladen: Leske + Budrich.

Wehner, Karin (2009): Freundschaften unter Kindern. In: Lenz, Karl/Nestmann, Frank (Hrsg.): Handbuch persönliche Beziehungen. Weinheim und München: Juventa. S. 403-421.

Zander, Margherita (Hrsg.) (2005): Kinderarmut. Einführendes Handbuch für Forschung und soziale Praxis. Wiesbaden: VS Verlag für Sozialwissenschaften.

8. Ausblick – ein Nachwort

Bis in die 1970er Jahre gehörte es zur Normalität sozialwissenschaftlicher Forschung, Erwachsene zu befragen, wenn es um das Leben von Mädchen und Jungen ging. Erst in den letzten Jahren werden zunehmend Kinder als Expertinnen und Experten ihrer eigenen Lebenswelt gesehen und selbst befragt. Doch noch immer bleibt für viele Forscherinnen und Forscher die Frage im Raum: Sind Kinder zuverlässige Informantinnen und Informanten? Argumente wie der scheinbar geringere Wissensbestand von Kindern im Vergleich zu Erwachsenen, ihre stärkere Abhängigkeit von psychischen und sozialen Faktoren und von Erwachsenen sowie die Tendenz, die eigenen Antworten in Richtung sozialer Erwünschtheit zu geben, scheinen gegen die Verlässlichkeit der Angaben von Kindern in sozialwissenschaftlichen Erhebungen zu sprechen. Doch gerade die Wahrnehmung der Kinder, ihr Erleben, Denken, Fühlen und Handeln ist Gegenstand von Kindheitsforschung. Es ist deshalb notwendig, Methoden so auszuwählen, dass sie dem Entwicklungsstatus der Kinder entsprechen und sie offen sind für die „Sinn- und Regelsysteme" der Kinder (Heinzel 1997, S. 399). Kränzl-Nagl und Wilk (2000, S. 67) betonen, dass qualitative Methoden sinnvoller sind, wenn Kinder zu „sensiblen" Themenbereichen wie Konflikte in ihrem sozialen Umfeld befragt werden. Dann ist die Verzerrung der Antworten in Richtung sozialer und personaler Erwünschtheit geringer.

Soziale Erwünschtheit bedeutet, dass eher Antworten gegeben werden, die mit den sozialen Normen und Werten des sozialen Umfeldes bzw. der Gesellschaft übereinstimmen. Personale Erwünschtheit bezieht sich auf den Einfluss der eigenen Vorstellungen und Wünsche auf die Antworten. Nach Kränzl-Nagl und Wilk (2000) hat der Faktor der personalen Erwünschtheit bei Kindern vor allem bei Fragen zu stark emotional belegten Lebensbereichen (z.B. Familie) einen größeren Einfluss als bei Untersuchungen mit erwachsenen Personen. Qualitative Erhebungsmethoden können diesen Faktor zumindest teilweise verringern. Die gewählten Methoden müssen den Kindern und ihren Lebenswelten entgegenkommen. Es erweist sich als sinnvoll, neben verbalen auch andere Ausdrucksformen der Kinder zuzulassen und sie weitestgehend in den Erhebungs- und Auswertungsprozess einzubeziehen.

Trotz dieser Bemühungen bleibt jedoch die Frage: Wann ist eine Methode kindgerecht? Es sind immer Erwachsene, die diese Entscheidung bzw. Beurteilung treffen. Mey (2003) betont, dass jeder methodische Ansatz immer auch bestimmte Vorstellungen von Kindern voraussetzt bzw. einschließt. Zu jedem Zeitpunkt der Untersuchung spielen Konstruktionen von Kindheit und Kindsein eine zentrale Rolle. Untersuchungssituationen mit Kindern erfordern von den erwachsenen Forschenden immer wieder die Fähigkeit zur Selbstreflexion und das Bewusstsein, dass Forschung sich einem Themengebiet immer „nur" nähern und es nie vollständig erschließen kann.

Dennoch braucht es ein Forschungsbewusstsein darüber, dass Forschung mit Kindern auch Forschung für Kinder bedeutet. Kindheitsforscherinnen und Kindheitsforschern kann dies gelingen, wenn sie Mädchen und Jungen als eigenständige Wesen wahrnehmen mit ganz eigenen leib-seelischen Entwicklungen und Bedürfnissen, mit einem ganz eigenen und individuellen Zeiterleben, einem ganz eigenen Verständnis von Geschlecht und Sexualität. Das heißt ebenso, den Biographien bzw. den subjektiven biographischen Erfahrungen der Mädchen und Jungen nachzuspüren, z. B. der Individualität ihrer Probleme und der dazu von ihnen entwickelten Bewältigungsstrategien, die es in jedem Forschungsprozess zu berücksichtigen gilt.

Es bedarf vor allem einer Forschungsethik, die die Untersuchten in ihren Rechten wahrnimmt und achtet. Die Rechte der Kinder und auch deren Partizipation müssen in jeder Forschung mitgedacht werden und sich in dieser widerspiegeln. Kinder sind dann als soziale Akteure anzuerkennen, die

> „ihre Lebensführung selbstständig disponieren, ihre sozialen Beziehungen als eigenständigen Lebenszusammenhang organisieren und aktiv an ihrer sozialen und persönlichen Entwicklung mitwirken. Sie sind dabei auf eine soziale Infrastruktur angewiesen, die ihnen Eltern und Sozialstaat gleichermaßen zur Verfügung stellen müssen." (Honig 1999, S. 157)

Das impliziert, dass Forschung sich mit den zum Teil erheblich heterogenen Lebenswelten der Mädchen und Jungen auseinandersetzen und diese in die theoretische Überlegungen konsequent einbeziehen muss. Dabei muss es zweifelsohne auch immer um eine Analyse der Generationenordnungen gehen, wie die Akteurinnen und Akteure in diesen miteinander umgehen und welche Vorstellungen zu Kindern und deren Kindheit zu erkennen sind und welche Normalitätsvorstellungen damit verknüpft sein können.

Ebenso ist es wichtig, die Auseinandersetzung mit Raum weiter zu denken und den Raum nicht nur als pädagogische Gestaltung der Umwelt zu erforschen, sondern auch die Entwicklung eines Sozialraumes als symmetrischen Interaktions- und Kommunikationsort in den Blick zu nehmen, sei es in der familialen Umwelt oder auch in den Institutionen, in denen Mädchen und Jungen aufwachsen.

In diesem Sinne wurden in dem vorliegenden Band verschiedene Aspekte thematisiert, die einerseits zu methodologischen Diskussionen und Vertiefungen anregen. Andererseits wurde eine ganzheitliche Sicht von Kindheit und Kindsein eröffnet, die ein wesentlicher Ausgangspunkt für Forschung in diesem Bereich ist und Anregungen für eine theoretisch-empirische Auseinandersetzung mit Mädchen und Jungen im Kindesalter „auf Augenhöhe" bietet.

Literatur

Ahnert, Lieselotte (2003): Die Bedeutung von Peers für die frühe Sozialentwicklung des Kindes. In: Keller, Heidi (Hrsg.): Handbuch der Kleinkindforschung. Bern, Göttingen, Toronto, Seattle: Hans Huber. S. 489-524.

Ahnert, Lieselotte (2006): Frühe Kindheit. Bindungs- und Bildungsgrundlagen. In: Stimme der Familie. 53. Jg. S. 6-8.

Ahnert, Lieselotte/Roßbach, Hans-Günther/Neumann, Ursula/Heinrich, Joachim/ Koletzko, Berthold (2005): Bildung, Betreuung und Erziehung von Kindern unter sechs Jahren. München: DJI.

Ainsworth, Mary D. S./Wittig, Barbara (1969): Attachment and exploratory behavior of one-year-olds in a strange situation. In: Foss, Brian M. (ed.): Determinants of infant behavior. London: Methuen. p. 111-135.

Ainsworth, Mary D. S./Blehar, Mary C./Waters, Everett/Wall, Sally (1978): Patterns of attachment. A psychological study of the strange situation. Hilsdale, NJ: Lawrence Erlbaum.

Aken, Marcel A. G. van/Asendorpf, Jens B./Wilpers, Susanne (1996): Das soziale Unterstützungsnetzwerk von Kindern. Strukturelle Merkmale, Grad der Unterstützung, Konflikt und Beziehungen zum Selbstwertgefühl. In: Psychologie in Erziehung und Unterricht, Zeitschrift für Forschung und Praxis, 43. S. 114-126.

Aken, Marcel A. G. van/Asendorpf, Jens B. (1997): Support by parents, classmates, friends, and siblings in preadolescence. Covariation and compensation across relationships. Journal of Social and Personal Relationships, 14, (1). p. 79-93.

Alanen, Lena (1997). Soziologie der Kindheit als Projekt. Perspektiven der Forschung. Zeitschrift für Sozialisationsforschung und Erziehungssoziologie 17. S. 162-177.

Alt, Christian (Hrsg.) (2005): Kinderleben – Aufwachsen zwischen Familien, Freunden und Institutionen. Band 1: Aufwachsen in Familien. Schriften des Deutschen Jugendinstituts: Kinderpanel. Wiesbaden: VS Verlag für Sozialwissenschaften.

Ariès, Philippe (1978): Geschichte der Kindheit. München: Deutscher Taschenbuch Verlag.

Atteslander, Peter (2006): Methoden der empirischen Sozialforschung. Berlin: Schmidt Erich Verlag.

Baader, Meike Sophia (1996): Die romantische Idee des Kindes und der Kindheit: Auf der Suche nach der verlorenen Unschuld. Neuwied, Kriftel: Luchterhand.

Bausinger, Hermann (1987): Kultur für Kinder – Kultur der Kinder. In: Köstlin, Konrad (Hrsg.): Kinderkultur. 25. Deutscher Volkskundekongress in Bremen vom 7.-12. Oktober 1985. Bremen. S. 7-11.

Beck, Ulrich (1986): Risikogesellschaft. Auf dem Weg in die andere Moderne. Frankfurt a. M.: Suhrkamp.

Beck, Gertrud/Scholz, Gerold (2000): Teilnehmende Beobachtung von Grundschulkindern. In: Heinzel, Friederike (Hrsg.): Methoden der Kindheitsforschung. Ein

Überblick über Forschungszugänge zur kindlichen Perspektive. Weinheim und München: Juventa. S. 147-170.

Beck, Thomas/Schaeppi, Werner (2006): Von innen heraus verstehen: Theoretical Sampling – ein neues Stichprobenverfahren bringt Mehrwerte in die qualitative Marketingforschung. http://www.wernerschaeppi.ch/download/Theoretical%20Sampling.pdf

Becker, Ruth/Kortendiek, Beate (Hrsg.) (2008): Handbuch Frauen- und Geschlechterforschung. Theorie, Methoden, Empirie. Stuttgart: VS Verlag für Sozialwissenschaften.

Behnken, Imbke/Leppin, Elke/Lutz, Manuela/Pasquale, Judith/Wojtkowiak, Annette/Zinnecker, Jürgen (1991): Methoden Manual. Materialien (Fallstudien zur Modernisierung von Kindheit) aus dem Projekt „Kindheit im Siegerland". Siegen.

Behnken, Imbke/Zinnecker, Jürgen (2001): Kinder. Kindheit. Lebensgeschichte. Ein Handbuch. Seelze-Velber: Kallmeyer.

Belle, Deborah (1989): Gender Differences in Children's Social Networks and Supports. In: Belle, Deborah (Ed.): Children's Social Networks and Supports. New York: Wiley. p. 173-188.

Beller Kuno E./Beller, Simone (2008): Kuno Bellers Entwicklungstabelle. Modifizierte Fassung von 2000. Berlin: Freie Universität.

Berger, Christina (1996): Soziale Beziehungen von Kindern im Grundschulalter. Eine Untersuchung mit dem SOBEKI-Verfahren an acht- bis elfjährigen Grundschulkindern. In: Praxis der Kinderpsychologie und Kinderpsychiatrie, 45, (3-4). S. 102-110.

Berger, Peter L./Luckmann, Thomas (1966): The social Construction of Reality. A Treatise in the Sociology of Knowledge. New York: Anchor Books.

Bernfeld, Siegfried (1978): Trieb und Tradition im Jugendalter. Kulturpsychologische Studien an Tagebüchern. Frankfurt a. M: päd-extra. (Original: 1931).

Bertlein, Hermann (1960): Das Selbstverständnis der Jugend heute. Hannover, Berlin, Darmstadt, Dortmund: Schroedel.

Bien, Walter/Rauschenbach, Thomas/Riedel, Birgit (2007): Wer betreut Deutschlands Kinder? DJI-Kinderbetreuungsstudie. http://www.dji.de

Billmann-Mahecha, Elfriede (1994): Über die Interpretation von Kinderzeichnungen. In: L.O.G.O.S interdisziplinär, Heft 2 (1). S. 28-35. Jena: Elsevier GmbH.

Böhnisch, Lothar (2003): Die Entgrenzung der Männlichkeit. Verstörungen und Formierungen des Mannseins im gesellschaftlichen Übergang. Opladen: Leske + Budrich.

Böhnisch, Lothar (2004): Männliche Sozialisation. Eine Einführung. Weinheim und München: Juventa.

Böhnisch, Lothar/Lenz, Karl (Hrsg.) (1999): Familien. Weinheim und München: Juventa.

Böhnisch, Lothar/Lenz Karl/Schröer, Wolfgang (2009): Sozialisation und Bewältigung. Eine Einführung in die Sozialisationstheorie der Moderne. Weinheim und München: Juventa.

Bohnsack, Ralf (1997): Dokumentarische Methode. In: Hitzler, Ronald/Honer, Anne (Hrsg.): Sozialwissenschaftliche Hermeneutik. Opladen: Leske + Budrich. S. 191-212.

Bohnsack, Ralf (2001): Dokumentarische Methode. In: Hug, Theo (Hrsg.): Wie kommt Wissenschaft zu Wissen? Band 3: Einführung in die Methodologie der Kultur- und Sozialwissenschaften. Baltmannsweiler: Schneider Verlag Hohengehren. S. 326-345.

Bohnsack, Ralf (2002): „Die Ehre des Mannes". Orientierung am tradierten Habitus zwischen Identifikation und Distanz bei Jugendlichen türkischer Herkunft. In: Kraus, Margret/Marotzki, Winfried (Hrsg.): Biographische Arbeit. Perspektiven erziehungswissenschaftlicher Biographieforschung. Opladen: Leske + Budrich. S. 117-141.

Bohnsack, Ralf (2003): Rekonstruktive Sozialforschung. Einführung in Methodologie und Praxis qualitativer Forschung. Opladen: utb.

Bohnsack, Ralf (2003a): Gruppendiskussionsverfahren und Milieuforschung. In: Friebertshäuser, Barbara/Prengel, Annedore (Hrsg.): Handbuch qualitativer Forschungsmethoden in der Erziehungswissenschaft. Weinheim und München: Juventa. S. 492-502.

Bois-Reymond, Manuela du (1994): Die moderne Familie als Verhandlungshaushalt. Eltern-Kind-Beziehungen in West- und Ostdeutschland und in den Niederlanden. In: Bois-Reymond, Manuela du/Büchner, Peter/Krüger, Heinz-Hermann/ Ecarius, Jutta/Fuhs, Burkhard: Kinderleben. Opladen: Leske + Budrich. S. 137-220.

Bortz, Jürgen/Döring, Nicola (2005): Forschungsmethoden und Evaluation für Human- und Sozialwissenschaftler. Heidelberg: Springer.

Bos, Wilfried/Lankes, Eva-Maria/Prenzel, Manfred/Schwippert, Kurt/Valtin, Renate/ Walther, Gerd (Hrsg.) (2004): IGLU. Einige Länder der Bundesrepublik Deutschland im nationalen und internationalen Vergleich. Münster: Waxmann.

Bowlby, John (1969): Attachment and loss, Vol. 1: Attachment. New York: Basic Books.

Brandes, Holger (2002): Der männliche Habitus. Männerforschung und Männerpolitik. Band 2. Opladen: Leske + Budrich.

Brähler, Elmar/Holling, Heinz/Leutner, Detlev/Petermann, Franz (Hrsg.) (2002): Brickenkamp Handbuch psychologischer und pädagogischer Tests. Göttingen: Hogrefe.

Breidenstein, Georg/Kelle, Helga (1998): Geschlechteralltag in der Schulklasse. Ethnographische Studien zur Gleichaltrigenkultur. Weinheim und München: Juventa.

Bronfenbrenner, Urie (1979): The Ecology of Human Development: Experiments by Nature and Design. Cambridge, MA: Harvard University Press.

Bronfenbrenner, Urie (1990): Ökologische Sozialisationsforschung. In: Lenelis Kruse/Carl-Friedrich Graumann/Ernst D. Lantermann (Hrsg.): Ökologische Psychologie. Stuttgart: Enke. S. 76-79.

Bruhns, Kirsten (Hrsg.) (2004): Geschlechterforschung in der Kinder- und Jugendhilfe. Praxisstand und Forschungsperspektiven. (Schriften des Deutschen Jugendinstituts). Wiesbaden: VS Verlag für Sozialwissenschaften.

Büchner, Peter/Brake, Anna (Hrsg.) (2006): Bildungsort Familie. Transmission von Bildung und Kultur im Alltag von Mehrgenerationenfamilien. Wiesbaden: VS Verlag für Sozialwissenschaften.

Büchner, Peter/Fuhs, Burkhard (1996): Der Lebensort Familie. Alltagsprobleme und Beziehungsmuster. In: Büchner, Peter/Fuhs, Burkhard/Krüger, Heinz-Hermann (Hrsg.): Vom Teddybär zum ersten Kuß. Wege aus der Kindheit in Ost- und Westdeutschland. Opladen: Leske + Budrich. S. 159-200.

Bühler, Charlotte (1928): Kindheit und Jugend. Genese des Bewusstseins. Leipzig: Hirzel-Verlag.

Bühler, Charlotte (1929): Das Seelenleben des Jugendlichen. Versuch einer Analyse und Theorie der psychischen Pubertät. Jena: Verlag Gustav Fischer.

Bühler-Niederberger, Doris (2005): Kindheit und die Ordnung der Verhältnisse. Von der gesellschaftlichen Macht der Unschuld und dem kreativen Individuum. Weinheim und München: Juventa.

Bundesministerium für Familie, Senioren, Frauen und Jugend (BMFSFJ) (2002): Bericht über die Lebenssituation junger Menschen und die Leistungen der Kinder- und Jugendhilfe in Deutschland. Elfter Kinder- und Jugendbericht. Bonn.

Butler, Judith (1991): Das Unbehagen der Geschlechter. Frankfurt a. M.: Suhrkamp.

Butterwegge, Christoph (Hrsg.) (2000): Kinderarmut in Deutschland. Ursachen, Erscheinungsformen und Gegenmaßnahmen. Frankfurt a. M.: Campus.

Carr, Margaret (2001): Assessment in Early Child Settings: Learning Stories. Hamilton: Sage.

Chassé, Karl August/Zander, Margherita/Rasch, Konstanze (2007): Meine Familie ist arm. Wie Kinder im Grundschulalter Armut erleben und bewältigen. Wiesbaden: VS Verlag für Sozialwissenschaften.

Chodorow, Nancy (1985): Das Erbe der Mütter. Psychoanalyse und Soziologie der Geschlechter. München: Verlag Frauenoffensive.

Colberg-Schrader, Hedi/Krug, Marianne (1999): Arbeitsfeld Kindergarten. Pädagogische Wege, Zukunftsentwürfe und berufliche Perspektiven. Weinheim und München: Juventa.

Denzin, Norman K. (1978): The research act: a theoretical introduction to sociological methods. New York (et al.): McGraw Hall.

Deutscher Bundestag. 16. Wahlperiode (2007): Unterrichtung durch die Beauftragte der Bundesregierung für Migration, Flüchtlinge und Integration. Siebter Bericht über die Lage der Ausländerinnen und Ausländer in Deutschland. Drucksache 16/7600. Bonn.

Deutsches Jugendinstitut (2009): Quantität braucht Qualität. Agenda für den qualitativ orientierten Ausbau der Kindestagesbetreuung für unter Dreijährige. München: DJI.

Deutsches Jugendinstitut (DJI): Kinderpanel. http://www.dji.de/cgi-bin/projekte/output.php?projekt=71

Drees, Manfred (1998): Eltern, deren Kinder in Heimerziehung leben. Eine empirische Untersuchung in einer Einrichtung der stationären Erziehungshilfe zur Frage der Verfügbarkeit elterlicher Ressourcen und ihrer Nutzung. Münster: Lit Verlag.

Eickhorst, Andreas/Lamm, Bettina/Borke, Jörg (2003): Die Rolle des Vaters. Eine entwicklungspsychologische Bestandsaufnahme. In: Keller, Heidi (Hrsg.): Handbuch der Kleinkindforschung. Bern, Göttingen, Toronto, Seattle: Hans Huber. S. 451-487.

Erikson, Erik (1988): Jugend und Krise. Die Psychodynamik im sozialen Wandel. München: Klett-Cotta.

Erikson, Erik (1999): Kindheit und Gesellschaft. Stuttgart: Klett-Cotta.

Erikson, Erik (2000): Identität und Lebenszyklus. Frankfurt a. M.: Suhrkamp.

Fischer-Köhler, Gislinde (1992): Familienbildungsstätten – darauf können sich Familien verlassen. Düsseldorf: Licharz-Lichtenthäler.

Fischer-Rosenthal, Wolfram/Rosenthal, Gabriele (1997): Narrationsanalyse biographischer Selbstpräsentation. In: Hitzler, Ronald/Honer, Anne (Hrsg.): Sozialwissenschaftliche Hermeneutik. Opladen: Leske + Budrich. S. 133-164.

Fisseni, Hermann-Josef (1990): Lehrbuch der psychologischen Diagnostik. Göttingen: Hogrefe.

Freitag, Marcus (1995): Unterstützung aus dem persönlichen Umfeld. Eine Hilfe nur bei Belastungen? In: Setterboulte, Wolfgang/Palentien, Christian/ Hurrelmann, Klaus (Hrsg.): Gesundheitsversorgung für Kinder und Jugendliche: Ein Praxishandbuch. Heidelberg: Asanger. S. 121-132.

Freud, Sigmund (1989): Essays II. Auswahl 1915-1919. Berlin: Volk und Welt.

Freud, Sigmund (1989a): Drei Abhandlungen zur Sexualtheorie und verwandte Schriften. Frankfurt a. M.: Fischer. (Original: 1905).

Friebertshäuser, Barbara/ Prengel, Annedore (Hrsg.) (2003): Handbuch qualitativer Forschungsmethoden in der Erziehungswissenschaft. Weinheim und München: Juventa.

Friebertshäuser, Barbara/Langer, Antje/Prengel, Annedore (Hrsg.) (2010): Handbuch qualitativer Forschungsmethoden in der Erziehungswissenschaft. Weinheim und München: Juventa.

Friebertshäuser, Barbara (2003): Interviewtechniken – ein Überblick. In: Friebertshäuser, Barbara/ Prengel, Annedore (Hrsg.): Handbuch qualitative Forschungsmethoden in der Erziehungswissenschaft. Weinheim und München: Juventa. S. 371-395.

Fried, Lilian (1990): „Hilf mir bitte, für mich selbst zu sprechen!". In: Kinderzeit 4, 12. S. 13-15. Freiburg: Family Media GmbH und Co. KG.

Fritschi, Tobias/Oesch, Tom (2008): Volkswirtschaftlicher Nutzen von frühkindlicher Bildung in Deutschland. Eine ökonomische Bewertung langfristiger Bildungseffekte bei Krippenkindern. http://www.bertelsmann-stiftung.de

Fuhs, Burkhard (1999): Die Generationenproblematik in der Kindheitsforschung. Zur methodologischen Relevanz von Erwachsenen-Kind-Verhältnissen In: Honig, Michael-Sebastian/Lange, Andreas/Leu, Hans Rudolf (Hrsg.): Aus der Perspektive von Kindern? Zur Methodologie der Kindheitsforschung. Weinheim und München: Juventa. S. 153-161.

Fuhs, Burkhard (2000): Qualitative Interviews mit Kindern. Überlegungen zu einer schwierigen Methode. In: Heinzel, Friederike (Hrsg.): Methoden der Kindheitsforschung. Ein Überblick über Forschungszugänge zur kindlichen Perspektive. Weinheim und München: Juventa. S. 87-103.

Gardenswartz, Lee/Rowe, Anita (1994): Diverse Teams at Work. Capitalizing on the Power of Diversity. Chicago: Irwin Professional Publishing.

Garfinkel, Harold (1967): Studies in Ethnomethodology. Englewood Cliffs: Prentice Hall.

Garz, Detlef (1996): Lawrence Kohlberg zur Einführung. Hamburg: Junius

Garz, Detlef (2008): Sozialpsychologische Entwicklungstheorien. Von Mead, Piaget und Kohlberg bis zur Gegenwart. Wiesbaden: VS Verlag für Sozialwissenschaften.

Geulen, Dieter (1989): Das vergesellschaftete Subjekt. Zur Grundlegung der Sozialisationstheorie. Frankfurt a. M.: Suhrkamp.

Geulen, Dieter (2002): Sozialisationstheoretische Ansätze. In: Krüger, Heinz-Hermann/Grunert, Cathleen (Hrsg.): Handbuch der Kindheits- und Jugendforschung. Opladen: VS Verlag für Sozialwissenschaften. S. 83-98.

Gildemeister, Regine/Wetterer, Angelika (1992): Wie Geschlechter gemacht werden. Die soziale Konstruktion der Zweigeschlechtlichkeit und ihre Reifizierung in der Frauenforschung. In: Knapp, Gudrun-Axeli/Wetterer, Angelika (Hrsg.): TraditionenBrüche. Entwicklungen feministischer Theorie. Freiburg im Breisgau: Kore-Verlag.

Glaser, Barney G. (1992): Basics of Grounded Theory Analysis. Mill Valley, CA: Sociology Press.

Glaser, Barney G./Strauss, Anselm L. (2008): Grounded theory. Strategien qualitativer Forschung. Bern: Hans Huber.

Gödde, Mechthild/Engfer, Anette (1994): Children's Social Networks: In: Belle, Deborah (Ed.): Children's Social Networks. New York: Wiley. p. 191-216.

Gödde, Mechthild/Walper, Sabine/Engfer, Anette (1996): Die Peernetzwerke neunjähriger Kinder. Zum Verhältnis von Netzwerkressourcen, kindlicher Kompetenz und mütterlichen Strategien der Kontaktsteuerung. In: Psychologie in Erziehung und Unterricht, 43. S. 100-113.

Grabrucker, Marianne (1986): „Typisch Mädchen …": Prägung in den ersten drei Lebensjahren. Frankfurt a. M.: Fischer Taschenbuch Verlag.

Griebel, Wilfried (2004): Übergangsforschung aus psychologischer Sicht. In: Schumacher, Eva (Hrsg.): Übergänge in Bildung und Ausbildung. Gesellschaftliche, subjektive und gesellschaftliche Relevanzen. Bad Heilbrunn: Klinkhardt-Verlag. S. 25-45.

Griebel, Wilfried/Niesel, Renate (2004): Transitionen. Fähigkeit von Kindern in Tageseinrichtungen fördern, Veränderungen erfolgreich zu bewältigen. Weinheim und Basel: Beltz. Deutscher Studienverlag.

Grimm, Hannclore/Schöler, Hermann (1998): Heidelberger Sprachentwicklungstest (HSET). Handanweisung für die Auswertung und Interpretation. Göttingen: Hogrefe.

Großmaß, Ruth (2002): Gestaltung von Beratungsräumen als professionelle Kompetenz. In: Frank Nestmann/Frank Engel (Hrsg.): Die Zukunft der Beratung, Tübingen: dgvt-Verlag. S. 187-199.

Grunert, Cathleen (2002): Methoden und Ergebnisse der qualitativen Kindheits- und Jugendforschung. In: Krüger, Heinz-Hermann/Grunert, Cathleen (Hrsg.): Handbuch der Kindheits- und Jugendforschung. Opladen: VS Verlag für Sozialwissenschaften. S. 225-248.

Grunert, Cathleen/Krüger, Heinz-Hermann (2006): Kindheit und Kindheitsforschung in Deutschland. Forschungszugänge und Lebenslagen. Opladen: Leske + Budrich.

Häder, Michael (2006): Empirische Sozialforschung. Eine Einführung. Wiesbaden: VS Verlag für Sozialwissenschaften.

Hagemann-White, Carol (1979): Frauenbewegung und Psychoanalyse. Basel: Stroemfeld.

Hagemann-White, Carol (1988): Wir werden nicht zweigeschlechtlich geboren ... In: Hagemann-White, Carol/Rerrich, Maria S. (Hrsg.): FrauenMännerBilder. Männer und Männlichkeit in der feministischen Diskussion. Bielefeld: AJZ-Verlag.

Hagemann-White, Carol (2002): Geschlechtertheoretische Ansätze. In: Krüger, Heinz-Hermann/Grunert, Cathleen (Hrsg.): Handbuch der Kindheits- und Jugendforschung. Opladen: Leske + Budrich. S. 143-163.

Haller, Rudolf/Höfer, Ulf (1981) (Hrsg.): Otto Neurath. Gesammelte philosophische und methodologische Schriften, Band 1. Wien: Hölder-Pichler-Tempsky.

Harding, Sandra (1994): Das Geschlecht des Wissens. Frankfurt a. M.: Campus.

Hartup, Willard W. (1978): Peer relations and the growth of social competence. In: Kent, Martha W./Rolf, Jon E. (Eds.): The primary prevention of psychopathology. Vol. 3. Promoting social competence and coping in children. Hannover, New Hampshire: University Press. p. 234-256.

Hauser, Richard (1997): Vergleichende Analyse der Einkommensverteilung und der Einkommensarmut in den alten und neuen Bundesländern 1990 bis 1995. In: Irene Becker, Irene/Hauser, Richard (Hrsg.): Einkommensverteilung und Armut. Deutschland auf dem Weg zur Vierfünftel-Gesellschaft? Frankfurt a. M., New York: Campus. S. 63-82.

Havighurst, Robert J. (1972): Developmental Tasks and Education. New York, London: Longman.

Hays, Pamela (1996): Adressing the Complexities of Culture and Gender in Counseling. In: Journal of Counseling and Development. Vol. 74, Issue 4. p. 332-339.

Hédervári, Éva (1995): Bindung und Trennung. Frühkindliche Bewältigungsstrategien bei kurzen Trennungen von der Mutter. Wiesbaden: Deutscher Universitäts-Verlag.

Heidbrink, Horst (2008): Einführung in die Moralpsychologie. Weinheim und Basel: Beltz.

Heimlich, Ulrich (2001): Einführung in die Spielpädagogik. Eine Orientierungshilfe für sozial-, schul-, und heilpädagogische Arbeitsfelder. Bad Heilbrunn: Klinkhardt-Verlag.

Heinzel, Friederike (1997): Qualitative Interviews mit Kindern. In: Friebertshäuser, Barbara/Prengel, Annedore (Hrsg.): Handbuch Qualitative Forschungsmethoden in der Erziehungswissenschaft. Weinheim und München: Juventa. S. 396-413.

Heinzel, Friederike (Hrsg.) (2000): Methoden der Kindheitsforschung. Ein Überblick über Forschungszugänge zur kindlichen Perspektive. Weinheim und München: Juventa.

Heinzel, Friederike (2000 a): Einleitung. In: Heinzel, Friederike (Hrsg.): Methoden der Kindheitsforschung. Ein Überblick über Forschungszugänge zur kindlichen Perspektive. Weinheim und München: Juventa. S. 17-20.

Heinzel, Friederike (2000 b): Methoden und Zugänge der Kindheitsforschung im Überblick. In: Heinzel, Friederike (Hrsg.): Methoden der Kindheitsforschung. Ein Überblick über Forschungszugänge zur kindlichen Perspektive. Weinheim und München: Juventa. S. 21-35.

Heinzel, Friederike (2000 c): Kinder in Gruppendiskussionen und Kreisgesprächen. In: Heinzel, Friederike (Hrsg.): Methoden der Kindheitsforschung. Ein Überblick über Forschungszugänge zur kindlichen Perspektive. Weinheim und München: Juventa. S. 117-130.

Herrmann, Ulrich (1987): Familie, Kindheit, Jugend. In: Jeismann, Karl-Ernst/ Lundgreen, Peter (Hrsg.): Handbuch der deutschen Bildungsgeschichte. Bd. III: 1800-1870. Von der Neugründung Deutschlands bis zur Gründung des Deutschen Reiches. München: Beck. S. 53-69.

Herzberg, Irene/Hössl, Alfred (1996): Kinder des Umbruchs? Ausgewählte Ergebnisse einer Befragung von Kindern zu ihrer Freizeitsituation in den neuen Bundesländern. In: Zeitschrift für Pädagogik, (3). S. 365-385.

Hock, Beate/Holz, Gerda/Wüstendörfer, Werner (2000): Folgen familiärer Armut im frühen Kindesalter – Eine Annäherung anhand von Fallbeispielen. Dritter Zwischenbericht zu einer Studie im Auftrag des Bundesverbandes der Arbeiterwohlfahrt. Frankfurt a. M.

Hoffmann, Monika (1992): Zusammenleben im Kindergarten. Dynamische Prozesse zwischen Kindern, Eltern und Erzieherinnen. Weinheim und München: Juventa.

Holle, Britta (1993): Die motorische und perzeptuelle Entwicklung des Kindes. Ein praktisches Lehrbuch für die Arbeit mit normalen und retardierten Kindern. Weinheim: Psychologie Verlags Union.

Hollstein, Betina/Straus, Florian (2006) (Hrsg.): Qualitative Netzwerkanalyse. Konzepte, Methoden, Anwendungen. Wiesbaden: VS Verlag für Sozialwissenschaften.

Holz, Gerda/Richter, Antja/Wüstendörfer, Werner/Giering, Dietrich (2005): Zukunftschancen für Kinder!? – Wirkung von Armut bis zum Ende der Grundschulzeit. Zusammenfassung des Endberichts der 3. Phase der AWO-ISS-Studie. Bonn: Verlag AWO Bundesverband e.V.

Holz, Gerda/Hock, Beate (2006): Infantilisierung von Armut begreifbar machen: die AWO-ISS-Studien zu familiärer Armut. In: Vierteljahreshefte zur Wirtschaftsforschung, 75, (1). S. 77-88.

Honig, Michael-Sebastian (1999): Entwurf einer Theorie der Kindheit. Frankfurt a. M.: Suhrkamp.

Honig, Michael-Sebastian (1999 a): Forschung „vom Kinde aus"? Perspektivität in der Kindheitsforschung. In: Honig, Michael-Sebastian/Lange, Andreas/Leu, Hans Rudolf (Hrsg.): Aus der Perspektive von Kindern? Zur Methodologie der Kindheitsforschung. Weinheim und München: Juventa. S. 33-50.

Honig, Michael-Sebastian (2002): Geschichte der Kindheit. In: Krüger, Heinz-Hermann/Grunert, Cathleen (Hrsg.): Handbuch Kindheits- und Jugendforschung. Opladen: Leske + Budrich. S. 309-332.

Honig, Michael-Sebastian/Leu, Hans Rudolf/Nissen, Ursula (Hrsg.) (1996): Kinder und Kindheit. Weinheim und München: Juventa.

Honig, Michael-Sebastian/Leu, Hans Rudolf/Nissen, Ursula (1996): Kindheit als Sozialisationsphase und als kulturelles Muster. Zur Strukturierung eines Forschungsfeldes. In: Honig, Michael-Sebastian/Leu, Hans Rudolf/Nissen, Ursula (Hrsg.): Kinder und Kindheit. Weinheim und München: Juventa. S. 9-29.

Honig, Michael-Sebastian/Lange, Andreas/Leu, Hans Rudolf (1999): Eigenart und Fremdheit. Kindheitsforschung und das Problem der Differenz von Kindern und Erwachsenen. In: Honig, Michael-Sebastian/Lange, Andreas/Leu, Hans Rudolf (Hrsg.): Aus der Perspektive von Kindern? Zur Methodologie der Kindheitsforschung. Weinheim und München: Juventa. S. 9-32.

Honig, Michael-Sebastian/Joos, Magdalena/Schreiber, Norbert (2004): Was ist ein guter Kindergarten? Theoretische und empirische Analysen zum Qualitätsbegriff in der Pädagogik. Weinheim und München: Juventa.

Horstkemper, Marianne (1987): Schule, Geschlecht und Selbstvertrauen. Eine Längsschnittstudie über Mädchensozialisation in der Schule. Weinheim und München: Juventa.

House, James S. (1981): Work Stress and Social Support. Reading, Mass: Addison-Wesley.

Hurrelmann, Klaus (1983): Das Modell des produktiv realitätsverarbeitenden Subjekts in der Sozialisationsforschung. In: Zeitschrift für Sozialisationsforschung und Erziehungssoziologie, (3). S. 91-103. Weinheim und München: Juventa.

Hurrelmann, Klaus (1995): Einführung in die Sozialisationstheorie. Über den Zusammenhang von Sozialstruktur und Persönlichkeit. Weinheim und Basel: Beltz. Deutscher Studienverlag.

Hurrelmann, Klaus (2002): Einführung in die Sozialisationstheorie. Weinheim und Basel: Beltz. Deutscher Studienverlag.

Hurrelmann, Klaus/Bründel, Heidrun (2003): Einführung in die Kindheitsforschung. Weinheim, Basel, Berlin: Beltz. Deutscher Studienverlag.

Itard, Jean (1972): Gutachten und Bericht über Victor von Aveyron. In: Malson, Lucian/Itard, Jean/Mannoni, Octave: Die wilden Kinder. Frankfurt a. M.: Suhrkamp. S. 205-220.

Joos, Magdalena (2001): Die soziale Lage der Kinder. Sozialberichterstattung über die Lebensverhältnisse von Kindern in Deutschland. (Schriftreihe: Kindheiten. Band 19). Weinheim und München: Juventa.

Kahle, Irene (1997): Die Elternarbeit als Bindeglied zwischen familialer und institutioneller Ökologie. In: Diepelhofer-Stiem, Barbara/Wolf, Bernhard (Hrsg.): Ökologie des Kindergartens. Theoretische und empirische Befunde zu Sozialisations- und Entwicklungsbedingungen. Weinheim und München: Juventa. S. 49-76.

Kalveram, Andreas Bobby/Schwandt, Madeleine/Frommann, Stefanie (2005): Die Jenaer Unternehmensbefragung 2005. Abschlussbericht. Jena.

Karsten, Maria-Eleonora (1990): Lebensräume gestalten, statt Lebensräume verwalten. Der Beitrag der Sozialberichterstattung. In: Karsten, Maria-Eleonora/Otto, Hans-Uwe: Sozialberichterstattung: Lebensräume gestalten als neue Strategie kommunaler Sozialpolitik. Weinheim und München: Juventa. S. 9-40.

Kashani, Javad H./Canfield, Lori A./Borduin, Charles M./Soltys, Stephen M./Reid, John C. (1994): Perceived family and social support: Impact on children. In: Journal of the American Academy of Child and Adolescent Psychiatry, 33. p. 819-823.

Kasten, Hartmut (1993): Die Geschwisterbeziehung. Band 1. Göttingen: Hogrefe.

Kasten, Hartmut (o. J.): Der aktuelle Stand der Geschwisterforschung. In: Fthenakis, Wassilos E./Textor, Martin R. (Hrsg.): Das Online-Familienhandbuch. http://www.familienhandbuch.de

Kaufmann, Franz-Xaver (1995): Zukunft der Familie im vereinten Deutschland: gesellschaftliche und politische Bedingungen. München: C.H. Beck.

Kegan, Robert (1986): Die Entwicklungsstufen des Selbst. München: Kindt Verlag.

Kelle, Helga (2009): Kindheit. In: Andresen, Sabine/Casale, Rita/Gabriel, Thomas/Horlacher, Rebekka/Larcher-Klee, Sabina/Oelkers, Jürgen (Hrsg.): Handwörterbuch Erziehungswissenschaft. Weinheim und Basel: Beltz. Deutscher Studienverlag. S. 322-335.

Kelle, Helga/Breidenstein, Georg (1996): Kinder als Akteure. Ethnographische Ansätze in der Kindheitsforschung. In: Zeitschrift für Sozialisationsforschung und Erziehungssoziologie, Heft 16. S. 47-67. Weinheim und München: Juventa.

Kelle, Helga/Breidenstein, Georg (1999): Alltagspraktiken von Kindern in ethnomethodologischer Sicht. In: Honig, Michael-Sebastian/Lange, Andreas/Leu, Hans Rudolf (Hrsg.): Aus der Perspektive von Kindern? Zur Methodologie der Kindheitsforschung. Weinheim und München: Juventa. S. 97-111.

Keller, Heidi (2003): Einführung. In: Keller, Heidi (Hrsg.): Handbuch der Kleinkindforschung. Bern, Göttingen, Toronto, Seattle: Hans Huber. S. 13-26.

Kessler, Suzanne J./McKenna, Wendy (1978): Gender. An Ethnomethodological Approach. New York: John Wiley and Sons Inc.

Keupp, Heiner (2008): Empowerment von Kindern und Familien. In: Familie integriert. Durch frühe Förderung aktiv in die Zukunft. Fachkongress am 5./6. November 2007 in Hamburg. Berlin. S. 18-27.

Sozialgesetzbuch. Achtes Buch (2006): Kinder- und Jugendhilfegesetz. Gelsenkirchen: VSTP Verlag Soziale Theorie und Praxis.

Kiphard, Ernst J. (2006): Wie weit ist ein Kind entwickelt? Eine Anleitung zur Entwicklungsüberprüfung. Dortmund: Modernes Lernen Borgmann.

Klocke, Andreas/Hurrelmann, Klaus (2001): Kinder und Jugendliche in Armut. Umfang, Auswirkungen und Konsequenzen. Wiesbaden: Westdeutscher Verlag.

König, Anke (2007): Dialogisch-entwickelnde Interaktionsprozesse als Ausgangspunkt für die Bildungsarbeit im Kindergarten. In: Bildungsforschung (Onlinezeitschrift), (4), 1. http://www.bildungsforschung.org/Archiv/2007-01/interaktion.

König, Eckard/Bentler, Annette (2003): Arbeitsschritte im qualitativen Forschungsprozess – ein Leitfaden. In: Friebertshäuser, Barbara/Prengel, Annedore (Hrsg.): Handbuch Qualitative Forschungsmethoden in der Erziehungswissenschaft. Weinheim und München: Juventa. S. 88-96.

Konrad, Franz-Michael/Schultheis, Klaudia (2008): Kindheit. Eine pädagogische Einführung. Stuttgart: Kohlhammer.

Kränzl-Nagl, Renate/Wintersberger, Helmut (1998): Über die Bilder von Kindheit. In: Bundesministerium für Unterricht und kulturelle Angelegenheiten (Hrsg.): MEDIENIMPULSE. Beiträge zur Medienpädagogik, Wien. (25). S. 4-12.

Kränzl-Nagl, Renate/Wilk, Liselotte (2000): Möglichkeiten und Grenzen standardisierter Befragungen unter besonderer Berücksichtigung der Faktoren soziale und personale Wünschbarkeit. In: Heinzel, Friederike (Hrsg.): Methoden der Kindheitsforschung. Ein Überblick über Forschungszugänge zur kindlichen Perspektive. Weinheim und München: Juventa. S. 59-75.

Krappmann, Lothar (1993): Kinderkultur als institutionalisierte Entwicklungsaufgabe. In: Markefka, Manfred/Nauck, Bernhard (Hrsg.): Handbuch der Kindheitsforschung. Neuwied, Kriftel, Berlin: Luchterhand Verlag. S. 365-376.

Krappmann, Lothar/Oswald, Hans (1995): Alltag der Schulkinder. Beobachtungen und Analysen von Interaktionen und Sozialbeziehungen. Weinheim und München: Juventa.

Kromrey, Helmut (2006): Empirische Sozialforschung. Modelle und Methoden der standardisierten Datenerhebung und Datenauswertung. Stuttgart: Lucius und Lucius.

Krüger, Heidemarie (1983): Gruppendiskussionen. Überlegungen zur Rekonstruktion sozialer Wirklichkeit aus der Sicht der Betroffenen. In: Soziale Welt, 34. S. 90-109.

Krüger, Heinz-Hermann/Grunert, Cathleen (2001): Biographische Interviews mit Kindern. In: Behnken, Imbke/Zinnecker, Jürgen (Hrsg.): Kinder, Kindheit, Lebensgeschichte. Ein Handbuch. Seelze-Velber: Kallmeyer. S. 129-142.

Krüger, Heinz-Hermann/Grunert, Cathleen (Hrsg.) (2002): Handbuch der Kindheits- und Jugendforschung. Opladen: VS Verlag für Sozialwissenschaften.

Krüger, Heinz-Hermann/Grunert, Cathleen (2002 a): Geschichte und Perspektiven der Kindheits- und Jugendforschung. In: Krüger, Heinz-Hermann/Grunert, Cathleen (Hrsg.): Handbuch der Kindheits- und Jugendforschung. Opladen: Leske + Budrich. S. 11-42.

Kühnel, Steffen/Krebs, Dagmar (2006): Statistik für die Sozialwissenschaften. Grundlagen, Methoden, Anwendungen. Reinbek: Rowohlts Tb.

Küppers, Waltraut (1964): Mädchentagebücher in der Nachkriegszeit. Stuttgart: Klett-Cotta.

Kupersmidt, Janis B./DeRosier, Melissa E./& Patterson, Charlotte P. (1995): Similarity as the basis for children's friendships: The roles of sociometric status, aggressive and withdrawn behavior, academic achievement, and demographic characteristics. In: Journal of Personality and Social Psychology, (12). p. 439-452.

Laevers, Ferre (Ed.) (1994): The Leuven Involvement Scale for Young Children (LIS-YC) Manual. Leuven: Centre for Experiental Education.

Laewen, Hans-Joachim (2002): Das ‚konstruierende Kind' und der Situationsansatz. In: Laewen, Hans-Joachim/Andres, Beate (Hrsg.): Bildung und Erziehung in der frühen Kindheit. Bausteine zum Bildungsauftrag von Kindertageseinrichtungen. Weinheim, Basel, Berlin: Beltz. Deutscher Studienverlag. S. 208-243.

Laewen, Hans-Joachim/Andres, Beate/Hédervári, Evá (2000): Ohne Eltern geht es nicht. Die Eingewöhnung von Kindern in Krippen und Tagespflegestellen. Weinheim, Basel, Berlin: Beltz. Deutscher Studienverlag.

Laewen, Hans-Joachim/Andres, Beate (2002): Forscher, Künstler, Konstrukteure. Werkstattbuch zum Bildungsauftrag von Kindertageseinrichtungen. Weinheim, Basel, Berlin: Beltz. Deutscher Studienverlag.

Lamberti, Georg (2001): Neuropsychologische Untersuchungsmethoden aus psychologiehistorischer Sicht – James McKeen Cattell (1860-1944) und seine Rolle in der Entwicklung der Psychometrie. In: Zeitschrift für Neuropsychologie, 12 (2). S. 142-150.

Lamnek, Siegfried (2005): Qualitative Sozialforschung. Lehrbuch. Weinheim und Basel: Beltz. PVU.

Lang, Sabine (1985): Lebensbedingungen und Lebensqualität von Kindern. Frankfurt a. M., New York: Campus.

Lang, Sabine/Breuer, Sigrid (1985): Die Verlässlichkeit von Angaben acht- bis zehnjähriger Kinder über den Beruf des Vaters. In: Zeitschrift für Soziologie, Jg. 14, 2, S. 160-163.

Lenz, Albert (2001): Partizipation von Kindern in Beratung und Therapie. Entwicklungen, Befunden und Handlungsperspektiven. Weinheim und München: Juventa.

Lenz, Karl (1986): Alltagswelten von Jugendlichen. Eine empirische Studie über jugendliche Handlungstypen. Frankfurt a. M.: Campus.

Lenz, Karl (2001): Pädagogische Generationenbeziehungen aus soziologischer Sicht. In: Kramer, Rolf-Torsten/Helsper, Werner/Busse, Susann (Hrsg.): Pädagogische Generationsbeziehungen. Jugendliche im Spannungsfeld von Schule und Familie. Opladen: Leske + Budrich. S. 16-39.

Lenz, Karl (2002): Familien. In: Schröer, Wolfgang/Struck, Norbert/Wolff, Mechthild (Hrsg.): Handbuch der Kinder- und Jugendhilfe. Weinheim und München: Juventa. S. 147-176.

Lenz, Karl/Böhnisch, Lothar (1999): Zugänge zu Familien – ein Grundlagentext. In: Böhnisch, Lothar/Lenz, Karl (Hrsg.): Familien. Eine interdisziplinäre Einführung. Weinheim und München: Juventa. S. 9-63.

Lenz, Karl und Forschungsgruppe (2000): Kindsein in Dresden – Endbericht der ersten Dresdner Kinderstudie. Technische Universität Dresden. http://www.Kinderstudie.de

Lenz, Karl/Fücker, Michael und Forschungsgruppe (2005): Zweite Dresdner Kinderstudie. Wie Kinder in Dresden leben. Technische Universität Dresden. http://www.Kinderstudie.de

Leu, Hans Rudolf (1996): Selbstständige Kinder – Ein schwieriges Thema für die Sozialisationsforschung. In: Honig, Michael-Sebastian/Leu, Hans Rudolf/Nissen, Ursula (Hrsg.): Kinder und Kindheit. Weinheim und München: Juventa. S. 174-198.

Leu, Hans Rudolf (2002): Sozialberichterstattung zu Lebenslagen von Kindern. Opladen: Leske + Budrich.

Lewin, Kurt (1936): Principles of Topological Psychology. New York, London: Mc Graw Hill.

Liegle, Ludwig (2000): Geschwisterbeziehungen und ihre erzieherische Bedeutung. In: Lange, Andreas/Lauterbach, Wolfgang (Hrsg.): Kinder in Familie und Gesellschaft zu Beginn des 21. Jahrhunderts. Stuttgart: Lucius und Lucius. S. 105-130.

Liegle, Ludwig (2001): Familiale Lebensformen. In: Otto, Hans-Uwe/Thiersch, Hans (Hrsg.): Handbuch Sozialarbeit Sozialpädagogik. Neuwied, Kriftel: Luchterhand. S. 508-520.

Lienert, Gustav A. (1969): Testaufbau und Testanalyse. Weinheim und Basel: Beltz.

Lipski, Jens (2000): Zur Verlässlichkeit der Angaben von Kindern bei standardisierten Befragungen. In: Heinzel, Friederike (Hrsg.): Methoden der Kindheitsforschung. Ein Überblick über Forschungszugänge zur kindlichen Perspektive. Weinheim und München: Juventa. S. 77-86.

Lohaus, Arnold (1989): Datenerhebung in der Entwicklungspsychologie. Problemstellungen und Forschungsperspektiven. Bern: Hans Huber.

Lueger, Dagmar (2006): Beobachtung leicht gemacht. Beobachtungsbögen zur Erfassung kindlichen Verhaltens und kindlicher Entwicklung. Berlin: Cornelsen.

Mannheim, Karl (1980): Strukturen des Denkens. Frankfurt a. M.: Suhrkamp.

Markefka, Manfred/Nauck, Bernhard (Hrsg.) (1993): Handbuch der Kindheitsforschung. Neuwied, Kriftel, Berlin: Luchterhand.

Martin, Ernst/Wawrinowski, Uwe (1993): Beobachtungslehre. Theorie und Praxis reflektierter Beobachtung und Beurteilung. Weinheim und München: Juventa.

Mayring, Philipp (1985): Qualitative Inhaltsanalyse. In: Jüttemann, Gerd (Hrsg.): Qualitative Forschung in der Psychologie. Grundfragen, Verfahrensweisen, Anwendungsfelder. Heidelberg: Asanger. S. 187-211.

Mayring, Philipp (2000): Qualitative Inhaltsanalyse. Grundlagen und Techniken. Weinheim und Basel: Beltz. Deutscher Studienverlag.

Mayring, Philipp (2002): Einführung in die qualitative Sozialforschung. Weinheim und Basel: Beltz.

Mead, Margaret (1958): Mann und Weib. Reinbek: Rowohlt.

Merton Robert K./Kendall Patricia L. (1956): The Focused Interview. In: American Journal of Sociology, (51). p. 541-557.

Metzinger, Adalbert (1999): Arbeit mit Gruppen. Freiburg im Breisgau: Lambertus Verlag.

Meeus, Wim (1994): Psychosocial problems and social support in adolescence. In: Nestmann, Frank/Hurrelmann, Klaus (Eds.): Social networks and social support in childhood and adolescence. Berlin: de Gruyter. p. 241-255.

Mey, Günter (2001): Den Kindern eine Stimme geben! Aber können wir sie hören? Zu den methodologischen Ansprüchen der neueren Kindheitsforschung. In: Forum Qualitative Sozialforschung [Online Journal], 2 (2).

Mey, Günter (2003): Qualitative Forschung: Überlegungen zur Forschungsprogrammatik und Vorschläge zur Forschungspraxis im Themenfeld der Frühen Kindheit. In: Keller, Heidi (Hrsg.): Handbuch der Kleinkindforschung. Bern, Göttingen, Toronto, Seattle: Hans Huber.

Mey, Günter (2003a): Zugänge zur kindlichen Perspektive. Methoden der Kindheitsforschung. In: Fthenakis, Wassilios E./Textor, Martin R. (Hrsg.): Das Online-Familienhandbuch. http://www.familienhandbuch.de

Michaelis, Richard (2003): Validierte Grenzsteine der Entwicklung. Berlin: Infans

Mies, Maria (1978): Methodische Postulate zur Frauenforschung – Dargestellt am Beispiel der Gewalt gegen Frauen. In: Beiträge zur feministischen Theorie und Praxis. Jg.1, Heft 1, München. S. 41-63.

Montada, Leo (1987): Die geistige Entwicklung aus der Sicht Jean Piagets. In: Oerter, Rolf/Montada, Leo: Entwicklungspsychologie. Ein Lehrbuch. Weinheim, Basel, Berlin: Beltz. S. 413-462.

Montada, Leo (1987a): Entwicklung der Moral. In: Oerter, Rolf/Montada, Leo: Entwicklungspsychologie. Ein Lehrbuch. Weinheim, Basel, Berlin: Beltz. S. 738-766.

Morgan, Christina D./Murray, Henry A. (1935): A method of investigating fantasies: The Thematic Apperception Test. In: Archives of Neurology and Psychiatry, (34). p. 289-306.

Muchow, Martha/Muchow, Hans-Heinrich (1998): Der Lebensraum des Großstadtkindes. Weinheim: Juventa Verlag (Original: 1935).

Nauck, Bernhard (1993): Sozialstrukturelle Differenzierung der Lebensbedingungen von Kindern in West- und Ostdeutschland. In: Markefka, Manfred/Nauck, Bernhard (Hrsg.): Handbuch der Kindheitsforschung. Neuwied, Kriftel, Berlin: Luchterhand. S. 143-164.

Nauck, Bernhard (1995): Kinder als Gegenstand der Sozialberichterstattung – Konzepte, Methoden und Befunde im Überblick. In: Nauck, Bernhard/Bertram, Hans (Hrsg.): Kinder in Deutschland. Lebensverhältnisse von Kindern im Regionalvergleich. Opladen: Leske + Budrich.

Nauck, Bernhard (2002): Familien ausländischer Herkunft im Spannungsfeld von Integration und Ausgrenzung – Auswirkungen auf ihre Lebenssituation. In: Bundesministerium für Familie, Senioren, Frauen und Jugend (BMFSFJ) (Hrsg.): Integration von Familien ausländischer Herkunft. Dokumentation der Fachtagung 11. bis 12. Dezember. Berlin.

Nentwig-Gesemann, Iris (2002): Gruppendiskussion mit Kindern. Die dokumentarische Interpretation von Spielpraxis und Diskursorganisation. In: Zeitschrift für Qualitative Bildungs-, Beratungs- und Sozialforschung, (1). S. 41-63.

Nestmann, Frank (1988): Die alltäglichen Helfer. Theorien sozialer Unterstützung und eine Untersuchung alltäglicher Helfer aus vier Dienstleistungsberufen. Berlin: de Gruyter.

Nestmann, Frank/Hurrelmann, Klaus (1994): Child and adolescent research as a challenge and opportunity for social support theory, measurement, and intervention: and vice versa. In: Nestmann, Frank/Hurrelman, Klaus (Eds.): Social Networks and Social Support in Childhood and Adolescence. Berlin, New York: de Gruyter. p. 1-22.

Nestmann, Frank/Günther, Julia/Stiehler, Steve/Wehner, Karin/Werner, Jillian (2008): Kindernetzwerke. Tübingen: dgvt-Verlag.

Neuß, Norbert (2003): Humor von Kindern. Empirische Befunde zum Humorverständnis von Grundschulkindern. In: TELEVIZION, 16. S. 12-17.

Niesel, Renate (2004): Einschulung – Der Übergang vom Kindergarten in die Grundschule. In: Schumacher, Eva (Hrsg.): ‚Übergänge' in Bildung und Ausbildung – pädagogische, subjektive und gesellschaftliche Relevanzen. Bad Heilbrunn: Klinkhardt. S. 89-101.

Nissen, Ursula (1990): Räume für Mädchen?! Geschlechtsspezifische Sozialisation in öffentlichen Räumen. In: Preuss-Lausitz, Ulf/Rülcker, Tobias/Zeiher, Helga (Hrsg.): Selbstständigkeit für Kinder – die große Freiheit? Kindheit zwischen pädagogischen Zugeständnissen und gesellschaftlichen Zumutungen. Weinheim und Basel: Beltz. S. 148-160.

Nunnally, Jum C. (1982): The study of human change: Measurement, research strategies, and methods of analysis. In: Wolman, Benjamin B. (Ed.): Handbook of developmental psychology. Englewood Cliffs: Prentice Hall. p. 133-148.

Nyssen, Elke (1996): Mädchenförderung in der Schule: Ergebnisse und Erfahrungen aus einem Modellversuch. Weinheim und München: Juventa.

Olk, Thomas (2003): Kindheit im Wandel. Eine neue Sicht auf Kindheit und Kinder und ihre Konsequenzen für die Kindheitsforschung. In: Prengel, Annedore (Hrsg.): Im Interesse von Kindern? Forschungs- und Handlungsperspektiven in Pädagogik und Kinderpolitik. Weinheim und München: Juventa. S. 103-122.

Ostermayer, Edith (2006): Bildung durch Beziehung. Wie Erzieherinnen den Entwicklungs- und Lernprozess von Kindern fördern. Freiburg, Basel, Wien: Herder-Verlag.

Oswald, Hans/Krappmann, Lothar (1995): Kinder. In: Flick, Uwe/Kardorff, Ernst von/Keupp, Heiner/Rosenstiel, Lutz von/Wolff, Stephan (Hrsg.): Handbuch Qualitative Sozialforschung. München: Psychologie Verlags Union. S. 355-358.

Oswald, Hans (2000): Geleitwort. In: Heinzel, Friederike (Hrsg.): Methoden der Kindheitsforschung. Ein Überblick über Forschungszugänge zur kindlichen Perspektive. Weinheim und München: Juventa. S. 9-15.

Pauen, Sabina (2003): Säuglingsforschung aus kognitiver Sicht. In: Keller, Heidi (Hrsg.): Handbuch der Kleinkindforschung. Bern, Göttingen, Toronto, Seattle: Hans Huber. S. 283-318.

Petermann, Franz/Stein, Iris A. (2000): Der ET 6-6. Frankfurt a. M.: Swets.

Piaget, Jean (1973): Das moralische Urteil beim Kinde. Frankfurt: Suhrkamp (Original: 1932).

Philipps, Ina-Maria (2001): Körper, Liebe, Doktorspiele. Ein Ratgeber für Eltern zur kindlichen Sexualentwicklung vom 1. bis zum 3. Lebensjahr. Köln: BZgA.

Philipps, Ina-Maria (2001a): Körper, Liebe, Doktorspiele. Ein Ratgeber für Eltern zur kindlichen Sexualentwicklung vom 4. bis zum 6. Lebensjahr. Köln: BZgA.

Poole, Millicent E. (1989): Adolescent Transitions: A Life-Course Perspective. In: Hurrelmann, Klaus/Engel, Uwe (Eds.): The Social World of Adolescents. International Perspectives. Berlin, New York: de Gruyter. p. 65-85.

Preuss-Lausitz, Ulf/Büchner, Peter/Fischer-Kowalski, Marina (1995): Kriegskinder, Konsumkinder, Krisenkinder. Zur Sozialisationsgeschichte seit dem 2. Weltkrieg. Weinheim und Basel: Beltz. Deutscher Studienverlag.

Preyer, William T. (1989): Die Seele des Kindes. Beobachtungen über die geistige Entwicklung des Menschen in den ersten Lebensjahren. Berlin: Deutscher Verlag der Wissenschaften (Original: 1882).

Przyborski, Aglaja/Wohlrab-Sahr, Monika (2008): Qualitative Sozialforschung. Ein Arbeitsbuch. München: Oldenbourg.

Qvortrup, Jens (1993): Die soziale Definition von Kindheit. In: Markefka, Manfred/Nauck, Bernhard (Hrsg.): Handbuch der Kindheitsforschung. Neuwied, Kriftel, Berlin: Luchterhand. S. 109-124.

Rauchfleisch, Udo (1989): Testpsychologie. Göttingen: Vandenhoeck und Ruprecht.

Rauschenbach, Thomas (2007): Kindertagesbetreuung in Deutschland – eine empirische Standortbestimmung. In: DJI Bulletin 80, 3/4. S. 5-10.

Reiß, Wolfgang (1996): Die Kinderzeichnung. Wege zum Kind durch seine Zeichnung. Neuwied, Kriftel, Berlin: Luchterhand.

Reiß, Wolfgang (2000): Zur Produktion und Analyse von Kinderzeichnungen. In: Heinzel, Friederike (Hrsg.): Methoden der Kindheitsforschung. Ein Überblick über Forschungszugänge zur kindlichen Perspektive. Weinheim und München: Juventa. S. 231-244.

Richter, Antje (2000): Wie erleben und bewältigen Kinder Armut? Eine qualitative Studie über die Belastungen aus Unterversorgungslagen und ihre Bewältigung aus subjektiver Sicht von Grundschulkindern einer ländlichen Region. Aachen: Shaker-Verlag.

Riedel, Birgit (2007): Vater, Mutter, Krippenkind? Was Eltern erwarten. In: DJI Bulletin 80, 3/4. S. 11-12.

Röhner, Charlotte (1997): Kindertexte im reformierten Anfangsunterricht. Zur personalen und sozialen Bedeutung des Schreibens in der Grundschule. Baltmannsweiler: Schneider.

Röhner, Charlotte (2003): Kinder zwischen Selbstsozialisation und Pädagogik. Opladen: Leske + Budrich.

Roessler, Wilhelm (1957): Jugend im Erziehungsfeld. Haltung und Verhalten der deutschen Jugend in der ersten Hälfte des 20. Jahrhunderts unter besonderer Berücksichtigung der westdeutschen Jugend der Gegenwart. Düsseldorf: Pädagogischer Verlag Schwann.

Roos, Jeanette/Lehmkuhl, Ulrike/Berger, Christina/Lenz, Klaus (1995): Erfassung und Analyse sozialer Beziehungsstrukturen von Kindern in der klinischen Praxis und Forschung: „Soziales Beziehungsverfahren für Kinder" (SOBEKI). Zeitschrift für Kinder- und Jugendpsychiatrie 23 (4). S. 255-266.

Rorschach, Hermann (1992): Psychodiagnostik. Methodik und Ergebnisse eines wahrnehmungsdiagnostischen Experiments. Bern: Hans Huber (Original: 1921).

Rosenzweig, Saul (1945): The picture association method and its application in a study of reactions to frustrations. In: Journal of Personality, (14). p. 3-23.

Rousseau, Jean-Jacques (1998): Emile oder Über die Erziehung. Stuttgart: UTB (Original: 1762).

Roux, Susanna (2002): Wie sehen Kinder ihren Kindergarten? Theoretische und empirische Befunde zur Qualität von Kindertagesstätten. Weinheim und München: Juventa.

Rupp, Marina/Bergold, Pia (2009): Zusammenfassung. In: Rupp, Marina (Hrsg.): Die Lebenssituation von Kindern in gleichgeschlechtlichen Lebenspartnerschaften. Köln: Bundesanzeiger-Verlag.

Schäfer, Gerd E. (2005): Bildungsprozesse im Kindesalter. Selbstbildung, Erfahrung und Lernen in der frühen Kindheit. Weinheim und München: Juventa.

Scheer, Peter J./Scheer-Dumitz, Marguerite/Wilken, Markus/Schein, Alexandra (2003): Betrachtungen zur Rolle des Vaters aus der Sicht des Vaters. In: Keller, Heidi (Hrsg.): Handbuch der Kleinkindforschung. Bern, Göttingen, Toronto, Seattle: Hans Huber. S. 433-449.

Scheu, Ursula (1977): Wir werden nicht als Mädchen geboren, wir werden dazu gemacht. Zur frühkindlichen Erziehung in unserer Gesellschaft. Frankfurt a. M.: Fischer Taschenbuch Verlag.

Schmauch, Ulrike (1987): Anatomie und Schicksal. Zur Psychoanalyse der frühen Geschlechtersozialisation. Frankfurt a. M.: Fischer Taschenbuch Verlag.

Schmidt-Denter, Ulrich (1993): Eltern-Kind- und Geschwister-Beziehungen unter Berücksichtigung der Sondersituation von Einzelkindern und Zwillingen. In: Markefka, Manfred/Nauck, Bernhard (Hrsg.): Handbuch der Kindheitsforschung. Neuwied, Kriftel, Berlin: Luchterhand. S. 337-352.

Schmidt-Grunert, Marianne (2005): Das Gruppengespräch in der Sozialen Arbeit. Eine Einführung in qualitative Analyse und Evaluation. Breiburg im Breisgau: Lambertus Verlag.

Schneewind, Klaus A. (2008): Sozialisation in der Familie. In: Hurrelmann, Klaus/ Grundmann, Matthias/Walper, Sabine (Hrsg.): Handbuch Sozialisationsforschung. Weinheim und Basel: Beltz. Deutscher Studienverlag. S. 256-273

Schnell, Rainer/Hill, Paul B./Esser, Elke (2008): Methoden der empirischen Sozialforschung. München, Wien: Oldenbourg.

Schölmerich, Axel/Mackowiak, Katja/Lengning, Anke (2003): Methoden der Verhaltensbeobachtung. In: Keller, Heidi (Hrsg.): Handbuch der Kleinkindforschung. Bern, Göttingen, Toronto, Seattle: Hans Huber. S. 611-648.

Scholz, Gerold (1994): Die Konstruktion des Kindes. Über Kinder und Kindheit. Wiesbaden, Opladen: Westdeutscher Verlag.

Schütze, Fritz (1977): Die Technik des narrativen Interviews in Interaktionsfeldstudien dargestellt an einem Projekt zur Erforschung von kommunalen Machtstrukturen. Arbeitsberichte und Forschungsmaterialien Nr. 1 der Universität Bielefeld, Fakultät für Soziologie.

Schultz, Dagmar (1978): „Ein Mädchen ist fast so gut wie ein Junge": Sexismus in der Erziehung. Berlin: Frauenselbstverlag.

Schweppe, Cornelia/Thole, Werner (Hrsg.) (2005): Sozialpädagogik als forschende Disziplin. Theorie, Methoden, Empirie. Weinheim und München: Juventa.

Seidel, Christa (2007): Leitlinien zur Interpretation der Kinderzeichnung. Praxisbezogene Anwendung in Diagnostik, Beratung, Förderung und Therapie. Lienz: Journal Verlag.

Selman, Robert L. (1984): Die Entwicklung des sozialen Verstehens. Entwicklungspsychologische und klinische Untersuchungen. Frankfurt a. M.: Suhrkamp.

Shantz, Carolin U. (1983): Social cognition. In: Mussen, Paul H. (Ed.): Handbook of child psychology. New York: Wiley. p. 495-555.

Sickendiek, Ursel (2007): Theorien und Konzepte beruflicher Beratung. In: Sickendiek, Ursel/Nestmann, Frank/Engel, Frank/Bamler, Vera (Hrsg.): Beratung in Bildung, Beruf und Beschäftigung. Tübingen: dgvt-Verlag. S. 53-100.

Sickendiek, Ursel/Engel, Frank/Nestmann, Frank (2002): Beratung. Eine Einführung in sozialpädagogische und psychosoziale Beratungsansätze. Weinheim und München: Juventa.

Sommer, Grit/Mogharbel El, Christliebe/Wenglorz, Markus/Laufs, Ingo/Deutsch, Werner (2004): Samantha – Musik und Gesang im Leben eines Mädchens mit autistischer Störung. In: Musiktherapeutische Umschau Online. Deutsche Gesellschaft für Musiktherapie Berlin. http://www.musiktherapie.de/fileadmin/userupload/ medien/pdf/mu_downloads/sommer_autismus.pdf

Stein-Hilbers, Marlene (2000): Sexuell werden. Sexuelle Sozialisation und Geschlechterverhältnisse. Opladen: Leske + Budrich.

Stern, William (1925): Anfänge der Reifezeit. Ein Knabentagebuch in psychologischer Bearbeitung. Leipzig: Verlag Quelle und Meyer

Stern, Clara/Stern, William (1987): Die Kindersprache. Eine psychologische und sprachtheoretische Untersuchung. Darmstadt: Wissenschaftliche Buchgesellschaft (Original: 1907).

Stickelmann, Bernd/Will, Hans-Dieter (2008): Studie zur Thüringer Kinderbetreuung: Welche Kita's braucht das Land? Einschätzungen von Eltern und Erzieherinnen zu Kindertageseinrichtungen in Thüringen. Oldenburg: Paulo Freire Verlag.

Stiehler, Steve/Werner, Jillian (2008): „Dresdner Bewältigungsvignetten" zur Erfassung der Hilfesuch- und Bewältigungsstrategien von Kindern. In: Nestmann, Frank/Günther, Julia/Stiehler, Steve/Wehner, Karin/Werner, Jillian: Kindernetzwerke. Tübingen: dgvt-Verlag.

Straus, Florian (2002): Netzwerkanalysen. Wiesbaden: Deutscher Universitätsverlag.

Strauss, Anselm L. (1994): Grundlagen qualitativer Sozialforschung. München: Fink.

Strauss, Anselm L./Corbin, Juliet (1996): Grounded Theory: Grundlagen Qualitativer Sozialforschung. Weinheim und Basel: Beltz. PVU.

Sturzbecher, Dietmar/Großmann, Heidrun/Welskopf, Rudolf (2001): Hilfsbereit und humorvoll? Die kindlichen Einschätzungen des Erziehungsverhaltens von Eltern und Erzieherinnen. In: Sturzbecher, Dietmar/Großmann, Heidrun (Hrsg.): Besserwisser, Faxenmacher, Meckertanten. Wie Kinder ihre Eltern und Erzieherinnen erleben. Neuwied, Kriftel, Berlin: Luchterhand. S. 57-86.

Sullivan, Harry S. (1953): The interpersonal theory of psychiatry. New York: W.W. Norton.

Svedhem, Lennart (1994): Social network and behaviour problems among 11-13-year-old schoolchildren. A theoretical and empirical basis for network therapy. In: Acta Psychiatrica Scandinavica, Suppl. (89). p. 4-84.

Tatschmurat, Carmen (2004): Gender Troubles in der Beratung. In: Nestmann, Frank/Engel, Frank/Sickendiek, Ursel (Hrsg.): Das Handbuch der Beratung. Disziplinen und Zugänge. Tübingen: dgvt-Verlag. S. 231-244.

Teubner, Markus (2005): Brüderchen komm tanz mit mir ... Geschwister als Entwicklungsressource für Kinder? In: Alt, Christian (Hrsg.): Kinderleben – Aufwachsen zwischen Familie, Freunden und Institutionen, Band 1: Aufwachsen in Familien, Wiesbaden: VS Verlag für Sozialwissenschaften. S. 63-98.

Textor, Martin R. (1994): Elternarbeit mit neuen Akzenten. Reflexion und Praxis. Freiburg: Herder-Verlag.

Textor, Martin R. (2009): Erzieherin-Kind-Beziehung. In: Lenz, Karl/Nestmann, Frank (Hrsg.): Handbuch Persönliche Beziehungen. Weinheim und München: Juventa. S. 587-604.

Thiersch, Hans (2004): Lebensweltorientierte Soziale Beratung. In: Nestmann, Frank/Engel, Frank/Sickendiek, Ursel (Hrsg.): Das Handbuch der Beratung. Ansätze, Methoden und Felder. Tübingen: dgvt-Verlag. S. 699-709.

Tietze, Wolfgang (2008): Sozialisation in Krippe und Kindergarten. In: Hurrelmann, Klaus/Grundmann, Matthias/Walper, Sabine (Hrsg.): Handbuch Sozialisationsforschung. Weinheim und Basel: Beltz. Deutscher Studienverlag. S. 274-289.

Tietze, Wolfgang/Viernickel, Susanne (2003): Pädagogische Qualität in Tageseinrichtungen für Kinder. Ein nationaler Kriterienkatalog. Weinheim, Basel, Berlin: Beltz. Deutscher Studienverlag.

Tillmann, Klaus-Jürgen (2006): Sozialisationstheorien. Eine Einführung in den Zusammenhang von Gesellschaft, Institution und Subjektwerdung. Reinbek bei Hamburg: Rowohlt.

Uhlendorff, Harald (1996): Elterliche soziale Netzwerke in ihrer Wirkung auf die Freundschaftsbeziehungen der Kinder. In: Psychologie in Erziehung und Unterricht, (43). S. 127-140.

Uhlendorff, Harald (2000): Parents' and Childrens' Friendship Networks. In: Journal of Family Issues, 21, (2). p. 191-204.

Ulich, Michaela/Oberhuemer, Pamela (1993): Und sie machen sich ein Bild… Familie aus der Sicht von Kindern. In: Deutsches Jugendinstitut (Hrsg.): Was für Kinder. Aufwachsen in Deutschland. Ein Handbuch. München: Kösel Verlag. S. 120-127.

Völkel, Petra (2002): Kindliche Entwicklung aus konstruktivistischer Perspektive. In: Laewen, Hans-Joachim und Andres, Beate (Hrsg.): Bildung und Erziehung in der frühen Kindheit. Bausteine zum Bildungsauftrag von Kindertageseinrichtungen. Weinheim, Basel, Berlin: Beltz. S. 103-158.

Vogt, Irmgard (2004): Frauen und Beratung. In: Nestmann, Frank/Engel, Frank/ Sickendiek, Ursel (Hrsg.): Das Handbuch der Beratung. Disziplinen und Zugänge. Tübingen: dgvt-Verlag. S. 209-218.

Wagner-Willi, Monika (2005): Kinder-Rituale zwischen Vorder- und Hinterbühne – Der Übergang von der Pause zum Unterricht. Wiesbaden: VS Verlag für Sozialwissenschaften.

Walther, Kathrin/Lukoschat, Helga (2008): Kinder und Karrieren: Die neuen Paare. Eine Studie der EAF – Europäische Akademie für Frauen in Politik und Wirtschaft Berlin e.V. im Auftrag der Bertelsmann Stiftung und des Bundesministeriums für Frauen, Senioren, Familien und Jugend. Gütersloh: Verlag der Bertelsmannstiftung.

Webb, Eugene J./Campbell, Donald T./Schwartz, Richard D./Sechrest, Lee (1966): Unobtrusive Measures: Non-Reactive Research in the Social Sciences. Chicago: Rand McNally.

Wechsler, David (1939): The measurement of adult intelligence. Baltimore: Williams and Wilkins.

Wechsler, David (1944): The measurement of adult intelligence. Baltimore: Williams and Wilkins.

Wehner, Karin (2009): Freundschaften unter Kindern. In: Lenz, Karl/Nestmann, Frank (Hrsg.): Handbuch persönliche Beziehungen. Weinheim und München: Juventa. S. 403-421.

Welzer, Harald (1993): Transitionen: Zur Soziapsychologie biographischer Wandlungsprozesse. Tübingen: edition discord. Hochschulschrift.

Werner, Jillian/Stiehler, Steve/Nestmann, Frank (2006): „Dresdner Bewältigungsvignetten" – Ein qualitatives Erhebungsinstrument zur Erfassung kindlicher Hilfesuch- und Bewältigungsstrategien. In: Hollstein, Bettina/Straus, Florian (Hrsg.): Qualitative Netzwerkanalyse. Konzepte, Methoden, Anwendungen. Wiesbaden: VS Verlag für Sozialwissenschaften. S. 417-439.

Wetterer, Angelika (1995): Die soziale Konstruktion von Geschlecht in Professionalisierungsprozessen. Frankfurt a. M.: Campus.

Wetterer, Angelika (2004): Konstruktion von Geschlecht: Reproduktionsweisen der Zweigeschlechtlichkeit. Feminismus jenseits von Identitätspolitik und Dekonstruktion. In: Becker, Ruth/Kortendiek, Beate (Hrsg.): Handbuch der Frauen- und Geschlechterforschung. Theorie, Methoden, Empirie. Wiesbaden: VS Verlag für Sozialwissenschaften. S. 112-133.

Wilk, Liselotte (1996): Die Studie „Kindsein in Österreich". Kinder und ihre Lebenswelten als Gegenstand empirischer Sozialforschung – Chancen und Grenzen einer Surveyerhebung. In: Honig, Michael-Sebastian/Leu, Hans Rudolf/Nissen, Ursula (Hrsg.): Kinder und Kindheit. Weinheim und München: Juventa. S. 55-76.

Wolf, Bernhard (2002): Elternhaus und Kindergarten. Aachen: Shaker-Verlag.

World Vision Deutschland e.V. (Hrsg.) (2007): Kinder in Deutschland 2007–1. World Vision Kinderstudie. Frankfurt a. M.: Fischer Taschenbuch Verlag.

Wustmann, Cornelia/Lenz, Karl/Bamler, Vera (2008): Öffnungszeitenbedarf in Kindertageseinrichtungen in der Stadt Dresden. Studie im Auftrag des Eigenbetriebs Kindertageseinrichtungen der Stadt Dresden. http://kidf.ew.tu-dresden.de

Yarrow, Leon J. (1960): Interviewing children. In: Mussen, Paul Henry/Baldwin, Alfred Lee (Eds.): Handbook of research methods in child development. New York: Wiley.

Youniss, James (1982): Die Entwicklung und Funktion von Freundschaftsbeziehungen. In: Edelstein, Wolfgang/Keller, Monika (Hrsg.): Perspektivität und Interpretation. Frankfurt a. M. : Suhrkamp. S. 78-109.

Youniss, James (1994): Soziale Konstruktion und psychische Entwicklung. Frankfurt a. M.: Suhrkamp.

Zander, Margherita (Hrsg.) (2005): Kinderarmut. Einführendes Handbuch für Forschung und soziale Praxis. Wiesbaden: VS Verlag für Sozialwissenschaften.

Zeiher, Helga (1983): Die vielen Räume der Kinder. Zum Wandel räumlicher Lebensbedingungen seit 1945. In: Preuss-Lausitz, Ulf et al. (Hrsg.): Kriegskinder, Konsumkinder, Krisenkinder. Zur Sozialisationsgeschichte seit dem Zweiten Weltkrieg. Weinheim und Basel: Beltz. S. 176-195.

Zeiher, Helga/Zeiher, Hartmut J. (1994): Orte und Zeiten der Kinder. Soziales Leben im Alltag von Großstadtkindern. Weinheim und München: Juventa.

Zelkowitz, Phyllis (1989): Parents and children as informants converning children's social networks. In: Belle, Deborah (Ed.): Children's Social Networks and Supports. New York: Wiley. p. 221-237.

Ziegler, Kathrin (1996): Psychosoziale Bewältigung von Streß im Kindesalter. In: Mansel, Jürgen (Hrsg.): Glückliche Kindheit – Schwierige Zeit? Opladen: Leske + Budrich. S. 40-83.

Zimmermann, Wolfram (1994): Psychologische Persönlichkeitstests bei Kindern und Jugendlichen. Eine Anleitung für Ärzte und Psychologen. Leipzig, Heidelberg: Barth Verlagsgesellschaft.

Zinnecker, Jürgen (1995): Pädagogische Ethnographie. In: Behnken, Imbke/Jaumann, Olga (Hrsg.): Kindheit und Schule: Kinderleben im Blick von Grundschulpädagogik und Kindheitsforschung. Weinheim und München: Juventa. S. 21-38.

Zinnecker, Jürgen (1996): Soziologie der Kindheit oder Sozialisation des Kindes? In: Honig, Michael-Sebastian/Leu, Hans Rudolf/Nissen, Ursula (Hrsg.): Kinder und Kindheit. Weinheim und München: Juventa. S. 31-54.

Zinnecker, Jürgen (1996a): Kindersurveys. Ein neues Kapitel Kindheit und Kindheitsforschung. In: Clausen, Lars (Hrsg.): Gesellschaften im Umbruch. Frankfurt a. M.: Campus. S. 783-795.

Zinnecker, Jürgen/Silbereisen, Rainer K. (1996): Einleitung. In: Zinnecker, Jürgen/Silbereisen, Rainer K. (Hrsg.): Kindheit in Deutschland. Aktueller Survey über Kinder und ihre Eltern. Weinheim und München: Juventa. S. 11-22.

Zinnecker, Jürgen/Strzoda, Christiane (1996): Freundschaft und Clique. Das informelle Netzwerk der Gleichaltrigen. In: Zinnecker, Jürgen/Silbereisen, Rainer K. (Hrsg.): Kindheit in Deutschland. Aktueller Survey über Kinder und ihre Eltern. Weinheim und München: Juventa. S. 81-97.

Zinnecker, Jürgen/Behnken, Imbke/Maschke, Sabine/Stecher, Ludwig (2002): Null Zoff und voll busy. Die erste Jugendgeneration des neuen Jahrhunderts. Opladen: Leske + Budrich.